# 人力资源管理通要

李宝元◎著

人民邮电出版社
北京

**图书在版编目（CIP）数据**

人力资源管理通要 / 李宝元著. —北京：人民邮电出版社，2010. 2（2011.4 重印）

ISBN 978-7-115-22162-9

I. ①人… II. ①李… III. ①劳动力资源–资源管理 IV. ①F241

中国版本图书馆CIP数据核字（2010）第006288号

## 内 容 提 要

本书以独特的视角深入剖析了人力资源管理工作的组织基础，即“工作团队”和“组织学习”；人力资源管理工作的焦点、难点、关键点，即“绩效管理”、“薪酬管理”和“股权激励”；新时代背景下关系到组织生存和发展的三个重大问题，即“制度激励”、“创新学习”和“领导激发”，最后以“精神整合”为人力资源管理最高境界，进一步探索了内部开发、有效沟通、竞合和授权以及跨文化管理四个层面的精要。本书语言诙谐，案例丰富，通俗易懂，是一本由看生活、读历史、品文化而通人力资源管理的好书。

本书适合教师教学使用，也可满足各界职业人士、各类经理人士学习交流的需要。

**人力资源管理通要**

◆ 著 李宝元
责任编辑 张亚捷
执行编辑 王楠楠

◆ 人民邮电出版社出版发行 北京市崇文区夕照寺街 14 号
邮编 100061 电子邮件 315@ptpress.com.cn
网址 http://www.ptpress.com.cn
北京铭成印刷有限公司印刷

◆ 开本：787 × 1092 1/16
印张：19.5 2010年2月第1版
字数：350千字 2011 年 4 月北京第 3 次印刷

ISBN 978-7-115-22162-9

定 价：39.00元

**读者服务热线：（010）67129879 印装质量热线：（010）67129223**
**反盗版热线：（010）67171154**

# 作者简介

李宝元，1962年生，河南陕县人。经济学博士，北京师范大学人本发展与管理研究中心主任，经济与工商管理学院教授、博士生导师。兼任国家职业技能鉴定专家委员会人力资源管理专业委员会委员，首都教育经济研究院人力资源开发与管理研究所所长，中国宏观经济教育学会常务理事等职。学术研究基本方向：人本发展与管理；涉及主要学术领域：人力资源开发与管理，人力资本与经济发展，制度经济学和体制改革，教育经济与管理，国民经济学，人口、资源与环境经济学。曾先后承担国家社会科学基金、福特基金等多项科研项目；发表经济管理类学术论文、评论文章百余篇；出版学术专著及教材十余部。近年来主要代表作有：《人力资本论》，《人本发展经济学》，《战略性激励》，《人本方略》，《战略性投资》，《人力资本运营》，《人力资本与经济发展》等。

# 自　序

# 古今中外　人事通要

《人力资源管理通要》是我多年来从事人力资源开发与管理教学研究工作的一部集成性著作，是我一系列相关著述的一个精华浓缩版和通俗演义版。写这本书，我将工夫全下在了“通”字上，力求做到一是“通俗”，二是“通达”。我以为，人事、人事，人人的事，事事见人，事事由人事。无论今人、古人，中国人、外国人，既然都是人，所做所遇之事也都不会相差到哪里去，所思所想所说所做，喜怒哀乐情仇恩怨，都有根本的相通之处。因此，我们可以“一通百通”，将所有的这学说那理论“打通”了去思考，这样才是“融会贯通”、“活学活用”的真学习！鉴于此，我在写作本书时有意放缰纵马驰骋，上下五千年，纵横八万里，从家事到国事，说遍天下人事。

全书十五章内容，大致分五个单元，或者说五篇：前面两章，一纵一横梳理综述了人事的“前因后果”，这可以看做是总论篇；第3~5章为“基础篇”，该篇从“工作设计”切入，讨论到“工作团队”和“组织学习”，这三个问题是人力资源管理工作的组织基础，也是目前国际人力资源管理界讨论得最多、最热闹的三个话题；第6~8章为“焦点篇”，该篇以“战略性激励”为核心，述说了人们最关注的“绩效管理”、“薪酬管理”和“股权激励”三大主题，这是人力资源管理工作的焦点、难点和关键点；第9~11章为“前沿篇”，该篇融会贯通了最前沿的学术研究和实践成果，进一步对新时代背景下关系到组织生存和发展的三个重大问题——制度激励问题、创新学习问题和领导激发问题，从人本管理的角度进行了系统的、创造性的转述和讨论；最后四章，以“精神整合”作为人事最高境界，深入细致地探索了内部开发、有效沟通、竞合和授权以及跨文化管理四个层面的精要及思想方法，该篇可以看做是升华篇。

一些非专业人士经常问起：现在工商企业界、政府公共部门和管理学界讨论得热闹非凡的“人力资源管理”究竟是怎么个来头？近年来，不仅各企事业单位的职能部门纷纷将“人事处”旧名换成时髦的“人力资源部”，就连政府的原“人事部”和“劳动和社会保障部”也合并起来，新成立了“人力资源和社会保障部”。这究竟是怎么回事？或者说，名字叫的与实际做的究竟是不是一回事？这是我们在“认真看书学习”前首先应该搞清楚的。为此，我们纵横交错，从西学到国学，首先对人力资源开发与管理的发展脉络和贯通要义进行了一个大跨度、大综合的扫描式概述。

首先，我们从通用汽车的百年兴衰史切入，从创始人廉姆·杜兰特说到大名鼎鼎的艾尔弗雷德·斯隆，再讲到当今金融危机下理查德·瓦格纳任上面临的“破产保护”人事境况，以此来贯通描绘百年来现代管理学逐渐走过了怎样一种人性化演变发展的轨迹：当初，泰勒主义怎么“科学”地把人当牛马，后来人事学派又是如何良心发现、人性觉醒的，再后来，人们在“人力资源管理”的新名义下，又是怎样将人当作资源、资产、资本来使用的，展望未来，管理学为什么将要回归人本正道。如此等等，粗描速写，这对我们理解今日身在何处、面对何事、所言何情，很有帮助。

接着，我们把老祖宗留下来的“四书五经”（特别是《大学》）拿来，通过“读经”来“读书”，以“通古”而“喻今”，高度颂扬了国学关于“修身齐家治国平天下”的精妙要义。本书认为孔子所说的“仁”、老子所说的“道”、宋儒张载“为天地立心，为生民立命，为往圣继绝学，为万世开太平”的名言以及曾国藩的厉害之处，等等，都能够纳入到“家事国事天下事都是人事”的基本框架里去解说。

人力资源管理究竟是什么？说白了，就是招募甄选、绩效考评、薪酬设计和员工的培训开发，以及处理日常劳资纠纷、人事矛盾诸如此类的一些事务。但是，这些事务之所以要换一个新名字来称呼，是因为当今社会经济发展中的“新”情势使人们不得不从“战略性激励”这个根本层面上，去反思传统的专业化工作设计思路是否存在“致命缺陷”，思考怎样有效地组织士气、树立团队精神，以及如何大刀阔斧地进行组织变革，这才有了一系列时髦术语或名词。如果我们不明就里，跟着瞎嚷嚷，就有些滑稽可笑了。因此，就需要对工作的内在价值和意义，以及现代组织中工作团队和组织学习的实质意义有根本性的了解、通识性的认知和普适性的阐释。

关于工作价值和人生意义，我们从马克思、恩格斯的人文关怀，说到亚当·斯密的经典学说；从北京胡同的“张大民”们，讲到出入楼堂馆所的“白骨精”们；从北欧养懒汉的“福利国家”既然能够把国民“从摇篮到坟墓”全包养起来，为什么还要“高度重视就业”问题，说到我们发展中大国近年来遭遇的“用工难”、“大学生就业难”问题究竟是怎么回事；从赫茨伯格的“激励—保健双因素论”，说到怎样在实际组织管理中进行“工作丰富化设计”。

社会群体和工作团队，可以说也是久说弥新的老话题，古今中外几乎所有伟大的文学艺术经典，都以神话、寓言、小说、诗歌、戏剧等各种形式讲述演义过。对此，我特别翻出中国四大古典文学名著之一——《西游记》，以“西游取经团队”的组建、运作和发展为主线，通俗地阐释了目前人力资源管理圈里津津乐道的“工作团队化设计”问题。

关于“组织学习”这个热门话题，我们先在加拿大学者戴维·赫斯特的引导下走进南非卡哈拉里沙漠布希曼人的部落，去体验一番异族生活。然后回到耐克、GE和联想等现代大公司里，去看看“创新学习”对于组织来说究竟是怎么一回事。接着我们一一回答了彼得·圣吉“五项修炼”究竟是想强调什么，日本人为什么有如此强的学习能力，野中郁次郎的所谓“SECI模型”与我们老祖宗的阴阳太极图是怎样一种渊源贯通的关系等一系列问题。最后，面对未来，我们要知道怎样才能适应现代组织学习型变革的那些大趋势。

具体聚焦到人力资源管理的基本矛盾和核心工作，即绩效管理与薪酬管理上，要讲到的人情事理就更多、更复杂了。组织是怎么来的？说白了也很简单，无外乎是一群人凑在一起干事，时间长了，凝固成了一个长期稳定的特别群体。这些人往往来自“五湖四海”，为了一个“共同目标”而走到一起来，但他们却各有各的具体目标和特殊动机，前者，即组织目标，也就是所谓的“绩效”，后者，即个人目标，也就是所谓的“薪酬”，我们将这二者看做是组织激励基本矛盾的两个方面或焦点。实际中人力资源管理工作就是围绕这两个“战略性激励焦点”展开的。

我们首先要问，组织绩效究竟意味着什么？“效率”从哪里来？为什么卓越的人、卓越的公司能够长期赚大钱？“全心全意为人民服务”这句毛主席语录为什么具有超越时代的普适性意义？人为什么要向“刺猬”学习、学习什么？怎样寻找自己的“核心理念”？组织目标选择与个人职业定位有什么关联？所有这些问题，最后都可以归结为“外圆内方，永生之道”这句直白简单的话。

钱、权、色乃人生三大“魔戒”，其中以金钱为最。那么，金钱与我们HR关心的“薪酬”究竟是什么关系？没钱不行、钱很重要谁都明白，那为什么说千道万，却不得不承认它确实不是“万能”的，现代组织薪酬管理者遭遇风风雨雨、历尽千辛万苦，到头来搞出个“广义薪酬”概念来，最后一看，其实说的是谁都应该早已明白的简单道理，你说这是“好笑”还是“好玩”？

自从工业革命开始，数百年来，人们在“你雇我还是我用你”这个问题上一直纠缠不清。现在回过头来一看，原来企业产权制度无外乎是要素所有者或契约当事人围绕究竟谁负责任谁担风险这个核心问题展开的一场又一场的竞争合作博弈罢了。近年来兴起的“股权激励”制度也应该放在这个贯通的大视野下来审视，才能看得明白！

一千年前，北宋政治家、文学家欧阳修在《伶官传序》中曾感叹：“呜呼！盛衰之理，虽曰天命，岂非人事哉！”“夫祸患常积于忽微，而智勇多困于所溺，岂独伶人也哉？”一千年后的今天，你与我，人和事，无论是摩登大公司还是乡镇小企业，难道跳出过这个“虽曰天命，岂非人事哉！”或颠倒过来说“虽曰人事，岂非天命哉！”的轮回循环圈吗？从“规矩”到“方圆”，从“守旧”到“创新”，从“现在”到“未来”，从“优秀”到“卓越”，或者倒过来也一样，都是“在天命之上弄人事，在人事之中知天命”的人生体验！制度激励、企业家创新和领导者使命正是在这个语境下的三大人事前沿课题。

关于“规矩”与“方圆”的辩证关系，实际上古人已经讲得明明白白，我们只需用现代“经济学精神”，特别是所谓“新制度主义”的新说辞，再“武装武装”自己，将经济学老爷子亚当·斯密早已朴素直白了的“自然法则”融汇贯通，透彻领悟，在现实生活中“活学活用”，就可以轻而易举地获得“制度激励”的重大现实意义和巨大潜在能量！

市场经济，本质上是人类经过成千上万年自然选择而渐进形成的一种扩展秩序，它是企业家的“天地”，是创新家的“乐园”。但创新不是“无中生有”的，无论做学问还是做广告，经商还是做官，千万不要轻言狂喊“原创”。无论是谁，在哪个领域，干什么事情，要搞什么“创新”，都应该首先明白“守旧”、“继承”的重要意义。要做一个响当当的企业家，就要将创新作为一项“辛苦、专注和有目的的工作”来做。

自古以来，大凡做“大事”者，无不“志存高远”。作为一个组织的“当家人”，无论是企业家还是政府首脑，你是为组织持续创造未来还是给自己制造表演舞台，乃是决定你管理风格或领导做派的关键要素。你是低调踏实做事还是堂皇光彩做人，是独断专行搞个人崇拜还是谦虚随和平易近人，是实施急功近利的短期行为还是高瞻远瞩地推动组织长期可持续发展，按照“柯林斯定律”我们可以将其看得透透彻彻、明明白白！

人力资源管理的最高境界和目标追求，说白了，就是“人心齐，泰山移”！人力资源管理的基本任务其实就是：将志同道合的人聚集在一起，为他们提供日常咨询、协调、沟通和管理服务，整合人心、凝聚精神，让大家融洽、乐呵地干活，团结紧张、严肃活泼地做事，最后能够在“横向竞合，纵向授权，高度凝聚”的文化氛围中达成跨文化管理的终极目标。这是我们最后一个单元要贯通阐发的一系列重大理论和实践问题。

企业招募甄选人员，与嫁人娶媳妇其实没有什么两样！为什么说“男怕入错行，女怕嫁错郎”？“科斯定理”可以科学理性地回答你！还有，为什么号称“世界第一CEO”的杰克·韦尔奇那么看重“使命感和价值观”？他是怎样以核心价值观“看人下菜碟”的？为什么卓越公司、卓越管理者都特别强调“做人先于做事”？以车子、房子、票子等所谓“优惠政策”果真能够引来“真人”吗？为什么企业管理层在日常管理中老是环顾左右而感叹“没人才啊！”是真没人才还是自己看不到人才？为什么很多人在外是“人才”进来就变成“庸才”了？怎样才能与员工建立起“命运共同体”？如此这般的问题都可以围绕“合适的人，可塑的才”这个主题一一展开讨论。

想想似乎应该很简单：你是人我也是人，日常遇到事儿你怎么想我也心知肚明，你聪明我也傻不到哪里去，大家有什么沟通不了的呢？但是回到现实：无论是在日常生活还是职场工作中，有多少矛盾、多少纠纷、多少打斗、多少内耗是因为沟通不到位、沟通有障碍或缺乏基本的沟通策略和技法而引发的！因此，“沟通，沟通，再沟通”，应该像“学习，学习，再学习”这句话一样，也要天天讲，月月讲，年年讲才是！关于这个话题谁都可以说上一大箩子，如果你有耐心，就听我转述一些小故事，听听我自己通过数十年旁观感悟出来的点滴“心得体会”。

关于“人际关系”，不仅现实中乱得像一团麻，就是在意识形态上也没有谁是真正清楚的，不是似是而非就是似非而是。如有的学者所说，无论是在商场官场，还是在情场职场，我们大家都像是在跳圆舞曲，来来回回转圈圈，常常难解难分，往往晕头转向。但人际关系圈再复杂再变化，也是“万变不离其宗”，无外乎上下左右、纵向横向两个基本维度，而且，千关系万关系说到底都是利益关系。为此，我个人基于三十年的研究，画了一张自以为透晰明了的“人际关系图”。

跨文化管理是一个古老而又弥新的命题，是一个要大则大、要小也小的普适性人事课题。对此如何解决？这需要你、我、他共同思考并在携手共进中循序探索！

人事、人事，有人就有事，是人就是事，凡人都弄事，凡事也弄人，所有世事都是人（间）事。因此，关于“人事”，人人都有说，个个都能道。但是，说和说不同，道与道各异，其间的差别就在于你的“丰富性”。这两个维度的丰富性差异决定了一个人在“知人事”、“说人事”乃至“做人事”序列上所处的层次品位。就我个人来说，虽然还不清楚自己究竟处在哪个层次品位上，要说“能做人事”，还真没那个自信，只是朦胧感觉有一种“欲说人事”的冲动。

说来有些奇怪，一个不善“做”人事的人怎么会将人事“说”得头头是道呢？回头找理由，我觉得大概有如下几点可以自圆其说：一是能够“听毛主席的话”，几十年如一日“好好学习，天天向上”；二是有一颗“活蹦乱跳”的心，一颗从小向善内省修炼的爱心，虽然像吴敬琏先生所说的那样，“除了一颗火热的心浑身上下没有一块好地方”，但只要不死，有这颗心去感悟人间冷暖善恶事，也就绰绰有余了；三是凭借本能知道“万变不离其宗”，数十年来，虽然在地理空间上围绕中原本土走了一个小圆圈，学习内容和学术专业也跟着不断“与时俱进”地变化，但从来没离开过自己托付终生的“三尺讲台”，也始终如一地坚守着富有生命力和持续性的“人本发展与管理”研究指向。

加上近十年来，我专门从事“人力资源开发与管理”专业的教学和科研工作，连续出版了相关教科书和专著十余部，累计笔耕的文字成果，虽说没什么质量档次，但如农民经年累月地劳作，现在终于可以站在麦浪滚滚的田间地头上眺望一般，也着实有一种自我满足的“成就感”！于是，撰写本书时，我尽量抽取、浓缩前期著述中自以为“精华”的部分，加上新近的学习心得，还有日常“道听途说”而来的一些见闻、趣事和段子，以及在MBA、EMBA及各类硕士、博士研究生班上与学生“说人事”时激发出来的思想火花，并注意尽量以“佛家常说家常话”式的轻松诙谐的白话侃侃道来，最后编纂了这本对自己来说具有“集成意义”的《人力资源管理通要》。其直接目的是现实地承担自己必须担当的教师职业责任，满足MBA、MPA专业研究生的教学需要以及与各界职业人士、各级领导干部和各类经理人士进行学习交流的需要。

可能熟悉我的读者一看就明白，本书其实是我两年多前出版的《人本制胜》一书的修订版，其章节体例基本沿袭了原来的框架，只是在此基础上将相关内容作了更新、补充、修正和完善。在这里要特别感谢企业管理出版社允许我将它再版重印！另外，《人力资源管理通要》作为我多年来所有人力资源开发与管理系列著述的一部“集成性作品”，特别是作为“现代人力资源开发与管理三部曲”——《战略性激励》、《人本方略》和《战略性投资》的精华浓缩版或说通俗演义版，它的写作和出版也要感谢经济科学出版社、北京师范大学出版社、机械工业出版社、清华大学出版社和北京交通大学出版社多年来对我的大力支持！

从源头上说，这本书其实都是转述别人，几乎没有我自己的。实际上，按照我在书中转述的观点，所有的“新东西”其实都不是新东西，再“新”也多是形式新，内容其实都是旧的。同样，所有的“新著”其实都不是新著，也大都是在继承他人的文明成果（旧内容）的基础上，加进一些自己的“心得体会”，以好似“新”的组合形式表述出来，如此而已。所以，我的所有著述都老老实实地告知读者：只是转述。作为教书匠、教科书的转述，这顶多算作有职业责任感的“创造性转述”，根本没有任何发明创造在其中！99%以上都不过是老老实实转述别人的东西，自己能够有所“发挥”的微乎其微！这篇东西因为是“散漫”的，不是“板着面孔”的正规学术著述，所以没有规范的注释，只是在章末附上了“参阅文献”，这不仅起着粗略注释的作用，也有指引有兴趣的读者进一步搜索阅读的意思。在转述过程中，哪些是别人的东西，哪些是我自己即兴发挥的，哪跟哪是什么关系，以及典出何处，读者一看便知。在此，我怀着无限感恩的心情，向书中引述的所有文献的作者致以崇高的敬意！他们都是我的“前人”、我的“导师”，我是在他们的“谆谆教导”下明白了这么多“人事”方面的道理，感谢他们！

当然，本书的顺利出版发行，要感谢人民邮电出版社的领导和编辑，特别要感谢多年好友贾福新博士的大力支持和帮助，我们是多年的合作伙伴，也是事业上的挚友，机缘相会使我们彼此在人生及职业道路上获得了很多合作机会和精神乐趣。此外，还要感谢听过我课的所有领导干部、职业经理和社会人士，以及MBA、EMBA、MPA及各类专业的研究生和大学生们，正是他们的鼓励，才激发出我诸多的感慨和想法，以及平常说不出来的“奇谈怪论”，于是弄出了今天摆在读者面前的这堆文字！最后，也欢迎读者朋友随时给我反馈意见！可发电子邮件至byli@163.com；或访问我的博客（http://blog.sina.com.cn/libaoyuan）。

李宝元

二零零九年金秋于北京师范大学

人本发展与管理研究中心

# 目　录

## 基 础 篇

# 焦点篇

# 前沿篇

# 纵横篇

1 百年管理 回归人本

2 修齐治平 人事通理

# 1

# 百年管理　回归人本

人同马、蒸汽、水全都充当“力量”的角色，这难道是对人的高度赞扬吗？资产者把无产者不是看做人，而是看做创造财富的力量。

卡尔·马克思

## 百年人间多奇事

昏睡百年，国人渐已醒；
“通用”百年，管理渐归真。

过去的一百年来，无论对于中国还是世界来说，都是一段值得记述的“大历史”。

对于中国，这是一个“睡狮渐醒”的大时代，其间充满了太多屈辱、凄惨和悲壮。一百年前，我们看到的是中华“天下主义”文化遭遇西方“社会达尔文主义”列强的无奈；一百年后的今天，国人感觉到的是，经过奋起直追，中国正处于“改革开放”进程中的一种激昂状态。

对于世界来说，这百余年是一个西方工业化器物文明由“登峰造极”渐次转入后工业化状态的大变革时代。一百年前的景象是“机器轰鸣”的喧嚣，是如GE、GM那样的大型工业组织不断扩张，并在经济和社会中扮演着引领时代潮流的“领导”角色；一百年后的今天，这些曾经创造了巨大物质财富但却不自觉地“异化”了人性的巨无霸组织，在社会各界利益相关者“民主互动”的压力下不得不回归人性本真，甚至在积重难返时遭遇像GM那样的“破产保护”。

艾尔弗雷德·斯隆

百年人间多奇事，管理人本渐归真。百余年来，有无数企业豪杰“显风流”，也有无数管理英雄“竞折腰”。其中，像通用汽车公司（General Motors Corporation，GM）这样的巨无霸型工业组织的兴衰巨变，可以说是人类百年工业文明演进史的一个缩影。这家美国最早实行专家集团管理的“百年老店”历经“有着伟大缺陷的伟大的人”威廉·杜兰特（William C. Durant）、“现代化组织的天才”艾尔弗雷德·斯隆（Alfred P. Sloan）等企业领袖或说管理大师的运营治理，最后演化发展到在现代经济社会中具有“举足轻重”的地位，以至于即使在“四面楚歌”的危局困境中美国政府也不敢让它死掉，只能通过“破产保护”期待它能够凤凰涅盘般重生。

GM的前身是1904年由戴维·别克创办、后被马车制造商威廉·杜兰特收购的别克汽车公司。1908年9月16日，杜兰特以别克汽车公司为基础，兼并奥兹汽车公司，成立了通用汽车公司，紧接着又合并了另外两家小汽车公司奥克兰和卡迪拉克，在不到两年的时间内大举并购了20多家公司，立刻成为华尔街新宠，由此开始了其引领汽车业的百年英雄奋进史，划出了人类现代史上的百年管理轨迹。1916年，斯隆加入GM，出任旗下一家新汽车配件公司“联合汽车”（United Motors）的总裁。1920年，面对新一轮突如其来的行业全面衰退危机、GM利润骤减及华尔街压力，杜兰特最终退出，由“创新之父”查尔斯·凯特灵（Charles F. Kettering）接任其职务。1923年，被后人誉为“现代公司之父”的斯隆正式出任总裁，并立即大刀阔斧地进行组织变革，推行“不同的钱包、不同的目标、不同的车型”的市场细分战略，以及由此形成的“协调控制式分散经营”管理模式。这样一系列战略举措不仅将公司从“内忧外患”的泥潭中拖出，而且他所创造的现代公司组织运作架构及所谓“协调控制下的分权运营模式”很快并且持久地成为业内所有公司竞相模仿的典范。

GM全球总部

斯隆是奠定现代“管理人学”（而不是“管理科学”）实践基础的第一人。在斯隆看来，“经理人的职业化”是第一位的，所谓“管理科学”远在其次。他对“人”的关注到了狂热的程度，几乎把大半的时间用于对人事问题的研究，并在他去世的前两年即1964年出版了影响深远的管理学必读之作《我在通用汽车的岁月》。斯隆认为，没有哪项决策比人的管理更为重要，好的人事决策都是长时间换来的，要坚决杜绝管理者在“人事”方面的浮躁和草率；如何把人安插在最适当的位置，然后自然会有不俗表现，这是“人事”艺术之焦点。为此，斯隆在公司故意营造宽松民主的组织氛围，将“鼓励员工及时提出异议”制度化、系统化，大力保护“有责任感和想象力的人”，坚持“不在工作场合建立私交”的工作原则，主张“专业人士的兴趣、信念和私生活与‘专业’无关”。与亨利·福特还停留在“老板”阶段不同，斯隆已清楚地将自己定位为一个真正职业化的经理人，意识到自己是在建立第一个由专业人士来管理的大企业。按照德鲁克的总结，斯隆人事管理铁律是：

——管理是一种职业，经理人是（或者说应该是）职业化的；

——职业经理人的“客户”就是企业，对客户负责任是“职业化”的特征，职业经理人要服从于企业的意志；

——职业经理人作决策，靠的不是个人观点或偏好，而是事实；

——职业经理人的工作不是去讨好人、改变人，而是要激发他们的潜能去工作，业绩也许是唯一被其关注的事情；

——诚实正直、树立榜样，是管理者做人、做事的两条基本原则；

——领导力不是“魅力”，不是“公共关系”，更不是“表演”，它是业绩，是值得信赖、始终如一的行为；

——职业经理人就是公仆，职位不是特权而是意味着责任。

斯隆“大公司、人性化”的管理理念和模式，代表了百年管理学中兴的基本发展趋势，它不仅铸就了GM的辉煌成功，而且代表着现代组织管理实践理论的最高成就。至1962年，通用汽车已经拥有超过100万个股东、60万名雇员、92亿美元资产、146亿美元的销售收入和14.6亿美元的利润。跨入21世纪，60%的北美市场都被通用汽车所占据。随着斯隆故去，杰克·斯密斯（Jack Smith）不再，瓦格纳执掌帅印，到世纪之交时，GM已成就了“登峰造极”的辉煌。但令人遗憾的是，正是这样的辉煌使GM管理者放松了警惕，为其发展埋下了隐患。近年来，运动型多功能车的单车利润超过1.5万美元，没人再去思考投资回报率和可持续发展的问题；全尺寸SUV的热销使底特律几乎放弃了轿车，漠视日本厂商在轿车、豪华车和新能源应用等多个领域的全面出击。伴随着全球金融危机的爆发，“通用”了百年的GM不得不于2009年6月被“破产保护”。

不过，因为GM太“通用”了、太大了，其破产并非传统意义上的倒闭关门，而是借破产法保护其从债务、雇佣合同等相关义务中解脱出来，通过重组以求东山再起。实际上，这“悲欢离合”故事的背后，说到底还是有关“人事”的你是我非。关于GM破产的原因，有华尔街人士站在资方立场上将之归咎于工会，认为是由于他们掣肘使得工人拿十余万美元年薪而日工作仅有五六个小时，而且还不时乘公司之危讨价还价，这才使得GM高成本运作，从而失去市场竞争力；而站在劳工立场上的人则有另一套说法，他们认为，GM工资虽高但并没有日本的终身雇佣保障，而且工人一罢工就导致破产不正说明“我们工人有力量”吗？而这么有力量、举足轻重的群体在企业里却不受重视，足见症结正在管理层面！……这样“你是我非”的争议，正是百余年来不断演义、永无休止的人本化管理的主题。

在重组后的GM股权结构中，除美国、加拿大政府和公司债权人分别掌握60%、12.5%和10%的股权外，汽车工会占有17.5%，是最大的股东，其股权用工人退休后的健康基金来支持，并答应五年内不罢工、工资降低到日本丰田公司的水平。这样与公司建立了“连股连心”的利益连带关系，劳资双方形成一种共患难、共命运的利益共同体。如此制度安排正是现代企业人力资本产权制度变革的基本方向，如此运营机制也正是现代人力资源管理所努力追求的一种战略性的长期激励机制。话虽这么说，现已“收归国有”的GM能否在汽车消费品市场上依然保持霸主的竞争地位、保住“美国资本主义光辉”或仅仅保住“政府颜面”？这是一个谁也说不清楚的事情！

如此看来，达尔文关于“自然选择”的生物进化论对于人类社会文明演化来说，究竟是一种“科学”的解释，还是一种扭曲人性的“异化”歪说，还真是一个值得“再认识”的重大哲学命题。工业革命以后、特别是近百年来，西方“社会达尔文主义”以先进文明、强势文化独尊，面对具有包容精神的东方文明，纵横驰骋、殖民掠地，结果引发了一系列跨文化矛盾、困境和冲突。实际上，从人类社会演进的大历史来看，西方这种强势文化或物质文明的背后，恰是外在器物对内在人性的异化、退化，它在本质上缺乏“包容性”，在性状势态上也没多少“涵养”，在相当大程度上是一种急功近利的文化短期行为，也时常在某种程度上表现出“外强中干”、“色厉内荏”的尴尬或局限。博大精深的东方文明土壤上长出来的文化，是一种“以人为先”的人本主义文化，是一种具有极大包容性、奉行“己所不欲，勿施于人”道德律的自由主义文化，也是一种真正能够“为万世开太平”的天下主义文化。

不信，您可以看一看管理领域“西学东渐、东道西悟”的百年演进轨迹——就如同当年中华文明在“猝不及防”的情况下，遇到西学有一种“昏睡百年，国人渐已醒”的危机感一样。在进入21世纪、“后工业化社会”初见端倪的现如今，对于无处不在的西方管理学来说，人们也越来越感到一种“管理百年，人性渐凸现”的新奇和惊喜！

## 工业化背景与管理“科学”的起源

> 管理自古就有，但管理学是工业化后近百年来才有的事。

“社会”是由“人”通过一定的“组织”形式联系在一起而形成的。而这一联串的事情，从人为的、动态的、积极的层面上看，可能就是大家通常所说的“管理”（management）吧！如此说来，管理是人类特有文化的东西，古今中外概有之。按照中国的古话来说，管理实际上说的就是“修身、齐家、治国、平天下”的事情。也就是说，一个人待人处事、一个家长解决家庭纠纷、一个君王或大臣治国施政、一个将军指挥战争军务、一个外交官完成国际交往重大使命，等等，所涉及的都是“管理”的事情。

那么，为什么“管理学”在大家的印象里往往是一种西洋泊来品，而且即使在林林总总的“西学”（西洋科学）体系中，它也就是一个只有百来年历史的“新学科”？换句话说，在前工业社会，家庭、部落、教会、军队和国家等各种形式的组织中，管理实际上已经无时、无处不在，但是为什么没有形成一门系统的、自成体系的学问呢？其答案恐怕只能是：18世纪末英国“工业革命”所开创的新时代使得其中大规模、高密度、商业性和社会化的“工业组织”（企业）对“管理”具有了前所未有的特殊需要和要求，从而激发了一大批像罗伯特·欧文（Robert Owen，1771—1858）、查尔斯·巴比齐（Charles Babbage，1792—1871）和安德鲁·尤尔（Andrew Ure，1778—1857）等工业管理专家及管理教育先驱辈出，并终于在19世纪末美国工业革命、工业化繁荣和制度化管理实践的基础上，历史地“巧遇”了伟大的发明家和工程师、“使用秒表的文艺复兴式人物”弗雷德里克·温斯络·泰勒（Frederick Winslow Taylor，1856—1915），从而使管理学以“科学”的面目正式登上学术大雅之堂！

工业化早期，典型的企业组织形式即所谓的“资本雇佣劳动”。在这种企业中，管理者是资本家兼企业家，即雇主，被管理者是除了劳动力“一无所有”的劳动者，即雇员，企业管理中人和人的关系处于一种对立冲突状态。雇主扮演的是一种如同中世纪修筑城堡征收买路钱的“强盗男爵”的角色，他们按照“社会达尔文主义”法则只顾赚钱、赚钱、再赚钱，他们将雇员的劳动力看做实现雇主利益目标的工具，管理中充满了压榨、监督、控制和剥削。而这些刚由散漫的农民转化而来的雇佣工人，往往目无纪律、酗酒滋事，工作时磨洋工、能偷懒就偷懒，还发动“卢德运动”故意捣毁机器设备。

在这种情势下，资本家与工人这一对马克思所说的“资本主义基本矛盾”，拿今天的话说也就是所谓的“劳资矛盾”，在18世纪末的英国和19世纪末的美国就日益激化起来，演变到后来，罢工浪潮可以说是此起彼伏，“阶级怒火”就像烧不尽的野火般越来越呈现出燎原之势。于是，业主管理者们也很“恼火”，一开始态度也“强硬”得很，他们在利用自己手中的资本权利操纵国家机器进行“阶级压迫”的同时，也不得不在管理策略技巧上寻求“科学方法”来控制工人。这就是早期工业组织中所谓的“科学管理”产生的历史背景。

# "科学"有效地把人当牛马

泰勒信条：工人如牛马，效率高于一切，管理就是监控。

弗雷德里克·温斯络·泰勒，1856年生于美国费城一个富裕的家庭。他在哈佛大学法学院攻读期间，学习热情很高，经常开夜车学习，后因视力严重受损并引发头痛而不得不离开大学。泰勒于1875年（时年19岁）进工厂当学徒，于1878年（时年22岁）进费城米德维尔钢厂当工人，并从普通工人升为职员、技工、技工班长、车间工长乃至全厂总技师，直到1884年（时年28岁）升任总工程师。泰勒是一个注重规则和效率的实干家，他埋头于实践，集中精力于他所关心的"效率工程"，在米德维尔工作的12年（1878—1890）是他"科学管理"实验研究的全盛时期。泰勒于1901年（时年45岁）退休，之后14年间他专门进行义务管理咨询和科学管理研究工作，并于1911年发表了著名的《科学管理原理》。

科学管理之父泰勒

泰勒所处的时代，正是美国工业革命的全盛时期。伴随着欧洲工业文明在北美的广泛传播，特别是受1861—1865年南北战争军需的刺激，美国创业者们可谓"如鱼得水"，开始了他们轰轰烈烈的发家史。当时，广大劳工面临的就业形势十分严峻，普遍过着"牛马不如"的生活，劳动力市场上往往把"马力"与"人力"相提并论，一匹马值200美元，而招一名工人每天只需50美分。工厂大多是典型的业主制企业，资方管理人员，特别是工头往往凭经验随意对工人实施监管，那些本来就是工人出身但到后来逐渐异化为"工人贵族"的监工们往往小人得志、耀武扬威，在日常管理中独断专行，常常像盯贼一样盯着工人劳作，像吆喝牲口一样吆喝工人干活，从而人为地使劳资矛盾不断激化。

所谓"科学管理原理"，简单地说，就是：（1）对工人操作的每个动作进行**科学**研究；（2）**科学**地挑选工人，并对其进行经营、培训，使之成长；（3）资方与工人分工协作，以保证工作按既定的**科学**原则进行。泰勒在推介他的"科学管理原理"时反复讲述的一个典型例子就是"搬运生铁"试验。泰勒说："如果认为工人也有'创造性'、'积极性'，那是不科学的。如果让工人参加管理工作，那是愚蠢的。对于这种人讲百分比没有意义，因为他们头脑简单，无法理解。对于一个适合装卸生铁的人所要求的各种条件中，最主要的就是他应该愚蠢得像头牛而不是其他。因此，他必须被一个比他更聪明的人来训练。”

1898年，泰勒受聘在宾夕法尼亚的伯利恒钢铁公司做管理咨询工作，当时他挑选和训练一个叫施密特的工人，这名工人体壮如牛，嗜钱如命，工作是搬运生铁块。二人进行了下面这段很有意思、很能说明其“科学管理原理”的对话。

“施密特，你是个很值钱的人吗？”

“什么？我不懂你是什么意思。”

“不！你懂。我要知道的是，你是不是一个很值钱的人。”

“这个……，我还是不懂你的意思。”

“噢，这样吧，你回答我的问题。我想搞明白的是，你是一个很值钱的人，还是这里这些不值钱的家伙中的一个；我要知道，你是想一天挣一块八毛五，还是就像那些不值钱的家伙一样，满足于一天挣一块一毛五？”

“我一天要挣一块八毛五，这就是一个‘很值钱的人’吗？那对，我是一个很值钱的人。”

“噢，真使人恼火！当然你要一天挣一块八毛五——谁都会要！你是个明白人，看来要使你成为一个很值钱的人并不难。看在上帝的份上，你甭再浪费我的时间了。好了，到这儿来，你看见那堆生铁了吗？”

“看见啦。”

“看见那个车皮了吗？”

“看见啦。”

“好，你是个很值钱的人，明天你就为一块八毛五把那堆生铁装上车皮。现在你打起精神来回答我的问题。告诉我，你是不是一个很值钱的人？”

“把那堆生铁装上车皮就能挣一块八毛五吗？”

“对，你当然能！一年到头，每天你将那堆生铁装完，你就能挣一块八毛五。那就是一个很值钱的人干的活，这道理，你和我一样明白。”

“那好！明天我就为一块八毛五把那堆生铁装上车。我每天都能挣那么多钱吗？”

“你当然能！”

“唷，这样我就是一个很值钱的人啦！”

“好，等等，等一等。要明白，从明天起你就要完全照这个人的吩咐，从早到晚地去干活。当他叫你搬起一块生铁并走动时，你就得搬起来走；当他叫你休息时，你就坐下来休息。你一天就这么干，一个很值钱的人就是这样，让他怎么干他就怎么干，从不回嘴。你明白这个道理吗？好吧，你明天就来这里干活，不用到明天晚上我就会知道你到底是不是一个真正值钱的人。”

施密特就这样开始按规定的命令和动作干活。一个带着秒表的监工站在他面前发布命令“现在搬起铁块！”，“开始走！”，“好了，休息！”……斯密特一切行动听指挥，亦步亦趋，如此这般地扛铁块干活。结果，施密特每天能搬运的生铁，从12.5吨增加到47.5吨，一干就是三年，比其他工人多出近3倍，而其收入只提高了60%。泰勒以此确定工作定额，招收施密特这样“蠢牛般的人”干活，大大提高了生产效率，增加了雇主的利润。

可见，泰勒的“科学管理原理”的核心思想，就是认为管理中的人，特别是作为被管理者的雇员，都是任由老板、管理者使用的“会说话的工具”，管理的主要任务就是采用“胡萝卜加大棒”的办法督促工人高效率地完成工作定额。他主张通过发明“微动计时器”、绘制“动作分析流程图”、设计“差别计件工资制”等管理手段，最大限度地提高劳工效率和企业利润。效率高于一切！管理与人性、情感、尊严、伦理无关，这种“泰勒教条”被后来的吉尔布雷斯（Gilbreth）夫妇等追随者诠释到登峰造极的地步。

吉尔布雷斯夫妇，是管理学史上绝无仅有的在事业上真正“志同道合”的伴侣，他们共同追随泰勒，忠实信奉“效率”原则，并在诸多方面，特别是在他们自己的家庭生活实践中，始终如一地将效率原则发挥到了“极致”状态——在他们轰轰烈烈的管理人生中，不仅高效率地取得了一系列管理学术成就，还无比“高效率”地生养了12个孩子。

吉尔布雷斯夫妇

丈夫弗兰克·吉尔布雷斯（Frank Buker Gilbreth，1868—1924）作为一个“效率专家”，将“效率原则”运用到自己的日常生活当中。据说，他研究得出，扣衣扣时，如果自下而上扣只需要3秒，而若自上而下来扣，则要多用4秒；刮胡子时，同时用两把刷子涂肥皂并用两把剃刀来刮，这样总共可以节省44秒。不过他后来还是放弃了这种做法，因为这样做虽然可以快点，但包扎伤口却另需2分钟的时间。使他恼火的不是伤口，关键是浪费了时间。

妻子莉莲·吉尔布雷斯（Lillian Moller Gilbreth，1878—1972）的高效率和能干，

更是令人由衷地佩服。在丈夫去世后，她不仅独立照管、养育了年龄从2周岁到19周岁不等的12个孩子，而且还获得了布朗大学“应用管理”哲学博士学位，由此成为第一位工业工程协会、机械工程协会的女性成员，以及几所大学工程学院的首位管理学女教授，并根据自己照看孩子的切身经验撰写了家政学的开山之作——《家庭管理》，开办了家庭管理咨询公司，发明了脚踏式易拉罐、冰箱货架，成为名副其实的“管理第一夫人”。

后来，有人专门以吉尔布雷斯夫妇二人的轶事拍了一部名为《论“打”更便宜》（Cheaper by the Dozen）的喜剧片，其中有一组打趣讥讽似的生活写真镜头：每当商业差旅结束回家时，吉氏夫妇都会用秒表计算孩子们上前拥抱他们时所用的时间。

总之，工业化时代的“科学管理”学派，基本上是把工人当作机器上加满了油的齿轮。泰勒在组织管理中所倡导的一些做法在一定程度上有悖人性、有逆人道主义。现在看来，试图纯粹依据理性的技术规范来管理控制一个社会的组织，这种想法和做法本身就是违反理（人）性、有悖民主精神的。遗憾的是，在当时社会背景下，泰勒这种管理思想大行其道，不仅拥有很多管理学界的追随者，也被与他同时代的很多实业家，如汽车大王亨利·福特（Henry Ford，1863—1947），以无比傲慢和强硬的姿态付诸实践。

## “假惺惺”的人事管理

> 管理学思想开始关心人，不是出于人道，而是因为绝望。

19世纪末、20世纪初，在以美国为代表的西方国家，随着劳资矛盾和冲突的日益加剧，企业生产经营管理逐渐陷于前所未有的重重困境中。要摆脱困境，必须改善劳资关系；要改善劳资关系，必须改变粗放、粗鲁、不讲人性的管理方式。于是，替代“科学管理”、提倡“人事管理”，就被“历史地”提到议事日程上来。此种情景，正如斯图尔特·克雷纳在《管理百年》中所说：“管理学思想开始关心人，不是出于人道，而是因为绝望。”

这个时期，资本主义市场经济逐渐由自由竞争走上垄断竞争，大规模、资本密集型、官僚机构式的经济组织大量涌现，加之周期性的经济危机频繁发生（1870—1900年大约有一半时间处在萧条中），以及不对称的劳动力市场中矛盾长期累积，其结果自然是令人尴尬的：一方面是庞大的劳动大军，他们时刻面临着丢掉饭碗、工资下调的巨大压力以及日益恶化、不堪忍受的工作条件；另一方面是有恃无恐的资方管理人员，特别是态度粗暴的基层工头们，他们随意责罚、开除工人，将劳工当牛马一样驱赶役使。二者相激相荡，致使劳资纠纷频繁发生，劳资矛盾日益突出，暴力事件层出不穷，罢工浪潮风起云涌。在这种情况下，如何恰当处理“产业关系”（industrial relations），特别是企业生产经营中的“人际关系”（human relations），就成为当时西方社会各界普遍关注的焦点问题。而员工录用、职前教育、人事档案、郊游计划、增加福利等一系列“工业民主”（industrial democracy）措施应运而生，并被广大管理者们普遍看好，一时间成为解救企业管理危机的“救命稻草”。

哈佛商学院的艾尔顿·梅奥（Elton Mayo，1880—1949）等人于1924—1932年在芝加哥西方电器公司霍桑工厂进行的著名的“霍桑实验”[1]，以及由此所开创的所谓的“人事管理”（personnel management）学派，其实就是在这种时代背景下对现实管理走势的一种学术和理论的回应，其作用就如同在漫漫黑夜里点亮了一盏明灯，照亮了一线管理者们那被工业机器隆隆声震晕了的、被劳资纠纷缠搅得不知所措的、被日常事务弄得迷失了方向的心田。它向人们揭示了：影响生产效率的关键因素不是外在条件，而是员工的心理；工人们追求的不仅是金钱，他们同样看重安全、地位、晋升等非物质奖赏。因此，管理者的眼里应该有“人”，一个企业成功的最重要的因素就在于能否在管理中“善待”其雇员，能否妥善处理与员工的“人际关系”。

但是，梅奥“霍桑实验”的着眼点和境界是有一定局限性的，它仅仅是告诉老板们：在注意“成本”和“效率”问题的同时，别忘了工人们的“情绪”和“情感”因素，为了让劳工们好好干活，也要关心他们的生活需要、安全需要以及心理和感情的变化等，哪怕这种关心有点“虚情假意”，甚至让人感觉有点“假惺惺”。其实，人事管理学派追求的最高境界，就是雇主与雇员的利益关系融洽和谐，其基础是着眼于短期利益的“合作”，而不是使根本矛盾得到长期的、真正的“化解”。因而，当时口口声声喊着“人事管理”的雇主和经理们，大都反感工会组织，反对劳资双方平等地进行集体谈判。

战争使平民百姓生灵涂炭，却使企业、商人们大发横财，这也在一定程度上使“管理学”获得了难得的发展机遇和检视平台。以梅奥等人为代表的“人际关系”和“人事管理”学派，在“二战”期间遇到了战争引发的大规模生产运动，从而使“人

1.“霍桑试验”包括照明试验、福利试验、群体试验、大规模访谈试验。其研究的最初目的是想找出劳动物质条件与劳动生产率之间的关系，但试验的结果却出乎意料地促成了人际关系学说的诞生。

间亲情”在战火纷纷中、在美国商人的热血澎湃中着实“激情燃烧”了一把，也为战后日本商业精神的复兴和传播，以及IBM“我们充满自豪地歌唱/歌唱我们对沃森的尊敬/他一直鼓舞着我们/我们的歌声嘹亮地回荡在他身旁……”这样的企业抒情歌曲的流行传唱，奠定了应有而难得的人文情感基础及思想启蒙和文化复兴的底蕴。

## 人仅是战略性“资财”吗

> 人力资源管理的实质意义，就是从战略的高度将人作为资财（资源、资产、资本）来营运。

20世纪50年代是一个“产品至上”、“顾客至上”的时代。这个时期，由于“二战”结束带来了相对和平的国际环境，西方各国经济迅速扩张，老百姓收入很快增加，市场需求异常旺盛，大规模的工业化生产方式普遍形成，全球市场呈现出一片繁荣昌盛的景象。在市场竞争中，各厂商经营管理面临的共同问题是：把合乎人们意向的产品生产出来，以所谓“独特的销售说辞”（Unique Selling Proposition，简称USP）的广告推广策略向需要的消费者提出购买建议，请人们挑选！1954年，彼得·德鲁克（Peter F. Drucker）出版了《管理的实践》一书，在这部被称作“管理圣经”的著作中，德氏道出了老板们的心声：“关于企业的目的，只有一个有效定义，那就是“创造消费者”；市场不是由上帝、自然或经济力量创造的，而是由商人创造的。”后来，密西根州立大学的杰罗姆·麦卡锡（Jerome McCarthy）于1960提出了4P（product，price，place，promotion）理论，基本反映了20世纪中叶聚焦“市场营销”的企业管理理念和经营套路。

在这种时代背景下，管理中“人的问题”再一次被淹没在“大生产运动”的热潮之中。人们想知道：在“充分就业”的情况下，企业不能用“饥饿恐惧”来逼迫人们劳动，那么用什么来“激励”人们好好工作呢？于是，在20世纪50年代末60年代初，一系列激励理论，如亚伯拉罕·马斯洛（Abraham H.Maslow，1908—1970）的需要层次论，道格拉斯·麦格雷戈（Douglas Mcgregor，1906—1964）的X—Y理论，以及弗雷德里克·赫茨伯格（Frederick Herzberg，1923—2000）的保健与激励双因素论等，一时间大行其道、影响深远，在管理学说史上形成一道独特的风景线，成为后来人力资源管理新潮和人本管理理念的一个重要的思想来源。

20世纪60、70年代，世界市场基本上已经被商业“列强”分割占据完毕，企业在市场上的竞争态势已经变得有些“你死我活”了，要在这种“零和博弈”的竞争格局中求得生存和发展，仅有营销上的策略和技巧已远远不够了，还必须要有长期的"大战略"（grand strategy）眼界和定位，以及实实在在的"核心竞争力"。于是，"战略管理"（strategy management）就成为这个时期企业管理界和学术界的热门话题，其经典代表作有：1962年钱德勒（A.D. Chandeler）的《战略与结构》，1964年德鲁克的《基于结果的管理》，1965年安索夫（H.I. Ansoff）的《公司战略》，1974年鲁梅尔特（R.P.Rumelt）的《战略、结构与经济绩效》，以及1978年迈耳斯和斯诺（R.E.Miles and C.C.Snow）的《组织战略、结构和过程》等。到20世纪70年代末、80年代初，关于战略管理的完整理论体系基本形成。

进入20世纪80年代以后，特别是90年代以来，在以互联网为核心的新技术革命突飞猛进的推动下，以美国为代表的西方发达国家"后工业化"特征日益显露，所谓"知识经济"、"虚拟经济"、"体验经济"等新经济形态层出不穷，以"全球化"为新时代大背景的战略竞争可以说是风云变幻。在这种情形下，企业家和管理者们似乎都"英雄所见略同"般地深切感到：人力资源，特别是知识工人和专业化的人力资本，越来越成为决定企业市场竞争成败的战略性要素；跨文化管理，即有效整合比过去任何时候都更加复杂的人力资源关系，对于现代企业成功实现跨国经营目标、获取国际市场战略竞争优势具有越来越重要的决定性意义。而所谓的"人力资源管理"（human resources management）其实就是在这样的历史背景下提出和形成，并迅速传播开来的一种管理新范式。

与传统的"人事管理"不同，人力资源管理不是仅着眼于劳资矛盾，仅由个别雇员从事一些经验性、简单、低档次的人际关系处理工作，而是更加强调组织"人事"运作的战略性、资本运营性、全员民主性和专业技术性。其核心思想就是将人（企业员工及其身上的知识技能）看做是一种能够为企业创造价值的战略性资源、资产和资本，要求企业管理者具有长期战略投资眼界，做到以下几点。

——**在战略指导思想上把人当"资财"**。注重人力资源建设、人力资产保值增值和人力资本的投资运营。

——**在战略管理层次上不要仅仅停留在执行操作层面**。高层领导（主管副总裁和人力资源总监）要将"人的问题"提升到企业战略决策层面，研究为获取市场竞争优势，人力资源方面将面临哪些战略性挑战，其对组织总目标的实现将会造成什么样的影响，以及应该如何采取积极有效的措施来应对和处理这些战略性问题。

——**在战略管理范围上要求"全员参与"**。人力资源管理是一种民主化管理，需要全体员工和管理者积极地互动、沟通和相互学习。人力资源职能部门的主要任务是提供战略导向和中介服务以及做好人际关系协调和各职能及业务部门之间的协同工作。

——**在战略实施措施上逐渐走向职业化**。特别是对一些大型商业组织来说，人力资源管理是一种需要运用专门的“科学方法”和“人文艺术”才能驾驭的一整套权变管理体系。

据有关学者考证，在管理学上，人力资源管理的理念最初是由德鲁克于1954年在其《管理实践》一书中针对传统人事管理的局限正式提出来的。“人力资源”（human resources）是德鲁克当时针对传统人事管理往往在理念上将员工看做是一种“成本”负担，而没有将他们看做是具有价值创造力的资源而特别提出来的一个修正性概念。他认为，相对于物质资源，人力资源是指企业员工所具有的并与其活的主体无法分离的协作融合、认识判断和想象创造能力等特殊资产；由于在现代市场经济和民主社会中，“人对自己是否工作绝对拥有完全的自主权”，所以企业管理者需要树立“以人为本”的新理念，从市场竞争战略的高度，借助积极的、建设性的激励机制来开发和使用员工的人力资源。

此后，怀特·巴克（E.Wight Bakke）于1958年对“人力资源功能”进行了经典性的阐释，但没能在企业界和学术界产生应有的影响。同期，美国经济学家西奥多·舒尔茨（Theodore W. Schultz，1902—1998）和加里·贝克尔（Gary S. Becker，1930—）提出的“人力资本理论”，对人力资源管理理念在企业界的普及应用起了很大的推动作用。20世纪60年代中期，曾有管理学者发表人力资源管理相关研究论著，虽使得学界和实业界开始认同“人力资源”术语及“人力资源管理”概念，但对于人力资源管理区别于传统人事管理的实质性理念究竟是什么，直到其后的十余年时间里，人们一直不甚了然，以致出现了“人事/人力资源管理”这样莫名其妙的提法。

“人力资源”术语及“人力资源管理”理念广泛传播、大行其道乃是20世纪80年代末、90年代初的事情。1989年9月1日美国“人事管理协会”在其成立41年之后正式更名为“人力资源管理协会”，1990年1月将其出版发行的《人事管理者》和《人事新闻》分别更名为《人力资源杂志》和《人力资源通讯》。紧接着，各大学相关专业、企业等组织相关职能部门和机构也纷纷更名。随即引发了近年来风行全球的人力资源管理热潮，以至于“人力资源”和“人力资源管理”也成为时下国人耳熟能详的流行语和街谈巷议的热门话题。

## 📖 回归人本管理

> 以人为本，就是要求管理者真正“把人当人”来看，以推己及人、坦诚待人的态度来处事。

以笔者拙见，“人本管理”实质上说的是：在“人本来该是什么”这个本源性问题得以解决之后，能够在实践中真正“把人当人”来对待的一种高境界的管理理念、思想和哲学。它应该是对“人力资源管理”的进一步超越，其所信奉的“人性”是一种**主体人**，不是在客体、器物、手段、工具乃至资源、资产和资本的层面上看待人，而是更高境界地在主体意义上审视人的价值，在更宽泛的意义上研究讨论有关“人的问题”，特别是要超越管理局限于工商业界的话语传统，在更加广阔的社会组织层面上去认识人性、感悟人生和省察人事。

对于“人的问题”，伟大的思想家马克思看得最“透”。其伟大之处在于：他从“血与火”的原始资本积累史中，敏锐地察觉到了“劳资矛盾”这个制度性根源，看到了在工业化初期（他所处的那个时代）“资产者把无产者不是看做**人**，而是看做创造财富的**力量**”（就如同水力、蒸汽力、马力一样，“人力”仅仅是一种“生产力”）的局限性，在他看来这不仅是物对人的“异化”，简直是对人格尊严的贬损！马克思认为，凡是“轻视人类，使人不成其为人”的制度都是一种罪恶的专制制度，“**任何**一种解放都是把人的世界和人的关系还给人自己”。其实，这也应该成为人本管理的最根本的思想原则。

社会中的任何组织都是由“人”组成的，管理的基本职能就是把组织中具有分工协作关系的人（组织成员）协同联合起来，以实现分散的个人所达不到的目标。所谓管理的职能，无论计划、组织、领导、指挥或控制，其直接对象都是“活生生”的人即组织成员，管理者（本身也是“人”）通过激发他们的能动性、积极性和创造性，在他们之间建立起合理的分工和协作关系，去实现组织的特定目标。管理实际面对的不是什么“资源”，而是“人”，即现实的、活生生的、有情有感的、主体和群体意义上的人。应该承认，这种人拥有组织所需要的“资源”即“人力”，如果管理者愿意开发投资促其形成并在一定时期支配使用，那么就可以变其为创造价值的“资产”或“资本”。但与此同时，这种人在做事时也有他自己的“想法”，有他特殊的欲求、需要、目标、特定的行为动机以及个人价值观、主观能动性和一套特有的行为方式。因此，人本管理就是要以这样的“人”为先导、为基准，以此作为基本出发点和落脚点，更重要的是，对人的主体性价值与手段性意义之间的关系进行哲理性的辩证、战略性的统摄和艺术性的把握。

人的主体性和客体性、目标价值与手段意义应该是内在统一的。对于“以人为本”，不能仅在客体性和手段意义上去理解，而忘却了对人来说更本源、更直接和更重要的主体性和目标价值意义，也不能将主体性和客体性、目标价值与手段意义割裂甚至对立起来去解说。在社会经济活动中，人作为“资源”、“资产”和“资本”的手段意义，与人作为“利益主体”、组织和社会“主人”的目标价值，二者之间存在着内在统一的辩证关系。无可否认，在管理活动中，组织与员工各自有其特定的利益和目标，但却是互为“手段”、相互“利用”的，而且这种互利关系在组织发展的不同历史阶段上，也往往表现出大异其趣、境界万千的变化形态。

在管理史上，古典企业就像日常生活中那些斤斤计较、自私自利的人一样，将自己的赚钱目标与利用员工人力资源的手段连接得太紧密、太直接了，以致将组织与员工的关系变成赤裸裸的外在市场交换关系。在这种情况下，企业对雇员是一种“干活才给钱”的管理姿态，员工对企业自然也是“付钱才干活”的劳动态度，根本谈不上归属感、成就感、团队精神和企业凝聚力等等——这正是工业化初期大多数企业在“资本雇佣劳动”制下采取“劳工管理”模式的真实情形。

进而，随着经济发展、社会进步、文明觉醒，组织管理者表现得可能不那么“短视”，但也不过是一种“达观的功利主义”，在日常管理中逐渐采取一些“人性化”的手段，如注意改善工作条件，进行工作轮换；关心员工日常生活，在员工生日时送蛋糕；经常与员工谈心，隔三差五搞个野餐聚会等等。其目的主要是更好地“利用”员工，以不断提高生产率和利润业绩，除此之外似乎没有更高的“追求”。这实际上是近代西方企业普遍实施的“人事管理”模式的大致情景；至于目前最为流行的所谓“人力资源管理”，其实在性质上也差不多，只不过在“利用人力”的问题上更具有长期“战略”的眼界罢了。

在我们特别强调的“人本管理”中，所说的“以人为本”的境界比这些要更高，高到什么程度？高到“量变发生质变”的程度，达到“忘我利他”的“和合”境界。作为组织立业之本和管理根基的“人”，不能是局限于纯世俗功利主义的“经济人”，而更应该是主体意义上具有能动性和群体创造力的人，是将自己的利益与组织目标“自然连带”在一起并与组织在“灵犀”（文化、精神）上融为一体的人，是那种将“工作”看做与自己生命本体紧密相连并无限追求其“人生事业”的人，是为了组织未来的长期发展而奉献自我甚至牺牲自我的人。

人本管理要站在这样一种高度人性化的境界上，就像美国西南航空公司那样将他们的员工不仅是看做“人力资源”，更重要的是看做自己赖以生存发展的“人”（people），从总体上、动态上以及“人本”精神的层面上去挖掘员工所拥有的“群体精神创造力”。这种精神创造力一旦“铸”成，就成为别人“学”不来、“挖”不走、“买”不去的核心竞争力，并将会对组织价值和市场地位的提升产生长期、无限而神奇的力量。这是“以人为本”所蕴涵的真义。

概而言之，人本管理是一种将“做人”的道理用于“做事”的大学问，是教育管理者具有“自知之明”善于以己之心推及他人的人学哲理，是关于“修身、齐家、治国、平天下”的通理，是将劳动、工作本身与人生快乐、幸福意义内在紧密联系在一起而形成的智慧，是既有“规矩”又成“方圆”的变通之道，是一个组织在变化中求生存、在学习中求发展的历史辩证法，是一种超越“竞争”走向“合作”的新文化。

## 参阅文献

[1] F.W. 泰勒．科学管理原理．北京：中国社会科学出版社，1984
[2] 丹尼尔·雷恩．管理思想的演变．北京：中国社会科学出版社，2000
[3] 斯图尔特·克雷纳．管理百年．海口：海南出版社，2003
[4] 小艾尔弗雷德·斯隆．我在通用汽车的岁月．北京：华夏出版社，2005
[5] 彼得·德鲁克．管理的实践．北京：机械工业出版社，2006
[6] 彼得·德鲁克．管理前沿．北京：机械工业出版社，2006
[7] 亨利·明兹伯格等．战略历程（修订版）．北京：机械工业出版社，2006
[8] 戴夫·乌尔里克．人力资源管理新政．北京：商务印书馆，2007

# 2

# 修齐治平　人事通理

为天地立心，

为生民立命，

为往圣继绝学，

为万世开太平。

张载【宋】

## 人人管理，管理人人

人人的管理，应人人而管理，为人人而管理。

在当今工商社会（或说“市场经济”）中，管理成为了热门的专业和职业，各类工商管理方面的图书成为畅销书，深受民众青睐，各种管理咨询培训项目也是五花八门、层出不穷！

就管理学界来说，有人教书、搞咨询；有人水煮“三国”、热炒“西游”，也有人戏说“水浒”、大话“红楼”；有人说“细节决定成败”，就有人立刻反驳说：不！是“战略决定成败”、“态度决定一切”！有人倡导“美式、日式管理”理念，也有人津津乐道“中国式管理”传统；有人讲“小故事、大道理”，立刻就有人无限演义出“小故事里的大道理”、“小故事、大智慧”、“小故事、大管理”……如此这般、不胜枚举。真是所谓“八仙过海、各显其能”！

对于全民参与管理学讨论研究的现象，有清高者不以为然。他们认为，专业化分工、职业分化程度的高低是一个社会发达还是落后的重要标志，专业门槛、职业资格壁垒高低是一个专业领域发展水平和职业成熟度的关键指标，并且认为应该提高管理学研究的专业化水平、加大管理职业进入壁垒。这话有一定道理，但总体来看，我并不同意。

以吾拙见，管理学本质上是一门关于“做人理事”的普适性学问。像经济学等其他任何人文社会科学一样，强调管理学向经典“自然科学”范式靠拢在很大程度上是一种“退化”。我们知道，“人的问题”具有特殊复杂性，特别是具有“人人都参与其中感受其理”的特殊实践性。因此，那种排斥大众于职业门外、以一小撮人奋斗的“科学事业”自居的做法将使管理学健康成长的社会沃土大大贫瘠化，并最终使之凋谢枯萎。这也注定了这种努力最终将是徒劳无益的。

正如没有大众娱乐文艺就没有所谓的“高雅艺术”繁荣昌盛的群众基础，没有老百姓的日常经济就不可能有经济学家象牙塔中的“经典学说”，没有社会组织群落中的芸芸众生就不会有社会学家的“专业研究”。同样就管理学来说，我们也没有必要将管理职业的“壁垒”搞得那么“森严”。

总之，我倾向于管理学大众化，套用林肯说过的话来说，就是“人人的管理，应人人而管理，为人人而管理”。

## 以人为本，大学要义

> “社会”是由“人”有机“组织”在一起而形成的，“修身、齐家、治国、平天下”本来就是一连串的相通之事。

由于管理学是关于“做人”的致用之学，极具普适性，所以管理学人大都是“纵横家”，特别是从近年来一些管理咨询师的演讲或著述中，你可以发现他们大都是古今中外、宏微贯通，可谓大事小事人间事事事“人事”、家事国事天下事人人“管事”。所有这些事，他们都可以纵横驰骋、谈笑风生，论说得头头是道。

想来这也是有道理的。因为凡是有人的地方、与人有关的事情、有人参与其中的历史事件，无论古人今人大人小人中国人还是西方人，其作为“人”的组织行为或社会活动，个中“大理”都是相通的。关于这个“基本点”，中国儒家哲学经典《大学》阐释得可以说是一清二楚。

《大学》原本是《礼记》中的一篇，宋儒将之单独抽出来，与《论语》、《孟子》和《中庸》合称“四书”，并列为“四书之首”。在古人那里，“大学”一词除了一般“博学”之意外，在实际私塾教育体系中，它是相对于“小学”而言的，“大人之学”或曰“成人之学”。古人八岁入“小学”，学习“洒扫应对进退、礼乐射御书数”等日常生活中待人接物的学问；十五岁入“大学”，研习“穷理正心，修己治世”的学问。故《大学》开篇有如下宏论。

大学之道，在明明德，在亲民，在止于至善。知止而后有定，定而后能静，静而后能安，安而后能虑，虑而后能得。物有本末，事有终始。知所先后，则近道矣。

古之欲明明德于天下者，先治其国，欲治其国者，先齐其家；欲齐其家者，先修其身；欲修其身者，先正其心；欲正其心者，先诚其意；欲诚其意者，先致其知，致知在格物。

格物而后致知，致知而后意诚，意诚而后心正，心正而后身修，身修而后齐家，齐家而后国治，国治而后天下平。自天子以至于庶人，壹是皆以修身为本。其本乱而末治者否矣。其所厚者薄，而其所薄者厚，未之有也！

这里所谓的“三纲八目”乃曾子《大学》的真传要义。据国学专家解说，其所谓“三纲”其实就是一个基本纲领，那就是“明明德”，至于“亲民”乃“明明德”之法，而“止于至善”是“明明德”追求的最高境界。同样，所谓“八目”实际上就只一个基本条目，即“修身”，也就是我们所说的“做人”。“格物”、“致知”、“诚意”、“正心”都是“修身”的途径和手段，至于“齐家”、“治国”、“平天下”，则是“修身”的具体外化途径和实现形式。“修身”即学习做人，一个人首先要学会做人，最后要尽其“人性”实现自我价值。一个人经过从内在（“格物”、“致知”、“诚意”、“正心”）到外化（“齐家”、“治国”、“平天下”）的系统修炼，通过内修而“独善其身”，进一步外化而“兼治天下”，这样“穷则独善其身，达则兼善天下”，达到最高境界就是所谓“止于至善”。

简单地说，大学要义就是以“做人”为根本。一个人要实现其“管理人生”达成其“齐家”、“治国”和“平天下”的事业目标，首先必须从我做起，即“格物”、“致知”、“诚意”和“正心”，用现在流行的专业术语来说，就是进行“人力资源开发”或“人力资本投资”。“齐家”、“治国”和“平天下”并不意味着非做“人上人”不可，而是作为家庭一成员、组织一分子、社区一居民、国家一公民乃至世界一主体，做到任劳任怨、尽职尽责，以“天下主义”的忍爱包容之心去待人处世，积极与他人团结合作、努力奋斗。如果做到这样了，谁都有望达到“止于至善”的境界，即实现宋儒大哲人张载（1020—1077）所说的“为天地立心，为生民立命，为往圣继绝学，为万世开太平”的管理人生目标。

关于个人自我价值实现的微观管理目标与社会组织和谐发展的宏观管理目标之间对立统一、内在变通的辩证关系，不仅中国哲学经典有如此精彩的论述，作为人人可以直接感受的人生经验，西方人也同样根据其生活经验体悟出了个中道理。

据说，伦敦威斯敏斯特大教堂的地下室，墓室累累、纪念碑林立，从亨利三世、乔治二世等20多位国王，到牛顿、达尔文、狄更斯等科学文学大师，以及“二战”期间著名的“大不列颠保卫战”中牺牲的皇家空军战士，都安葬于此。长眠在这里的人们，其生前人生感悟应该很能代表西方的精英文化水平。其中一个墓碑上镌刻着这样一段人生感言，读来可能对你很有启发。

当我年轻的时候，我的想象力从没有受过限制，我梦想改变这个世界。

当我成年以后，我发现我不能改变这个世界，我将目光缩短了些，决定只改变我的国家。

当我进入暮年以后，我发现我也不能够改变我的国家，我的最后愿望仅仅是改变一下我的家庭。但是，这也是不可能的。

当我现在躺在床上、行将就木时，我突然意识到——

如果一开始我仅仅去改变我自己，然后作为一个榜样，我可能改变我的家庭；

在家人的帮助和鼓励下，我可能为国家做出一些事情；

然后，谁知道呢？我甚或可以改变这个世界。

不是吗？墓碑上的这段人生感言，与我们东方哲学经典《大学》中所说的“三纲八目”大义，真有一种“异曲同工”之妙！

## “修身”正根

格去物欲，诚意正心，超越自我，珍惜生命，热爱人生，是一切成功管理的根本。

所有的“管理”问题都源于人们对其人生的管理，也就是所谓的“修身”。“修身”的实质在于学习如何做人，包括“格物致知”和“诚意正心”两个方面的内容，大致说来，前者属于认识论和方法论层面的修炼问题，后者则属于价值观和人生观层面的修养问题。

关于“格物致知”，学术上有唯心论和唯物论两种解释。唯心论者，如宋儒程颐（1033—1108）、朱熹（1130—1200）及明儒王守仁（1472—1528）等，他们认为“格物致知”简单地说就是“悟道”、“超觉”，也即超越“形而下”的具体器物形态，穷究“形而上”的普遍道理或一般真理，通过“格物”，即格去存于肉身的“物欲”来达到认识心灵中“天理”的目的。

但即使是唯心论说，各家也有一些差异。按照朱熹的说法，一切事物都天然地存在着“理”，“形而上者，无形无影是此理。形而下者，有情有状是此器”，在具体的“物”存在之前就已经有“理”。理是永恒的，理达至终极标准谓“太极”，再加以“气”乃生“万物”以及万物之“性”；所谓“人性”就是人之所以为人所禀受的“理”，其进一步和“气”结合便有“知觉”（心灵），便形成不同的“人格”或“气质”，禀气之清者为圣贤，禀气之浊者为愚拙，善恶由此分出。朱熹说：

“所谓致知在格物者，言欲致吾之知，在即物而穷其理也。盖人心之灵莫不有知，而天下之物莫不有理，惟于理有未穷，故其知有不尽也。是以《大学》始教，必始学者即凡天下之物，莫不因其已知之理而益穷之，以求至乎其极。至于用力之久，而一旦豁然贯通焉，则众物之表里精粗无不到，而吾心之全体大用无不明矣。此谓物格，此谓知之至也。”

就是说，只是由于后天禀气所累使得人不能明先天之理，因此所谓“格物致知”，就是区别出人固有永恒的“天地之性”（天理）和实际禀受的“气质之性”（人欲），以达到“灭人欲、存天理”的修身目标。

这种修身行为主要是强调学习领悟儒家道德行为规范的一种自我修养方法。后来明清学者王夫之、颜元等关于“格物致知”的唯物主义解说，将“格物”与“致知”的关系解析为感性认识与理性认识、实践经验与理论逻辑的关系，这主要是受西方自然科学哲学思潮的影响。

“诚意正心”主要是指一个人要在思想道德修养上做到理性和情感的内在统一，首先要在情感上“真心实意”，不自欺欺人，不随意挥洒喜怒哀乐好恶爱恨等种种情感，坦然豁达、谦和快意，这样才能做到“心安”而“理得”，“不思而得”，“择善而固执之”。《大学》原文是这样描述的：

“所谓诚其意者，毋自欺也。如恶恶臭，如好好色，此之谓自谦。故君子必慎其独也！

小人闲居为不善，无所不至，见君子而后厌然，掩其不善，而著其善。人之视己，如见其肺肝然，则何益矣。此谓诚于中，形于外。故君子必慎其独也。”

曾子曰：“十目所视，十手所指，其严乎！”富润屋，德润身，心广体胖。故君子必诚其意。

“格物致知”也好，“诚意正心”也罢，其实在宋明理学那里说的都是一回事，它们是一体两面、内在统一的关系，不可截然分开。宋明理学后继者王阳明早年遵循程朱信条，专心致志对着竹子“格物”，连着七日七宿终未“致知”，反而累得大病一场。后来被贬谪西南山区，在原始野居中突然大彻大悟，原来“格物致知”的真义是：“格去物欲，方能致知”，要能够“格物致知”，就必须做到“诚意正心”。其弟子编选的《传习录》有如下记载。

先生游南镇，一友指岩中花树问曰：“天下无心外之物，如此花树，在深山中，自开自落，于我心亦何相关？”

先生对曰：“尔未看此花时，此花与尔心同归于寂。尔来看此花时，则此花颜色，一时明白起来。便知此花，不在尔心外。”

先生曰：“尔看这个天地中间，什么是天地的心？”

对曰：“尝闻人是天地的心。”

曰："人又什么叫做心？"

对曰："只有一个灵明。"

"可知充天塞地，中间只有这个灵明。人只为形体自间隔了。我的灵明，便是天地神鬼的主宰。……天地神鬼万物，离却我的灵明，便没有天地神鬼万物了。我的灵明，离却天地神鬼万物，亦没有我的灵明。如此便是一气流通的，如何与他间隔得？"

先生曰："心即理也。天下又有心外之事，心外之理乎？"

"心之体，性也。性即理也。故有孝亲之心，即有孝亲之理；无孝亲之心，即无孝亲之理矣。有忠君之心，即有忠君之理；无忠君之心，即无忠君之理矣。理岂外于吾心耶？"

"大人者，以天地万物为一体也。其视天下犹一家，中国犹一人焉。若期间形骸而分尔我者，小人矣。大人之能以天地万物为一体也，非意之也，其心之仁，本若是其与天地万物为一体也。"

"是故见孺子之入井，而必有怵惕恻隐之心焉。是其仁与孺子而为一体也。孺子犹同类者，见鸟兽之哀鸣觳觫而必有不忍之心焉，是其仁之与鸟兽而为一体也。"

"是其一体之仁也，虽小人之心，亦必有之。是乃根于天地之心，而自然灵昭不昧者也。虽故谓之明德。"

"是故苟无私欲之蔽，则虽小人之心，而其一体之仁，犹大人也。一有私欲之蔽，则虽大人之心，而其分隔隘陋，犹小人矣。夫为大人之学者，亦惟去其私欲之蔽，以自明其明德，复其天地万物一体之本然而已耳；非能于本体之外，而有所增益之也。"

按照王阳明的"心学"，不是先有永恒的"理"才有具体的"心"（人性），而是相反，没有"心"应无所谓"理"，也就是说没有具体的心灵感应你是无法通理的。因此，"格物"就是"正其事"，即处理日常生活具体事务；"致知"就是"致良知"，即依照每个人天然具有的"是非善恶"观念标准，择其善者而为之、避其恶者而不为。这本身就是所谓"诚意正心"。否则，寻找借口不"正事致良知"而"自私用智"、投机取巧就是心不正、意不诚的表现。可见，"格物致知"便"诚意正心"，"诚意正心"也就意味着"格物致知"，二者是内在统一、不分你我的，即所谓的"天地万物一体之仁"！这样自然可以修身。

所谓修身在正其心者，身有所忿懥，则不得其正；有所恐惧，则不得其正；有所好乐，则不得其正；有所忧患，则不得其正。心不在焉，视而不见，听而不闻，食而不知其味。此谓修身，在正其心。

此外，关于“修身正根”的问题，诸葛孔明先生的《诫子书》也是不可多得、值得品读的经典文献。

夫君子之行：静以修身，俭以养德。非澹泊无以明志，非宁静无以致远。夫学须静也，才须学也。非学无以广才，非志无以成学。淫慢则不能励精，险躁则不能理性。年与时驰，意与日去，遂成枯落，多不接世，悲守穷庐，将复何及！

综上所述，对于个人思想修养、自我情绪和情感的管理是最重要的管理，其重要性无外乎以下几点。

——**珍爱生命**，真诚地拥抱生活、感受人生，让内心充满阳光，在人生旅途中不断超越自我，提升生命的价值和意义；

——**敬爱自然**，超脱于具体的物质形态和自我的物欲心理局限，对大自然（“天下万物”）怀着应有的尊重和敬畏的心态，不断探索世界中的运动规律和普适性真理，“和合”天地万物、“包容”世间万象，无论什么情况下都能够在“天下主义”文化境界上去从容地应对和处理事情；

——**关爱他人**，保持心灵始终处于“纯真可爱”的原生态，不以己之心强施于人，以“博爱”的宽广胸怀对待每一个人，不仅要以大德报小德，而且要做到“以德报怨”，在人际关系互动交往中追求“道德至善”；

——**热爱工作**，求实肯干、忠于职守，将劳动、工作视作生命意义的有机组成部分，具有脚踏实地干事业的精神，将为人类谋幸福当作自己终生追求的价值目标；

——**衷爱真诚**，善于自我省悟，有自知之明，不虚妄、不做作，待人处事光明正大、坦坦荡荡，态度谦和中自然显露博爱的本色，积极追求真善美。

## “齐家治国”之道

> 社会组织中的管理工作，可以看做是“人生管理”的一种外化体现或具体运用。

按照中国儒家经典学说，以“修身”为本，在家庭、学校、企业和政府等各种社会组织中推广实施“仁义礼治”之道，就是所谓“管理”的全部内容。

家事、国事、天下事，说的都是“管理”的事。所谓“家”、“国”，可以看做是一个社会中所有经济、政治、文化组织的代称，而

“齐家治国”指的就是各种组织层面的管理活动。所有这些管理活动，其根本都是基于个人待人处世的道德和精神修养。

所谓齐其家在修其身者：人之其所亲爱而辟（僻）焉，之其所贱恶而辟（僻）焉，之其所畏敬而辟（僻）焉，之其所哀矜而辟（僻）焉，之其所敖（傲）惰而辟（僻）焉。故好而知其恶，恶而知其美者，天下鲜矣。故谚有之曰，“人莫知其子之恶，莫知其苗之硕。”此谓身不修，不可以齐其家。

所谓治国必先齐其家者：其家不可教，而能教人者，无之。故君子不出家，而成教于国。孝者，所以事君也；悌者，所以事长也；慈者，所以使众也。《康诰》曰：“如保赤子。”心诚求之，虽不中，不远矣，未有学养子而后嫁者也。

一家仁，一国兴仁；一家让，一国兴让；一人贪戾，一国作乱。其机如此，此谓一言偾事，一人定国。

尧舜帅天下以仁，而民从之；桀纣帅天下以暴，而民从之。其所令反其所好，而民不从。是故君子有诸己而后求诸人，无诸己而后非诸人。所藏乎身不恕，而能喻诸人者，未之有也。故治国在齐其家。

“仁义忠恕”是孔子所强调的基本道德规范，是一个人管理其人生、修养其人性的基本内容。“义”者，“宜”也，即人在社会中的义务，也就是一个人要做“正确”的事情，按照道德原则（“绝对命令”）做他本应该做的事，而不是为了某种自私的利益去行事，所谓“君子喻于义，小人喻于利”就是这个意思。义务的本质就是“爱人”，这就是所谓的“仁”，真正爱人者就是能够履行社会义务的人，“仁人”就是要求每个人都忠于职守、各行其道。如何行“仁”呢？简单地说，就是推己及人，从肯定方面说，“己欲立而立人，己欲达而达人”谓之“忠”；从否定方面看，“己所不欲，勿施于人”就是“恕”。

孔圣人

一个人要“管理”好其人生，就要围绕“仁、义、忠、恕”四个方面的内容，在各个人生阶段上始终不渝地进行学习修炼。在谈到自己“管理人生”的经历时，孔子有如下一段著名的自白：

“吾十有五，而志于学，三十而立，四十而不惑，五十而知天命，六十而耳顺，七十而从心所欲，不逾矩。”

在这里，孔子所说的“学”，并不是现在人们通常所说的科学知识，而是关于“做人做事”的学问，原文是说，青少年的时候就立志提高待人处世的精神境界；“立于礼”，“不知礼，无以立也”，所谓“三十而立”就是指人生这个阶段应该知礼达礼、言行得体；然后成为“知者”，深刻认识道德价值和人生意义，因此“不惑”；到了五六十岁，进一步知“天命”并顺乎天命，达到“无所为而为”的超脱境界，为工作而工作，在乎的只是做事本身的价值，而不为外在功利而动；到了最后阶段，修身到家了，就能够达到做事“从心而欲”，无须刻意追求就可以“自然而然”将事情做好的“至善”境界。

在修身的基础上怎么齐家？明末“诸子”（民间学者）朱柏庐所编《朱子治家格言》，三百年来被国人辈辈传颂。

黎明即起，洒扫庭除，要内外整洁；既昏便息，关锁门户，必亲自检点。一粥一饭，当思来处不易；半丝半缕，恒念物力维艰。

宜未雨而绸缪，毋临渴而掘井。自奉必须俭约，宴客切勿留连。器具质而洁，瓦缶胜金玉；饮食约而精，园蔬愈珍馐。勿营华屋，勿谋良田。

三姑六婆，实淫盗之媒；婢美妾娇，非闺房之福。童仆勿用俊美，妻妾切忌艳妆。

祖宗虽远，祭祀不可不诚；子孙虽愚，经书不可不读。居身务期质朴；教子要有义方。勿贪意外之财，勿饮过量之酒。与肩挑贸易，勿占便宜；见穷苦亲邻，须加温恤。刻薄成家，理无久享；伦常乖舛，立见消亡。兄弟叔侄，需分多润寡，长幼内外，宜法肃辞严。听妇言，乖骨肉，岂是丈夫，重赀才，薄父母，不成人子。嫁女择佳婿，无索重聘；娶媳求淑女，勿计厚奁。

见富贵而生谄容者，最可耻；遇贫穷而作骄态者，贱莫甚。居家戒争讼，讼则终凶；处世戒多言，言多必失。勿恃势力而凌逼孤寡；勿贪口腹而恣杀生禽。乖僻自是，悔误必多；颓隋自甘，家道难成。

狎昵恶少，久必受其累；屈志老成，急则可相依。

轻听发言，安知非人之谮诉，当忍耐三思；因事相争，焉知非我之不是？须平心暗想。施惠无念，受恩莫忘。凡事当留余地，得意不宜再往。

人有喜庆，不可生嫉妒心；人有祸患，不可生喜幸心。善欲人见，不是真善；恶恐人知，便是大恶。见色而起淫心，报在妻女；匿怨而用暗箭，祸延子孙。家门和顺，虽饔飧不继，亦有余欢；国课早完，即囊橐无余，自得至乐。

读书志在圣贤，为官心存君国。守分安命，顺时听天。为人若此，庶乎近焉。

在这样的个人修身、人生追求和家庭教养的基础上，你就可以在各种社会组织中“游刃有余”地与人打交道，以“仁义忠恕”作为待人处事的基本准则，从事“理族齐家”、“治国安邦”等不同组织层次的各类管理工作。

中国近代史上最有争议的显赫人物曾国藩（1811—1872），是一个从湖南偏僻小山村走出来的书生，中进士留京后十年七迁、连升十级，37岁就任礼部侍郎，官至二品，权倾朝野，连皇帝也惧他三分。身处清王朝由乾隆盛世逐渐走向没落衰败、内忧外患接踵而至的大动荡年代，他力挽狂澜，是促成“同治中兴”局面的重心人物。

曾国藩

人格修炼是成就曾国藩事业的根基。他认为做人，首先是“诚”，为人表里一致，坦坦荡荡，无不可对人言之事，一切都可以公之于世，这对为官者来说尤其重要；第二是“敬”，即敬畏，内心不存邪念，持身端庄、严肃、有威仪；第三是“静”，即心、气、神、体都要处于安宁放松的状态；第四是“谨”，即不说大话、假话、空话，实实在在，有一说一；第五是“恒”，即生活有规律、饮食有节、起居有常。做人修炼的最高境界是“慎独”，举头三尺有神明。曾国藩曾说“慎独则心安。自修之道，莫难于养心；养心之难，又在慎独。能慎独，则内省不疚，可以对天地质鬼神。人无一内愧之事，则天君泰然，此心常快足宽平，是人生第一自强之道，第一寻乐之方，守身之先务也。”

在待人处世方面，曾国藩认为，待人贵雅量，要“推诚守正，委曲含宏，而无私意猜疑之弊”，“凡事不可占人半点便宜，不可轻取人财”，“观人之法，以有操守而无官气，多条理而少大言为主”。关于处世之道，曾国藩感悟，人身“处此乱世，愈穷愈好”，身居高官“总以钱少产薄为妙”，而“居官以耐烦为第一要义”，“德以满而损，福以骄而减矣”。为人处事需在一个“淡”字上着意，“不特富贵功名及身家之顺逆，子姓之旺否悉由天定，即学问德行之成立与否，亦大半关乎天事，一概笑而忘之”。“功不必自己出，名不必自己成”，“功成身退，愈急愈好”。

在立功、立德、立言“三立”方面，曾国藩可谓功德圆满。他打败太平天国，保住了大清江山，成为清朝的“救命恩人”；他匡救时弊，整肃政风，推动西学，使晚清出现了“同治中兴”；他克己唯严，崇尚气节，标榜道德，并身体力行，学问文章兼收并蓄、博大精深，是近代儒家宗师。总之，在“修身、齐家、治国、平天下”的整个人生管理序列上，曾国藩不愧为“中华千古第一完人”。

曾国藩之所以获得辉煌的“管理成就”，关键在于其个人有扎实的儒家修身养性的根基。他善于自省、执着追求、谨言慎行、克尽职守，同时又能隐忍大度、谦和超然，毕生追求一种“花未全开月未圆”的人生境界，奉行“盛时常做衰时想，上场当念下场时”、“战战兢兢即生时不忘地狱；坦坦荡荡虽逆境亦畅天怀”的为官之道，并能在晚年知道“已寿斯民复寿身，拂袖归钓无湖春”。这样，他终于达成“至善”的人生境界，一生善始善终，功成名就，寿终正寝。

其实，古今中外，凡是有辉煌的管理成就者，无不是建立在个人成功的“人生管理”根基之上的。“欲治其国者，先齐其家；欲齐其家者，先修其身”，这话一点不假！归纳起来，各类组织中的“管人通理”无非有如下几点要则。

——**奉行“民为贵”信条**，所谓“得民心者得天下”，察民性、顺民情、爱民众、兴民利、得民心，实施平等民主化管理；

——**关心“民生”问题**，尊重每个组织成员“生命”个性要求，“正心诚意”地满足人们人生价值实现的需要，在工作中“与民同乐”，实施全方位、系统化的激励管理；

——**注意“任人为贤”的用人制度**，建立知人识贤、举贤用能、人尽其才的绩效评估系统，实施高效率的绩效管理；

——**树立“仁义”核心理念**，遵循组织“生命”周期的运作规律，不断强化组织学习和开拓创新的能力，“以不变应万变”积极应对环境变化给组织所带来的各种挑战；

——**建设“和合”文化**，加强沟通和团队合作，提高组织内聚协同力。

## 大道条条通管理

> 大管理，通道理，我会“做人”我怕谁，任由驰骋纵横八千里！

管理究竟是什么？意味着什么？其实质意义或关键问题是什么？有没有理通古今、学贯中西的普适性管理学原理？西方管理学能否代表人类至今在管理领域所取得的最先进的文明成果？古老的东方有没有组织人事管理的大智慧？对于关注人间世事、摆脱不开管人理事的人们来说，这样的本源性问题或许都在心里追问过罢？

2003年，号称“世界最具影响力的十大管理大师之一”的加拿大麦吉尔大学管理学教授亨利·明兹伯格（Henry Mintzberg），曾隆重推出一部著作《管理者而非MBA》。在这本据他称“用了4年来撰写，用了15年来发展，用了35年来思考”的鼎

亨利・明兹伯格

力之作中，明兹伯格对西方商学院传统MBA（工商管理硕士）教育体系进行了全面而深刻的审视、反思和批判，列举了其存在的四大错误，认为它导致了教育过程、管理实践、公司组织和社会制度等方面的全面堕落。

在明兹伯格看来，“管理不是科学”，“管理不是专业”，“管理更多时候是一种艺术”，是建立在眼光、远见、直觉、经验基础上的实践活动。“成功的管理并不是某个人自己的成功，而是培养其他人取得成功的行为”。应该清楚，“对生意的激情”与“对管理的渴望”不是一回事，“前者意在从资源中获取更多的东西，而后者则意在对人们发挥的能量进行掌控”。

而传统工商管理教育的症结恰恰在于将管理作为一种“专业”和科学研究活动，将之扭曲为一种“定量计算（过度的分析）和英雄主义（假装的艺术）”，以至于在商学院的核心课程和众多商业实践中，“人”变成了“人力资源”，“管理”被异化为“人力资源管理”。

但是，问题在于组织行为主要是“人”在组织中的行为，实际情况恰恰相反，“我们需要的是具备人际关系交往技巧的领导者，而不是拿着学院证书的执业者。特别是在大公司里，成功更多地依赖于管理者帮助他人做了什么，而不是取决于作为资源分配者和决策者的他们自己做了什么。”

针对传统MBA课程设计弊端，明兹伯格明确指出：“管理不等于市场加财务加会计再加上诸如此类的东西。它与这些东西有关，但并不能等同于它们。把这些颜色各异的职能倒入一个称作MBA的空容器里，轻轻搅动，你会得到一组特殊的条纹，而不是一个复合型的管理者。”但商学院教育突出的却是“专业”而不是归纳综合能力，关注的是“商业职能”而不是“管理实践”本身，以至于MBA变成了“靠分析来管理”（management by analysis）的代名词。

应该明确“综合是管理的真正精髓”，将管理简化为“决策”制定、将决策制定简化为“分析”、将分析浓缩为“技术”的做法是荒谬的，这样会使学员陷于“工具困境”——拿着锤子看什么都像钉子。其荒谬的情景，正如一位已拿到MBA的某公司首席执行官所调侃的：想当年我们上这个课上那个课，而我现在的问题是：当我面对难题的时候，我不知道我正在上哪一门课！

应该看到，人是任何社会活动的核心，而企业等组织中的人际关系问题是现实而复杂的，管理所面对的是“现实的人所遇到的现实问题”，因此，按照西方分析思维去机械地分而解之，显然在方法论上是存在很大局限性的。正如20世纪初美国一位了不起的女社会工作者——玛丽·福列特（Mary Parker Follett）在《动态管理》中所说：“我认为，我们不应该对我们所遇到的每个问题都进行分类。我不认为我们有什么心理的、伦理的或经济的问题，我们面临的是人类自身的问题，有着和你一样的在心理、伦理和经济等各个方面都有问题的人的问题。”显然，福列特的话是很有远见的。

更为严重的问题还在于，传统功利性的商业管理教育严重扭曲了社会制度的“价值理性”基础，工具手段的完美性换来的是价值目标的迷失，最大化求值程序带来了人性价值迷惘和“分析性道德败坏”，无限的物欲横流、日益弥漫的“精益刻薄”导致了人格尊严的堕落以及组织制度、政治法律的普遍腐败，最终归根结底都是一种物对人的异化，使人们惯常把人当作物来看待而不自知。

关于“管理的实质究竟是什么”这个德鲁克式的问题，在学理逻辑和思想方法上还需要用德鲁克式的套路来解决：先从反面排除它“不是什么”，然后再从正面界定它“是什么”。我们说管理——

✘ 不是分割的“知识箩筐”；

✘ 不是专业技术分析，不是“工具箱”；

✘ 不是自以为具有“丰富知识”，而实际缺乏“悟道能力”而产生的错觉、傲慢和狂妄；

✘ 不是任何投机取巧者都可以想玩就可以很“酷”地玩一把然后走人的热门职业、赚钱买卖或赌博场；

✘ 不是显示个人英雄主义“雄姿”的表演舞台或冒险家的乐园；

✘ 不是工具理性所导致的人性价值没落或社会伦理异化。

如果要正面回答“管理是什么？”那么可能的说法有——

√ 管理是待人处事的艺术，是为人处世的学问；

√ 管理是当你面对实际情景问题时，能够统摄把握其症结的一种“悟道”能力和综合应变实力；

√ 管理是建立在眼光、远见、直觉、经验基础上的一种真诚帮助他人成功做事的现实社会实践活动；

√ 管理意味着“爱人”，要求管理者“把人当人”；

√管理者必须有“推己及人”的能力，能够“超越自我，君敬天下”！

如果用宋儒张载那极有“入世”姿态的话来说，管理就是要“为天地立心，为生民立命，为往世继绝学，为万世开太平”。这句子往往能使有识之士“情绪激昂、心情激动”。但是，运用这句话行“人事”的管理者们，应切记：

——不要太“入世”，而忘了必要时应“无为而治”的态度；

——不要太“精英意识”，而忘了自己的有限理性；

——不要太“自以为是”，而忘了“民”比己贵的忠告；

——不要太“目中无人”，只把自己当人，而忘了别人也是与你一样的人。

明白了这些道理，拿捏好了“做人”的这种适度原则，你就可以像王朔先生那样用调侃的口气说：

“大道理，通道理，我会‘做人’我怕谁？任由驰骋纵横八千里！”

### 参阅文献

[1] 冯友兰．中国哲学简史．北京：北京大学出版社，1985
[2] 冯友兰．人生哲学．桂林：广西师范大学出版社，2005
[3] 盛洪．为万世开太平．北京：北京大学出版社，1999
[4] 亨利·明兹伯格．管理者而非MBA．北京：机械工业出版社，2005
[5] 南怀瑾．漫谈中国文化：金融·企业·国学．北京：东方出版社，2008
[6] 理查德·加纳斯，特尔玛·阿特休勒．艺术：让人成为人．北京：北京大学出版社，2007

# 基础篇

# 3

# 工作价值　人生意义

一份伟大的工作能让你的生命充满兴奋、富有意义，而不合适的工作则会让人的生命之水趋于枯竭。

杰克·韦尔奇

## 📖 人是由工作来定义的

> 劳动创造了人本身，工作本身界定了人的价值。人生的座右铭是：生命不息，劳作不止。

我们说，“社会”是由“人”有机地“组织”在一起而形成的，而组织是由一群人凑在一起“做事”而形成的。这里的“做事”即“劳作”，用文雅的语言分开来说，就是“劳动”和“工作”！“劳动”是前工业社会人们的普遍说法，而在工业化时代，特别是走向“后工业化”的当今社会，人们一般不说自己去“劳动”，习惯而流行的说法是去“工作”。

无论叫“劳动”也好，称“工作”也罢，这里要提出一个最德鲁克式的问题，那就是：它对于人之所以为“人”的重要意义究竟何在？换句话说，劳动或工作对人来说究竟是一种“外在”被迫的人生苦难，还是具有“内在”价值和意义的生命体验？

对此，传统经济学（特别是劳动经济学）的回答是：劳动对人来说意味着一种“外在”的苦难。它将劳动假定为一种给人带来“负效用”的东西，是人们“谋生的手段”。其基本理论基础就是：劳动是为了谋生，工作就是为了吃饭，人们都是为了“挣钱”、“吃饭”而不得不劳动或工作。其实，这是一种局限于特定历史条件、基于物本功利主义的肤浅偏见，即使用劳动价值论和唯物史观的观点来看，也是一种很不“实事求是”的看法；如果从正在走向“后工业化”的现代社会实际情况出发来看问题，那么这种观点甚至可以说是一种极端“不合时宜”、“不负责任”的想当然假定。

恩格斯

早在1876年，恩格斯就曾写过一篇著名的文章，名为《劳动在从猿到人转变过程中的作用》，后在《新时代》杂志上发表。在这篇带有科学考证性质的哲学论文中，恩格斯根据达尔文生物进化论的观点，充分肯定了劳动在从猿到人转变过程中发挥的具有决定意义的重要作用，这实际上已经正面触及了“人之所以为人”这个本源性的哲学问题。他在开篇一段是这样说的：

“政治经济学家们肯定说：劳动是一切财富的源泉。劳动确实跟自然界一起是一切财富的源泉：自然界提供劳动的材料，而劳动把材料转变为财富。但是，劳动的意义远远不止于此。它是整个人类生活的第一个基本条件，并且是重要到如此地步，以致我们在某种意义上应该说：劳动创造了人本身。”

可见，以劳动价值论和唯物史观看来，劳动是人区别于其他低等动物的根本标志，工作是人类实现自我价值的基本途径和方式。也就是说，人需要通过劳动成为真正意义上的人，通过工作体现人之所以为人的生命意义。对于“真正意义上的人”来说，劳动不仅是“谋生的手段”，而且其本身也是人生存和发展的具体生命形式，具有内在的人生价值意义。

不错，人类劳动曾经历原始社会“蒙昧初开”的状态。那时候人类劳动往往与生物界捕食性活动“自然一体化”，不分彼此、难分高下。后来历经奴隶制、封建制和资本雇佣制，这些社会制度都在一定程度上带有“轻视人，使人不成其为人”的专制性和邪恶性，也都使一大部分人（如奴隶、农奴或雇用工人）的劳动或工作“非人化”，而异化为一种外在的、被迫的、不自由和不人道的，甚至是“苦难深重，牛马不如”的体能劳作。但是，对于“人”来说，这是一种“劳动异化”或“工作变态”，它毕竟不属于人类社会的“本质”，不代表人类社会进步的“正义”指向。历史应该是超脱于自然的“真正人的社会史”，我们不能对这种非本质、非人性、非正义、非正常的假象“信以为真”，去误解“人”乃至误导人的“劳动价值”及本应有的“工作意义”。

关于工作对人的直接内在意义，有一个小故事似乎很能说明问题。

一人死后，在去见阎罗王的路上，看见有座金碧辉煌的宫殿。他上前叩门，问殿主：“我在人世间工作忙碌了一辈子，现在很累，能否让我在这里住下来，歇息歇息。”

殿主说：“没问题。算你来对了，我们这里就是只许休息不准工作的地方，你可以在这里想吃就吃想睡就睡，但就是没有任何事情要你做。”他高兴地说：“这太好了！”于是，就在宫殿住了下来。

一开始，他感觉满舒服的。但时间一长就感到百无聊赖，空虚寂寞。他就去找殿主说：“我能不能干点什么？这样的日子太难过了！”殿主人说“对不起，这里没有任何工作可做。”

又过了一段日子，由于实在受不了了，他向殿主说：“你要是再不给我工作做，我宁愿下地狱也不在这里待下去了。”

殿主狞笑着说：“你以为这是天堂啊？这里就是地狱！”

工作价值的一个基本人本主义观点就是：“烦人的苦工是工作意义的结果，而不是工作本身带来的结果。技术永远不能消除苦工，但正确的社会关系却能办到。”所以，在一定意义上，“做事”就是“做人”，人是由“工作”来定义的。劳动创造了人本身，工作本身界定了人性价值和人生意义。对于每个人来说，一个普适性的人生座右铭应该是："生命不息，工作不止。"

## 工作事大，关乎权益

有没有工作机会涉及人的权益问题。因此，在"就业"问题上各国政府都不敢有丝毫懈怠。

放眼世界、纵观全球，我们可以看到一个基本事实就是：有没有工作，不是一个简单的"吃饭"问题，而是关系到人的权益的问题。在当代社会，一个人没有工作机会，即所谓"非自愿失业"，已经不是"没饭吃"那样简单的谋生问题，而是一个涉及人的权益的问题。正因为如此，现代世界各个国家，无论大小穷富，无不将"充分就业"作为政府首要宏观政策目标和施政任务来抓，从不敢疏忽懈怠。

在现代西方发达国家，特别是英国、瑞典、挪威等北欧国家，社会保障制度已经完善到一定的程度，以至于在号称"从摇篮到坟墓"的福利制度保护下，一个劳动者即使失业，不仅"吃饭"（维持生存）不成问题，而且可能还会吃得很好，甚至可能过上"奢侈"的生活。2005年9月3日英国《太阳报》的一则新闻报道虽令人震惊，但很有代表性，在一定程度上暴露了西方国家福利政策所面临的无奈、尴尬和悲哀。

一个名叫约翰·沃克的47岁英国男子，常年失业在家，没有一分钱的劳动收入。但令人惊讶的是，仅靠政府救济他竟过得非常"逍遥自在"，他不仅同时养有4个老婆和4个情人，还与她们生养了11个孩子。据悉，沃克总共花了英国政府高达250万英镑的救济金，被封为英国"头号寄生虫"。

沃克是英国南威尔士凯菲里人，年轻时就游手好闲，浑身刺满青色花纹，曾坐过数年大牢，从未干过一份正经工作。1980年，沃克和第一任妻子琳恩结婚，并生养了4个孩子。但结婚数年后，沃克就和妻子离婚，并从此像走马灯一样，不断寻找情人，结婚，生子，离婚……过去25年来，他先后找过4个老婆和4个情人，她们至少为他生下11个孩子（很可能多达17个）。令沃克头痛的是，这一大堆老婆、情人和孩子们全都靠他一个人养活。沃克称："她们每月都会排着队来找我要她们和孩子们的赡养费，令我不胜其烦。"

一开始，沃克还想方设法打工挣钱，但很快就发现了一条不花气力白拿钱的

“致富捷径”——申请政府救济金。沃克称：“我曾干过建筑工和废品收购工作，但都赚不到多少钱。于是我申请得到政府补助。”令沃克惊喜的是，英国的救济制度“优越”到令人难以置信的地步：救济机构对他提出的要求总是“有求必应”，政府掏钱的时候绝不迟疑，无论他提出什么要求总能迅速得到满足。

据记者调查，这些年来，沃克一家20来口人总计狂花了政府高达250万英镑的救济金！记者采访时发现，沃克住在政府为他提供的一套3层楼房中，周围还有一大片草坪供孩子们玩耍。沃克的邻居称：“沃克在我们这一带臭名远扬。他说他因为穷才申请救济，但他家的车道上停的却是一辆价值两万英镑的高档吉普车。”沃克自己也坦承：“非常感激政府无微不至的关怀，我们一家人衣食住行都不缺。我的妻子们也相处得很融洽，比如我的二老婆特琳娜就特别喜欢和目前的四老婆卡伦一起玩赌博机。这就像是一个大家庭。”

沃克事件曝光后，立刻在全英激起轩然大波。许多民众愤怒地表示，英国政府竟把250万英镑救济金拱手送给一个身体健全却什么工作都不做的“超级懒汉”，真是笑话！而沃克竟振振有辞地称，政府应当继续无偿为他提供救济：“既然政府可以用纳税人的钱来资助那些毒品瘾君子和酒鬼，为何就不该给我一些帮助呢？”

假如工作是劳苦无情、违反人性的，人的生活固然可能会因不堪重负而索然无味；但如果没有工作，或者如沃克等那样有工作也不做，靠救济过“寄生”生活的话，那么，也许据物质条件判断他（她）们过得很滋润舒服，但这种生活能说是“人”的生活吗?

一个有正常人生价值追求的人，必然把劳动工作看做是内在于自身人性要求和生命意义的必要内容。通过自身双手劳动谋取的，不仅是外在的物质条件，更重要的是“作为人”的生命价值和生活意义；同样，通过正当的社会工作获得的，也不仅是外在的职业体面或社会地位，更重要的是自我人生价值的具体体现及高度实现。

当年，曾国藩基于他“数十年人世之得”，在遗嘱中以“习劳则神钦”为核心思想，并从社会公平正义的角度对人勤于劳作的崇高意义作了说明。他说：

“习劳则神钦。人一日所着之衣所进之食，与日所行之事所用之力相称，则旁人韪之，鬼神许之，以为彼自食其力也。

若农夫织妇终岁勤动，以成数石之粟数尺之布，而富贵之家终岁逸乐，不营一

曾国藩

业，而食必珍馐，衣必锦绣。酣豢高眠，一呼百诺，此天下最不平之事，鬼神所不许也，其能久乎？

古之圣君贤相，盖无时不以勤劳自励。为一身计，则必操习技艺，磨练筋骨，困知勉行，操心危虑，而后可以增智能而长才识。为天下计，则必己饥己溺，一夫不获，引为余辜。大禹、墨子皆极俭以奉身而极勤以救民。

勤则寿，逸则夭，勤则有材而见用，逸则无劳而见弃，勤则博济斯民而神祇钦仰，逸则无补于人而神鬼不歆。"

关于工作的价值及其意义，我们也可以从日常生活的方方面面、亲朋好友的言谈举止中获得各种各样直接或间接的感受。例如，同样遭遇"退休"，人与人差别很大。现在，生活条件好了，人们预期寿命延长了，一些人到了年龄退休时，原本健健康康，精神头好好的，但是没过多久，身体和精神状态就明显变差了；而有些人，则在退休后回归本我，走向人生新阶段，或积极参加社会工作、社区活动，或上老年大学、学练太极书法等，越活越精神。前几年，在中央电视台《夕阳红》节目中，一位做嘉宾的老太太给我留下了深刻的印象。老人家在退休的十余年中，一直坚持不懈地上老年大学，拿了一大堆这证书那奖章的，主持人问她"您这样下去什么时候才算毕业呢？"老人家斩钉截铁地说："我要与老年大学共存亡！"瞧！这就是一个人应有的工作价值观和生活态度。

说到这里，我想到远在河南乡下的父母以及故去的爷爷奶奶，在他们的人生历程中你找不到什么惊天动地的壮举伟业，但是，凝聚在他们身上那种直面生活、质朴勤劳、滴水穿石的人生态度却不能不让你感到源自灵魂深处的震撼力和强大的精神创造力。这里仅提及我现已70多岁的母亲。

母亲从小孤苦伶仃，一辈子辛勤劳作，永远都在省吃俭用。虽然她说不出什么大道理，但从她的生存状态你可以真切感受到，她几乎将劳动本身视作自己生命的全部，在她的人生字典里就是"勤俭"二字。

数年前，她在县城里谋到一份扫大街的工作，这对于她来说可能是一生所受到的最大的激励，也是她一生所从事的最体面的"城市职业工作"。

早上4点起床，与十七八岁的年轻女孩子们一起扫街到天亮。由于害怕迟到，母亲晚上睡觉时往往隔一会儿就看一下钟表，如此这般，经常是折腾得一宿不能合眼。

每天早上，她都比那些女孩子到得早、干得多。刚开始，这些孩子们干活往往斤斤计较，吵闹着你少干了我吃亏了，工作时往往偷奸耍滑。自从母亲去了以后，情况就有了改观了。每天早上，女孩子们一到现场，看见老人已扫了大半条街，而且认认真真、一丝不苟，她们也不好意思再吵闹了，跟在老人后面好好干活。

这样起早摸黑的工作，其体力劳动量很大，往往是年轻人才吃得消的，而且天天如此，没有休息日，十分辛苦！但她老人家，却发自内心地觉得十分快乐、万分荣幸！对待工作精益求精，对周围人热心亲善、宽容关爱，连倒垃圾都要捎带把别人门口的垃圾一块倒掉，母亲也因此得到她所在环卫单位领导和同事们的交口称赞。后来，由于不可抗因素，她不得不离开工作岗位，大家都对她依依不舍，挥泪送别。

回乡时，听周围人叙说母亲这些“英雄事迹”，令我这个做大学教授的儿子感触很深，既为有这么伟大的母亲而自豪，又为自己做人做事不到位、不能尽儿之孝而惭愧。笔耕至此，有感而发，将母亲平庸而伟大的作为写在这里，与读者朋友同感共勉。

总之，失业意味着丧失了为社会创造价值、体现人生意义、实现自我价值的必要条件。正因如此，失业成为普遍关注的社会问题。充分就业是世界各国政府首要的宏观经济政策目标，工作本身也成为各种组织最直接、最主要的激励因素。

## 为什么“端起碗吃肉，放下碗骂娘”

> 赫茨伯格激励论的核心思想是：工作本身的价值目标和人生意义是最直接、最重要的。

美国组织行为学家弗雷德里克·赫茨伯格（Frederick Herzberg，1923—2000）于20世纪60年代提出著名的“激励—保健双因素论”。他告诉人们：在组织中，满足各种需要所引起的激励强度和效果是不一样的，工作之外的物质生活条件的满足是必要的，未满足则会导致“不满”，但即使得到满足其激励作用也是很有限的；管理者的首要任务不是对付“不满意”，而是千方百计使人们感到“满意”，这就要通过改善工作内在因素，例如使工作丰富化、富有挑战性，使员工有晋升、成长和发展的条件或机会等。

弗雷德里克·赫茨伯格

据此，我们可以很清楚地看到：人们之所以“端起碗吃肉，放下碗骂娘”，不是对“肉”（物质福利待遇）有什么“不满意”，关键是对劳动、工作本身的状态没有“满意感”，是因为普遍地迷失了劳动本身的价值目标，忘却了工作本身蕴涵的内在人生意义。

人们之所以感到劳动“辛苦”、工作有“压力”，主要原因不在于劳动工作本身，而是关于“劳动为什么”或“为什么而工作”这样的基本问题没有搞清楚，只有“工具理性”没有“价值理性”，仅把劳动作为“谋生的手段”，将工作看做是追求“房子、票子、车子”的工具，从而迷失了工作的价值目标和生活的意义。问题就在于此！一个人如果不明白“三子”只不过是工作成就的一种“自然而然”的结果，而且对于你实现人生价值和生命意义来说是一种外在的、不具有决定性的结果，而将工作本身的价值目标与物质福利的外在手段之关系完全颠倒了的话，那么在很容易满足的物质需要“一不小心”被满足后，就会突然“忘乎所以”、“不知所措”起来，孳生出无限空虚颓废的糟糕情绪，并陷入“欲壑难填”的扭曲心理。

## 人被物化的历史悲剧

基于专业化分工的现代大工业体系不把人当人，而将人异化为固定其上、被动运转的螺钉。

历史就是这样会开玩笑：她让你在“激情澎湃”中“叫苦连天”。以专业化分工为基础的工业革命和资本主义生产方式，曾给人类带来不断涌流的物质财富和越来越丰裕的物质生活条件，但同时也给在其间工作着的人们带来了“非人”的苦难。

专业化分工是社会劳动生产率提高的重要源泉，对此，经济学鼻祖亚当·斯密（Adam Smith，1723—1790）在其著作《国富论》中有过精辟的描述和肯定。他说：

亚当·斯密

“劳动生产力上最大的增进，以及运用劳动时所表现的更大的熟练、技巧和判断，似乎都是分工的结果。

有了分工，同数劳动者就能完成比过去多得多的工作量，其原因有三：第一，劳动者的技巧因业专而日进；第二，由一种工作转到另一种工作，通常需损失不少时间，有了分工，就可以避免这种损失；第三，许多简化劳动和缩减劳动的机械的发明使一个人能够做许多人的工作。

在一个政治修明的社会里，造成普及到最下层人民的那种普遍富裕情况的是各行各业的产量由于分工而大增。”

关于斯密信条的核心思想，可以做这样简单的概括：专业化分工是市场交换的组织基础，市场是分工的社会实现形式；同时，分工又起因于交换能力，专业化程度受市场范围的限制；而“资本”，实质上就是借助专业化分工和市场交换体系来进行的一种“迂回”生产方式，是一个人和组织在动态上实现“未来”预期目标而在“过去”投资形成的一种迂回手段。

但是，另一方面，专业化分工也带来了负面效应。显然，过度强调专业化分工，就会走向反面。单一、枯燥、乏味、机械的操作会大大挫伤劳动主体的主观能动性和创造性，从而大大影响其工作效率和绩效。不仅如此，更主要、更根本的问题还在于，专业化分工对人性有“异化”作用，对于人的劳动价值和工作意义有扭曲功能。对此，斯密和马克思等都看得一清二楚，不过斯密更多地是从正面说，而马克思、恩格斯更多地是从反面说，如此而已。

斯密在谈到分工的好处时，也非常明确地指出：

“人们在天赋才能上的差异实际上并不像我们所感觉的那么大。壮年时人们在不同职业上表现出来的极不相同的才能，在多数场合，与其说是分工的原因，倒不如说是分工的结果。

一个人如果把他一生全部消磨于少数单纯的操作，……他自然要失掉（精神上）努力的习惯，而变成最愚昧最无知的人……他对自身特定职业所掌握的熟练技巧，可以说是由牺牲他的智能、他的交往能力、他的尚武品德而获得的。”

1845年，马克思、恩格斯在《德意志意识形态》中，精辟地论述了分工的特殊局限性。他们说：

“分工还给我们提供了第一个例证，说明只要人们还处于自发地形成的社会中，也就是说，……只要分工还不是出于自愿，而是自发的，那么人本身的活动对人来说就是一种异己的、与他对立的力量，这种力量驱使着人，而不是人驾驭着这种力量。”

福特装配线是现代大工业生产体系最典型的表现形式，可以说它将专业化分工的财富效应发挥到了“登峰造极”的地步，同时也将人性异化到了“无以复加”的地步。卓别林演的电影《摩登时代》，可以说以幽默的艺术形式对福特主义进行了“血泪控诉”。

汽车大王亨利·福特（Henry Ford，1863—1947）是这样描述他的装配线的：

“动态运行的装配线把工作送到个人面前，而不是让工人走到工作面前。现在，在所有生产活动中，我们有两条基本原则：如果可能，一个人不必做超过一个步骤的工作；所有人都不必弯腰工作。”

通过实施这种装配线，福特得以进行大规模生产，获得低成本扩张的竞争优势，使他的T型车产量从1908年的6 000辆增加到1916年的60 000辆，每辆售价从850美元降到360美元，福特车占到当时美国轿车市场一半以上的份额，成为美国的“国民车”。但是，对待工人，福特采取的却是粗暴、强硬的控制压榨手法。他不仅通过这种装配线将工人的综合性技能分解为单一的操作行为，以防工人通过罢工要挟他，使自己在与工人的对立中处于主动地位；同时制定了一整套“严格纪律”，并专门设置了一个叫做“社会部”的特工机构，专门侦察监督工人的言行，以便对工人进行掌控。福特解释说：

亨利·福特

“我希望工人做让他们去做的事情。组织是高度分工的，一部分与另一部分是相互依赖的，我们一刻也不能允许工人按他们自己的方式来工作。没有最严格的纪律，我们就会陷入极大的混乱。我认为在企业里没有其他的生存方式。工人就是要尽可能地多做工作，然后得到尽可能多的工资报酬。如果每个人都可以按自己的方式行事，产量会减少同时工资也会减少。任何不喜欢按我们方式进行工作的人都让他离开。”

福特那种“不把人当人”的、自负到傲慢狂妄地步的强权控制一度给他带来了辉煌成就，但最终也促成了他的失败，使他在短暂成功后很快就走到了尽头。这里其实涉及到管理所基于的根本的“人性观”问题。1960年，美国管理学家道格拉斯·麦格雷戈（Douglas McGregor，1906—1964）在《企业的人性面》中对此提出了X—Y理论进行解释：X理论假定，人生来就厌恶工作，工作（责任）能逃避就逃避；Y理论假定，一般人并非天生不喜欢工作，迎接挑战、承担责任、创造性解决问题是人类天性。实际上，这也就是我们国人常说的“人性恶”还是“人性善”的问题，只不过是在工作哲学层面说事罢了。显然，工业化背景下的福特管理模式，其所依据的人性假定属于前者，因此对他来说，管理就意味着监督、强迫、控制、指挥、鞭策和威胁。

道格拉斯·麦格雷戈

总之，在极端的专业化分工体系中，人被物“异化”，人的劳动、人本身变成了大机器生产体系中一颗被动的“螺丝钉”。在以福特主义为典型代表的大机器生产体系和霸权控制性管理框架中，人们日复一日、年复一年地干着一种单调乏味的机械性操作劳动，人失去了整体任务感和责任感，无法进行创造性劳动，也谈不上什么工作成就感。而且，这种工作随时都有被“技术进步”所替代的危险，一不小心就会被淘汰出局，失去工作、丢掉饭碗。在这种情况下，工作对于人来说几乎没有什么“人性”意义，也根本谈不上什么真正内在的“工作积极性”。

## 人本主义指向：工作，并快乐着

根据生命的内在价值要求，将工作设计得既高效又快乐并不是梦想，而是近在眼前的现实。

对于人类的“工作生活”模式，可以按照前工业化、工业化和后工业化三段论简明地透析其历史演化的脉络和走势。

在前工业化社会，劳动与生活是融为一体的。其情景正如《西游记》里美猴王访贤问道时，遇到的那个樵夫吟唱的山歌所描述的那样。樵夫每天为了茶饭忙碌，还要供养年迈的母亲，无暇休闲修行。为帮他解闷，神仙编歌一首，歌中唱道：

“观棋柯烂，伐木丁丁，云边谷口徐行，卖薪沽酒，狂笑自陶情。

苍迳秋高，对月枕松根，一觉天明。

认旧林，登崖过岭，持斧断古藤。

收来成一担，行歌市上，易米三升。

更无些子争竞，时价平平，不会计谋巧算，没荣辱，恬淡延升。

相逢处，非仙即道，静坐讲黄庭。”

看来，樵夫过的是一种不是神仙胜似神仙的“工作生活”。

到了工业化社会，典型的“工作生活”模式则演化为：痛苦劳动，拼命工作，使劲赚钱，然后，放松休闲，疯狂消费，娱乐人生。在相当多的人看来，工作就是“工作”，它本身与“快乐”无关，与“幸福”无缘，如果说有的话，那是工作以后的事情，或因工作而获得货币报酬的缘故。

一百多年前，马克思、恩格斯在指出专业化分工对人性异化的局限性后，进一步展望了未来“共产主义”社会超越分工局限的理想状态。他们对此描述到：

“原来，当分工出现之后，每个人就有了自己一定的特殊的活动范围，这个范围

无产阶级革命导师马克思与恩格斯

是强加于他的，他不能超出这个范围：他是一个猎人、渔夫或牧人，或者是一个批判的批评者，只要他不想失去生活资料，他就始终应该是这样的人。而在共产主义社会里，任何人都没有特定的活动范围，每个人都可以在任何部门内发展，社会调节着整个生产，因而使我有可能随我自己的心愿，今天干这个事，明天干那个事，上午打猎，下午捕鱼，傍晚从事畜牧，晚饭后从事批判，但并不因此就使我成为一个猎人、渔夫、牧人或批评者。”

马克思、恩格斯对于以专业化分工为基础的现代大工业生产体系存在“异化人性”的严肃批判，以及对于社会进步人道化、人性化、人本化的基本指向的理想展望和深邃把握是值得我们认真思考的。

今天，在互联网新技术革命的推动下，人类已经进入了后工业化的知识经济社会，伴随着新人类、新新人类的接续成长，“虚拟化空间”、“数字化管理”、“家庭办公”、“网上冲浪”诸如此类的工作生活方式可以说是层出不穷，令人目不暇接，以至于对于再新奇的东西，大家都有些司空见惯的感觉，人们的工作生活状态已经不是“日新月异”，而是“日新日异”，变幻莫测！

在这样的情况下，通过试错式的寻觅找到一份适合自己的工作，从此“工作，并快乐着！”想必是每个现代人所希望并都可以达成的事情。对此，号称“世界第一CEO”、“管理奇才”的杰克·韦尔奇在其一部可以看做是人力资源专著的书——《赢》中，专门在第16章以“合适的工作：找到一份好工作，此后的人生不再是劳作”为题，谈了他自己的亲身感悟和看法。他说：

“重要的一点是，你在未来会从事什么样的工作，这个问题几乎是不可能准确预测的。实际上，如果你的确遇到了某个长期以来一直忠实地执行自己职业规划的家伙，那可千万别在晚餐上同他坐在一块儿——多么乏味的人啊！

当然，我并不是要你听任命运的摆布。一份伟大的工作能让你的人生充满兴奋，富有意义，而不合适的工作则会让人的生命之水趋于枯竭。

那么，你怎样才能找到合适的工作呢？

第一个答案很简单，那就是你要学会忍耐，这是一个令人讨厌而又浪费时间的过程，有起有伏、反反复复。所有的上班族都有过类似的经历，人们先接受一个工作，看看自己喜欢什么，不喜欢什么，哪些方面擅长，哪些方面不擅长。接着，他们在合适的时候变更工作，更接近自己理想的职业。直到有一天，人们认识到——啊，我已经找到最适合我自己的工作了，我喜欢自己正在做的事情，我所得到的平衡是自己心甘情愿的。

是的，一种平衡，因为没有什么工作是完美无缺的。你可以对自己的工作有发自内心的喜爱，但依然希望薪水能再高一点。或者你觉得工作本身只是马马虎虎，但你喜欢周围的同事。不管用什么标准，总有适合你的工作。”

工作，并快乐着！那么，人生就是工作，工作就是快乐，从此就不需要专门腾出时间来“休闲”、“娱乐”了吧？好像也不是那么回事儿。这不过是强调，工作与休闲愈来愈融为一体了，其对人生的意义及其内在价值的实现越来越不分彼此了，如此而已。1994年，美国学者杰弗瑞·戈比（Geoffrey Godbey）在其学术畅销书《你生命中的休闲》中，根据新时代特点对“休闲”（leisure）重新作了定义：休闲是从文化环境和物质环境中解脱出来的一种相对自由的生活，它是个体自身所喜爱的、能够本能地感到有价值的方式，在内心之爱的驱动下行动，并为信仰提供一个基础。

其实，如果将“休闲”一词替换成“工作”，我认为这个定义也可以同样成立。在当代社会，工作与休闲的界线越来越模糊，工作本身就应该也将会成为这样一种“休闲娱乐”行为：它是一种人“成为人”的过程，一个完成个人生命价值和社会发展使命的主要形式，从根本上说，是一种对生命意义和幸福快乐的自由探索，是人类通过自身行为去发现生活意义的典型实践活动。这首先是一个工作价值观和工作态度的内在修炼的问题。

2006年9月，国内有媒体报道，一位名叫臧勤的“神奇的哥”，别人累死累活每月也就挣三四千元，他竟能快快乐乐每月稳挣八千元，人称“快乐车夫”。其神奇、快乐的奥妙何在？按他自己所言，就在于他拥有积极内在的工作价值追求。他说：“要学会享受工作带来的美和快乐。有人说，你是因为赚的钱多，所以当然快乐。我对他们说，你们正好错了。正是因为我有快乐、积极的心态，所以赚的钱多。”确实如此，如果摆正了“工作态度”，哪怕你从事的工作再苦再累再普通，也能够挣大钱，同时从中感受到美和快乐。

总之，套用流行语来说，人本主义关于工作设计的基本指向就是：工作，并快乐着！在当今网络数字化生存的新时代背景下，根据生命的内在价值要求，将工作设计得既高效又快乐，并不是梦想，而是近在眼前的现实。

## 如何增加工作的“人性”含量

工作人性化设计有五个基本思路：重组任务，加大责任，面向客户，向下授权，直接反馈。

应该承认，工作确实有质的差异，工作对于人的激励意义的大小，关键要看其中有多少“精神创造性”含量；工作越能够发挥人的主观能动性和创造性，就越有“人性”、越“人道”，也越“正义”。否则，一不小心就有可能被异化、被物化，或被技术进步所替代。

一般说来，工作的“人性含量”可以从如下五个方面来判断：

■ **技能多样性**，即工作所要求具备的技艺和才能的复杂程度；

■ **任务完整性**，即工作是否具备提出问题、明确目标到最终完成的完整过程；

■ **价值重要性**，即工作所蕴涵的价值意义的大小；

■ **决策自主性**，即员工在工作过程中可以有多大的独立性、判断力和自由度；

■ **反馈灵敏性**，即工作者能否及时准确地得到有关自己绩效好坏的信息反馈，工作完成后能否立刻知道做得好好在什么地方，做得不好应该怎么改进。

一个人对工作是否感兴趣，通常存在三种层次的心理判断：首先，要看工作是否有意义，这取决于他们对前三个特性，即技能多样性、任务完整性和价值重要性所作的主观判断；其次，要看工作是否具有挑战性，这就要看他们如何判断工作所具有的决策自主性了；最后，要看工作能否带来成就感，这显然与反馈灵敏性有关。为了强化这种对工作特性的主观判断，应对工作做出相应的再设计；但究竟激励效果是大是小，还要看个人对成长和内在价值的需要程度如何。

按照赫茨伯格的观点，激励性工作设计的主要内容就是“工作丰富化”（job enrichment），即纵向扩大工作内容，使人们所做工作具有上述五种激励特性。实际中，工作丰富化设计一般可以循着五个基本操作思路来进行，即重组任务、加大责任、面向客户、向下授权和直接反馈。关于工作丰富化设计的具体实施问题，赫茨伯格1968年在“再论如何激励员工”一文中提出了如下十大操作要领。

1. 不是所有的工作都能或都需要丰富化。

2. 应当深信这些工作不是“神圣不可侵犯”的，而是能够改变的。

3. 尽可能多地列出使工作丰富化的新主意，而不要先考虑其可行性。

4. 审查这些新主意，剔除涉及保健因素的建议，保留真正具有激励功能的设计建议。

5. 剔除诸如“给他们更多的责任”这样一些模棱两可的说法，彻底摒弃形式主义的做法。

6. 剔除一切从水平方向扩大工作范围的建议。

7. 为了避免保健因素和人际关系的干扰，最好不要让那些工作范围将被丰富化的职工直接参与到工作设计及相关计划制订中来。

8. 在开始实施工作丰富化设计前，应进行一次针对激励因素的可控实验，并在事后通过对相应的工作态度进行调查检验工作丰富化的效果。

9. 实验组在头几个星期内可能出现工作绩效下降的现象，对此应有思想准备，因为对新工作不适应会导致暂时的低效率。

10. 要事先预见到一线管理人员可能对变革产生忧虑和对立情绪，他们害怕会因此而影响工作绩效和失去监督权威。但如果实验成功，他们会很高兴，意外发现许多过去忽视了的或未曾想到的有效管理方式。

这里，赫茨伯格首先特别提醒，不是所有工作都可以丰富化，也就是说进行工作丰富化设计是有条件的。具体说来，应注意如下三点：第一，“保健因素”的满足是工作丰富化设计的前提条件；第二，工作绩效低下主因在于“激励因素”不足，工作本身存在丰富化的潜力是工作丰富化设计的必要条件；第三，员工广泛认可，经济技术上具有可行性，即工作丰富化设计要具备一系列现实条件。

此外，在当今社会，很多工作在性质上具有知识性、情景创造性和时间灵活性的特点，特别是互联网技术革命极大地改变了人们的工作生活方式，使得工作与生活可以在更大的弹性区间内相互融合统一。在这种情况下，通过调整工作时间和空间，如缩短工作周、实施弹性工作制、压缩工作时间、多人弹性分担工作，以及家庭办公、营地头脑风暴会议和休闲式创新活动等，对于提升人们的工作绩效和生活质量具有特殊重要的意义。

明白了工作对人有如此重要的内在意义，而工作不是个人行为，在很多场合属于一种“群体”行为，且要很多人以“团队”形式一起来完成，那么，人是怎样一起做好工作的呢？且往下看。

## 参阅文献

[1] 亚当·斯密．国富论．北京：华夏出版社，2005
[2] 马克思，恩格斯．马克思恩格斯文选．北京：人民出版社，1962
[3] 亨利·福特．亨利·福特全传．北京：改革出版社，1998
[4] 杰克·韦尔奇．赢．北京：中信出版社，2005
[5] 斯图尔特·弗里德曼等．工作与生活的平衡．郑梭南等，译．北京：中国人民大学出版社，2003
[6] 杰弗瑞·戈比．你生命中的休闲．昆明：云南人民出版社，2000

# 4

# 社会群体　工作团队

人，力不如牛，走不若马，而牛马为用，何也？曰：人能群，彼不能群。人何以能群？曰：分。分何以能行？曰：义。

荀子

## 📖 演绎西游经典，话说团队"真经"

> 如今发生在工作生活中的所有大小人事，只不过是以往伟大的文艺故事的现实翻版而已。故演绎人文经典，能悟人事真言。

美国加州大学西蒙（K. K. Simon）教授，长期从事西方文学课教学工作。在教学过程中，西蒙教授发现：在当今日益视图化的信息时代，学生们对于文本形式的古典文学作品越来越缺乏阅读兴趣和耐心，他们觉得古代经典与当代现实生活相去甚远，因而对高雅文学经典往往采取"敬而远之"或"不屑一顾"的态度，而对好莱坞大片、肥皂剧和脱口秀节目却情有独钟，津津乐道。

有感于此，1999年西蒙教授撰写了一本名叫《垃圾文化：通俗文化与伟大传统》的书，通过"案例研究"的形式，将当代流行的"垃圾文化"与古代文学经典的"高雅文化"进行对比，旨在说明这些当今流行的视图文化无一不是古代文学经典在新时代背景下的翻版或重演，"发生在我们日常生活周围的故事与以往伟大的文学非常相似"，"高尚与低俗之间具有广泛而又系统的联系"，"所有以往的文学同时又都是现代的，都可以为我们所用"。

例如，好莱坞大片《兰博：第一滴血》就是荷马史诗《伊利亚特》的现代翻版，只不过漫长可怕的越南战争替代了同样漫长可怕的特洛伊战争；肌肉发达的史泰龙表演了当代的阿基利斯。

同样，《星球大战》中包含了《格列弗游记》的基本情节、人物类型和总体戏剧框架，只是没有了斯威夫特笔下主人翁孤独悲观的尖锐讽刺意味，取而代之的是具有科幻娱乐性质的"球际政治关系"网络中一帮装备齐全的太空人的暴力狂欢。

此外，《朋友们》等肥皂剧节目的情节，与维多利亚小说、雅各宾时代的复仇文学或莎士比亚戏剧没有什么两样；《花花公子》等时尚杂志封面上的性感女郎，可以看成是"包法利夫人"更年轻、更具魅力的姐妹；现代购物中心再现了从中世纪到18世纪欧洲正规园林的标准建筑，它们借助雕像、曲径等为顾客购物提供各种景观享受。

如此等等，不胜枚举。

无独有偶，近年来在中国，像西蒙教授这样用古代文学经典解说当今工作生活情境的也不在少数，而且大有蔚然成风之势。图书市场上充溢着五花八门的演绎古典名著的经管励志类书籍，以典故或人们日常生活故事来解说经济原理的散文随笔类书籍早已经琳琅满目。相对说来，对管理学进行通俗演绎的著述相对还不多，但近来正在跟进，其中最具代表性的就是成君忆先生的《水煮三国》，以及紧接着连年推出的《孙悟空是个好员工》和《渔夫与管理学》等。

在当今“唯一不变的就是变化”的新时代，无论东土西域，大家都不约而同地拿古人的东西说事儿，不停地演绎中外经典文学故事，而且这些都还很有“市场”，深受大众青睐。显然，这不是用“媚俗”就可以解释得了的。其实，人类历史是一个不断循序渐进的“自然史”，当代人与古代人相比“聪明”不到哪里去，今天的“大众文化”是古典“高雅文化”的现实演绎，经典文学作品中所蕴涵的人生哲理作为全人类文明智慧的结晶是“伟大而永恒”的。

有感于此，在写到“团队建设”问题时，我也将大家都熟悉的一些西游情节作为“底料”，在这里再亲手“翻炒”一番，以期通过通俗的解说将我想传达给大家的意思表达出来。

## 人以群分，群以神聚

人生不能无群，人力来自群力。众志一心、群策群力，焉有不能胜物之理。

俗话说“物以类聚，人以群分”。人是一种“社会的”动物，是喜群居的，离开群体人就不能很好地生存下去。

先秦儒家三大人物中，荀子（约公元前298—前238年）属于偏右翼的现实主义学派，他的性本恶学说与孟子性本善说形成鲜明对照。在荀子看来，人是社会的产物，凡是善的、有价值的东西都是人在后天社会环境中习得的，人的基本职责就是利用天地提供的东西来创造文化和价值。《荀子·王制第九》有如下精彩描述：

荀子像

水火有气而无生，草木有生而无知，禽兽有知而无义，人有气、有生、有知，亦且有义，故最为天下贵也。

力不若牛，走不若马，而牛马为用，何也？曰：人能群，彼不能群也。人何以能群？曰：分。分何以能行？曰：义。

故义以分则和，和则一，一则多力，多力则强，强则胜物；故宫室可得而居也。

故序四时，裁万物，兼利天下，无它故焉，得之分义也。故人生不能无群，群而无分则争，争则乱，乱则离，离则弱，弱则不能胜物；故宫室不可得而居也，不可少顷舍礼义之谓也。

能以事亲谓之孝，能以事兄谓之弟，能以事上谓之顺，能以使下谓之君。君者，善群也。群道当，则万物皆得其宜，六畜皆得其长，群生皆得其命。故养长时，则六畜育；杀生时，则草木殖；政令时，则百姓一，贤良服。

就是说，人类的力量来自于社会的特殊组织形式，来自于分工基础上的群体凝聚力，这种凝聚力在很大程度上是一种精神整合力。

从人与自然的关系来看，人的力量与其说是作为物质实体存在的自然力（体力），倒不如说是以自然力为基础的精神力。作为价值增值源泉的主体创造力，主要不是自然（物质）人力，而是以这种自然（物质）人力为基础的智能或精神创造力，后者才是所谓的“人力资本”（human capital）的实质。正如经济学家庞巴维克（Böhm-Bawerk，1851—1914）在《资本实证论》中所说：

“人在生产中的作用是极其有限的”，“人的力量是具有双重缺陷的：比起所要降服的物质的体积来人是太渺小了，比起物质的结构来人是太粗糙了。”

因为，“物质的体积以及我们在达到目的之前必须加以克服的阻力往往都是很大的，然而我们所能使用的体力却是很有限的，而且是微不足道的。另一方面，物质往往又太微妙了，非我们的一双粗手所能操纵的。我们的利益往往要求我们把无限细微的东西重新作无限精密的安排：我们粗笨的手指，如何不适宜于对付原子和分子呀！自然每天在每一株植物、每张叶片中生出成千上万奇异精微的细胞组织，而人类的手即便企图仿造这么一个细胞也是完全无能为力的呀！”

人之所以“能使自然力按照人的意志在何时、何地以及按照何种方法进行活动”，以致创造出无限丰富的社会财富，全在于“人类的智慧”使我们能在自然的宝库中找到“使自然自相对抗和自然力自相矛盾的手段”。

从人与人的社会关系来看，人力的精神创造力意义更显著地表现在改进人与人之间分工协作及利益关系的社会组织能力方面。人力是存在于特定的社会人文环境中的人，因此，社会文化传统、人际交往关系、分工协作组织及各种制度知识经过长期积累凝结在这个人身上，形成某种社会性的精神创造力。单个人的能力，即使是智能精神方面的创造能力也总是有限的，原因在于单个人的寿命是有限的，其用于增长学识和技能的时间就总是有限的；而在有分工的社会环境中，就可以实现知识技能在人与人之间的互补、替代和积累，使整个社会的精神创造力在规模上无限扩张、在动态上加速增长。

因此，“物以类聚，人以群分”这句俗语，可以改写为“人以群分，群以神聚”。这里所说的“神”，是指一个人通过群体获得别人的帮助、认可、爱戴和友善，以及由此而带来的安全感、自尊感、权威感、满足感和成就感等等精神情感。它有从外在到内在、从工具理性到价值理性、从形而下到形而上等不同的层次性，从而使不同的群体表现出相异的“凝聚”（cohesiveness）状态。

拿经典名著《西游记》来说，其实就是用“神话”形式讲述“人以群分，群以神聚”的“人间”故事。整个故事所讲述的情节无非就是这样一种“成为人”的社会历史过程：一群具有“猴性”或“猪性”的各色物种通过“社会群化”，变成了具有“人性”乃至“神性”的至圣大仙；一群妖气十足、鬼魅怪异的“非人”，经过艰苦卓绝的修炼变成了具有佛性善德的“至善”之人。

在西天取经的团队中，无论是由灵根孕育的“无业游民”孙悟空，还是好吃懒做的猪八戒，抑或是“八百里流沙河水怪”沙和尚，无不是在佛祖“神灵”（人类精神力）的召唤和指引下，逐渐去掉了聚积在他们身上的“兽性”——孙悟空无法无天的猴气、猪八戒好色贪财的俗念以及沙僧前世贪污腐化的恶习——最终接受了社会群体交往所通行的道德规则约束。

如果说到“个人”的“社会群体性”力量问题，最典型地表现在孙悟空与如来佛祖之间的关系上。孙悟空有多了得的能耐！他有七十二变，一个筋斗能翻十万八千里，自以为“老子天下第一”，上天入地、大闹天宫，但他再有能耐也跳不出如来佛的手掌，而且一到关键时候无计可施时，还是要腾云驾雾去找菩萨帮助（即我们平常所说的“找组织去”）。可见，不靠集体群力是无法取来“真经”的。

总之，天宫神仙、地下凡人以及介于神与人之间的妖怪，他们之间的争胜斗法、情仇恩怨，无不是人在社会群化过程中所经历的爱恨喜怒、情愁离怨之现实写照和艺术化翻版。

## 社会群体杂谈

> 群体以“神聚”程度而类分，其凝聚程度与规模有关，小群体以五人规模为最佳。

什么是“群体”？按照社会学的定义，群体是对彼此行为有所期待的人在一起互动形成的一种集团。或者说，一群人都自以为属于某个集团，彼此也期望其余成员应有某种行为，而对外人则无此期望，那么这样一群人的集团就叫“群体”。

也就是说，在社会学意义上，不是随便在一起的一群人，或具有某些相同特征的人群都是“群体”，它是有特指的，即：成员之间具有某种认同感、明显的归属感，彼此有企盼、有互动，并有一定程度的身份分异（如“核心人物”、“从众者”），群体成员的构成有相对稳定性。

例如，街上一起行走的人流，车厢里坐在一起的乘客，菜市场一起卖菜的商贩，剧院里一起看戏的观众，在一个社区居住的居民等，就不属于社会学严格意义上的“群体”范畴。

其实，这种界定只具有相对意义。在绝对的意义上，所有人群都或多或少有一定的认同感、归属感、交往互动规则和角色地位差异，只要有人群的地方就必然存在群体赖以凝聚的“神”，只是程度不同而已。也就是说，人群“神聚”的程度存在差异，从而形成不同层级、各类各样的群体。从上述极其松散的各种“群体”，到比较稳定的一般群体，如在一个办公室工作的“同事”、在一个屋檐下生活的“家庭”等，再到我们要特别讨论的“工作团队”，最后到比较稳固、规模较大的各类社会“组织”，如机关、学校、工厂、银行、社团、协会等都是“群体”。

在这些群体中，由于“神聚”的因素、形式和程度不同，其表现形态也多种多样。有些是一种具有明显功利性的“利益共同体”，有些是一种具有较高凝聚力的“命运共同体”；有些属于亲密无间、由亲缘关系情感凝聚而成的“首属群体”或“初级群体”，有些则属于由特殊目的而特别组成的“次级群体”或“次属群体”；有些是能够直接面对面沟通交往的“小群体”，有些是规模庞大、具有正式机构的“大群体”。而且，这些群体之间也不是截然分开和绝对分离的，而是相互关联和转化的。例如，“家庭”初级群体关系可以转化为“家族企业”次级群体关系，企业经过特殊的“文化建设”又可以像联想集团宣称的那样，变成一个“相亲相爱的大家庭”。

对于一个人来说，他所属的那个群体叫“内群体”，相对地，他不属于的那些群体就是“外群体”。因为“内外有别”，大多数人在心理判断上或社会交往中，往往自觉不自觉地在内外群体之间采取“双重标准”。但是，话又说回来，正是因为有“内外有别”的群体规则或身份标识（如徽标装饰、俚语等）才使群体区分开来，否则就无法区分群体成员和非群体成员了。

任何群体成员，都有一种对内群体认同、忠诚而对外群体疏远、敌对的倾向，而且这种“内外有别”的心理意识会因组织界线明显而得到强化，尤其是在存在群间矛盾和冲突时，更是具有“同仇敌忾、一致对外”的显著指向。因此，边界标识是群体构成的要素，它对群体成员的归属感、团结精神和凝聚力，有相对强化功能。

另外，群体规模大小不同，其具体运作状态也往往有别。一般说来，二人群体依赖性最强、互动最直接，也最容易卷入情感；三人群体最不稳定，成员之间成三角对立状态，容易发生矛盾和冲突并走向解体；群体规模在三人以上，两两关系成几何级数增加，矛盾也越来越复杂。有关社会学研究认为，小群体规模以五人为最佳，因为在这样规模的群体中，成员之间可以形成犄角平衡态势，即便分裂为几个更小的群体也不会有太大的游离性，而且成员之间的角色转换起来也比较方便和容易。

说到这里，想起在《西游记》中，取经班子也不多不少刚好五个成员：唐僧、孙悟空、猪八戒、沙僧师徒四人，此外，别忘了还有一匹白龙马。白先生平时默默无闻、搭人载物，在关键时候能开口说话、出谋划策，也是这个小群体中重要的一分子。这样，师徒四人加上白龙马，正好形成一个五人群体。看来，取经团队的组建并不是由作者随意安排的，而是有科学理论根据的。否则，如果团队规模过大和太小，真不知道这“经”还能不能取回来？

至于群体内部的行为规范和角色定位问题，也就是荀况所说的“义”与“分”等问题，我们将在下文进行讨论。

## “工作团队”是怎样建成的

西游取经团队，不愧是神仙大手笔，成员性格各异、角色互补，搭建得可谓天衣无缝。

“工作团队”（work group），顾名思义，是一种为了“做事”即围绕某项工作任务而形成的一种小型紧密性群体。

相对于一般群体，工作团队的基本特征，可以概括为三点：其一，要有简单明确的目标导向，即工作团队是围绕特定问题、项目或任务等而组成的目标导向型群体；其二，要有恰当合理的角色搭配，即成员在分工协作网络中各自担当一定的“角色”，能够独当一面承担责任；其三，要有认同默契的行为规范，即团队成员能按照一定的信任关系、行为规则和约束机制，相互配合、齐心协力去共同努力完成既定的工作任务。

**首先，工作团队要有明确的目标导向**。工作团队要确立一个大家心之所向的明确目标，它能够为团队成员指引方向、提供价值驱动力。在团队形成过程中，成员通常要用大量时间和精力来讨论共同愿景，并通过反复修改和完善使之为大伙所接受，最后将达成共识的东西简单明了地表述出来，成为指引全体成员共同努力的奋斗目标。在此基础上，团队在其形成过程中，还需有内部或外在的领导人或机构来随时“指点迷津”，不断动态地校正成员的行动方向和行为方式。

《西游记》的整个故事情节，都是围绕一个主题即“西天取经”来展开的，这也是唐僧师徒取经团队组建的唯一目标。

所谓“三藏真经”，包括《经》(佛所说道理)、《律》(或称《法》，即佛徒遵循戒律)和《论》(佛徒感悟心得)，据说是在西土灵山大雷音寺如来佛祖的指导下，由文珠菩萨率众尊者编纂集结而成的。这三竹篮共5048卷“真经”，可以说是佛祖超度人类“做人处世”的道理，懂得了这些道理，人就可以过上幸福快乐的生活。因此，所谓“西天取经”，可以看做是一个人经过艰苦磨难获得“待人处世”真理的人生过程。

佛祖委派观世音菩萨，作为外部领导，到东土寻找唐朝和尚玄奘，施于他五件宝贝(金澜袈裟一件、九环锡杖一根、紧箍圈三个)，并暗中安排孙悟空、猪八戒、沙和尚和白龙马与他协力，组建取经团队，并不断在取经路上给他们指点迷津，随时矫正团队运行和发展方向，最后终于使他们大功告成，取得真经回来。

**其次，工作团队须有适当的人员搭配和角色分工**。对于工作团队中不同成员应扮演哪些角色，组织行为学家有不同的解说。比较一致的说法是认为团队成员大致有九种角色，即创新者、传播者、主事者、挑战者、监控者、协调者、执行者、完善者和专业者。无论有多少说法，都无非是强调，一个工作团队在人员组成和角色配置上，需有不同技能类型的人互补。简单地说，至少要有五种基本角色：一要有任务主导者负责领导决策；二要有技术专长者作为业务骨干承担创新性挑战；三要沟通协调者担任信息监控职能和推动组织功能；四要有合作平衡者以化解矛盾冲突；五要有具体办事者承担日常事务性工作。

人们的性格千差万别、各有不同，如何使成员的工作性质与个性特点相匹配是提高工作团队绩效水平的又一关键问题。成员在团队中各自扮演一定的“角色”，而角色分工一般是根据各自的天赋爱好、技能特长，并自觉地进行互动磨合而逐渐形成的，并且是在以合作精神来处理、解决不断出现的新情况、新问题的过程中彼此认可的。至于一个人究竟适合担任什么角色，可以通过个性心理测量、无领导小组讨论及其他方式进行测试鉴别。组建团队时，可以根据每个人的性格特征和角色优势来选择团队成员，并使工作任务的分配与团队成员的偏好相匹配。

唐僧师徒的取经班子，在工作团队角色搭配方面可以说是完美无缺、天衣无缝。

唐僧是取经团队的队长，属于任务主导者，负责领导决策工作。他学贯中西，具有很高的佛家思想道德修养和缜密的业务理论造诣，有执着追求真善美的坚强意志。要组建取经团队，由这样的人物承担领导角色，自然是再合适不过了。

孙悟空属于团队的技术专长者，作为业务骨干，他承担着创新性、挑战性的工作。孙悟空头脑灵活（悟性好）、业务技能高超，有火眼金睛，会七十二变，一个筋斗能翻十万八千里，可见他具有很强的应变力、创新力和执行力。整个取经团队，如果离开这样的骨干角色，可就一点都玩不转了。

猪八戒属于团队的沟通协调者，担任的是信息监控职能，维持并推动团队的运作。他讲求实际，活泼热情、爱说爱笑，懂得如何将工作与生活有机地结合在一起，也喜欢监督别人、打小报告。一个工作团队少了这样的主儿，可能就会变得死气沉沉、没有“生气”了。

沙和尚是团队的合作平衡者。他为人和善、头脑冷静、循规蹈矩，在团队中起着平衡关系、化解矛盾、缓解冲突的作用。

白龙马也是取经团队中的一个重要成员。他属于默默无闻的具体办事者角色，承担着日常搭载行礼和唐僧的事务性工作。白龙马不遇到紧急情况从不说话，像一个无名英雄一样任劳任怨、踏实肯干，但在关键危机时刻也能够挺身而出，出谋划策并且表现不凡。

总之，一行五人性格各异、角色互补，团队规模适中、结构合理，总体看来可谓至善至美。

**第三，团队成员要在工作中配合默契，就须形成应有的信任关系、行为规范和约**

**束机制**。培养团队信任感是提高工作团队绩效的又一个重要方面。高效团队的一个共同特点就是团队成员之间相互高度信任，认可各自的个性特点及工作能力。在工作团队中，这种信任往往很脆弱，一旦被破坏很难再建，且有正负强化效应，需成员长期一贯地以各自的正直、能力、开放、忠实去培养，并小心谨慎地加以维持才能达成。这里，外部领导起着非常关键的作用。当然，一定的制度规范和约束机制，如各种制度、规章对于有效矫正不合团队目标要求的观念和行为也是必不可少且至关重要的。

在取经班子建设过程中，借助外部领导观世音菩萨的帮助，唐僧师徒在建立信任关系、行为规范和约束机制方面做了很多努力。

例如，唐僧与悟空在处理"六贼"（眼看喜、耳听怒、鼻嗅爱、舌尝思、身本忧、意见欲）劫道事件时出现意见分歧，进而使初建团队陷于危机状态。在此关键时刻，观世音菩萨授予如来佛祖"八正道"（正见、正思、正语、正业、正命、正进、正念、正定）人事管理方略，同时给了唐僧控制管理悟空的"尚方宝剑"，即嵌金花冒和紧箍咒，使得善于反思领悟的孙悟空幡然悔悟，与师父言归于好。基于此，唐僧能够按照团队规范有效控制和约束悟空的工作行为。

后来，在收了二徒弟猪八戒后，乌巢禅师又授予师徒三人《心经》，以帮助他们消除彼此心中的杂念和魔障，以提高彼此的信任度，赋予他们克服艰难险阻的意志力。借助《心经》指引，唐僧师徒三人翻过了"妄念"横行的八百里黄风岭，又越过了"烦恼"弥漫的八百里流沙河，收了木叉行者沙和尚，终于建起人马齐全、运作正规的取经工作团队。

团队建起来后，并不意味着就万事大吉了，团队成员还要在长期的运作过程中相互磨合、不断调整各自的角色方位和行为作风，冷静处理团队伙伴之间的矛盾和冲突，以便克服各自的缺点和局限而发挥相应的特长。

## 做一个有团队合作精神的好员工

> 以事业为重，认清自我，善待他人，己所不欲，勿施于人。

一个人作为团队一员，要明确自己在团队中的角色定位，自己在完成团队目标中所承担的具体职责和工作任务，以及与其他成员之间是一种什么样的分工合作关系。这就需要对自己和他人的性格特点（包括优点和缺点）认识清楚，以便在团队中与其他成员友好相处，做一个有团队合作精神的好员工。

关于对自己的性格特点的认知，有心理学家从古老的禅宗、天主教、犹太教等宗教文化传统中发展出了一套“九型人格”测验理论和方法。

从词源意义上看，“九型人格”的英文enneagram，来自于希腊词汇“九”（ennea）和“尖角”（grammos）的组合，其基本含义就是用数学上的“三元”（trinity）与音乐上的“七律”（law of seven）组合成九角星图，来直观地表达人类性格的九种基本类型。“三元”代表着事物生发的三种基本力量，如天主教中的圣父、圣子、圣灵，印度教中的创造神（brahma）、保护神（vishnu）、生殖和毁灭神（siva），也代表人类智慧中的本能、情感和精神三种力量；“七律”代表现实世界事物发展的不同阶段，如音乐中的Do、Re、Mi、Fa、So、La、Si。这样，三、七耦合生成九角分割图，如图4-1所示。

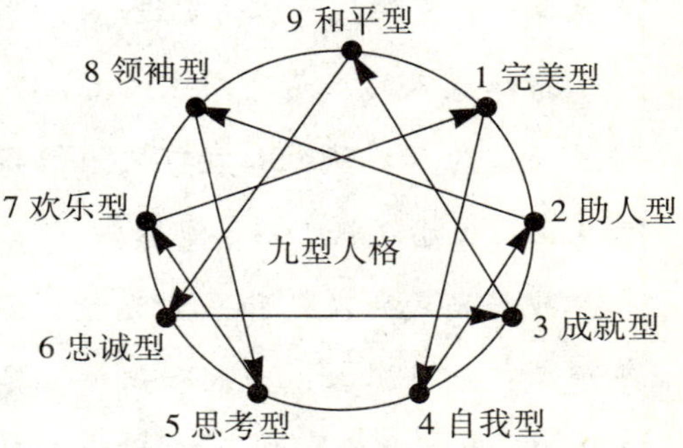

图4-1 九角星图

在九角星图中，3-6-9号角代表的是核心个性，其两翼的邻角代表的是核心个性外化和内化变异的结果。例如3号及其两翼2号和4号所代表的精神特征都是富有想象力，其情感特征都是基于自我感觉；6号及其两翼7号和5号所代表的精神特征都是多疑妄想，其情感特征都是极易出现畏惧心理；9号及其两翼8号和1号所代表的精神特征都有忘我倾向，其情感特征都是易于发脾气。前者（2、7、8号）是核心个性的外化，后者（4、5、1号）是核心个性的内化。每个个性都由日常状态、行动状态和安全状态三个方面构成，在图中，每个角代表的个性是日常状态下的自我“常态”类型，其行动（受压力）状态下的个性是箭头指向角所代表的个性，而安全（毫无压力）状态下的个性则是箭头来源角所代表的个性。例如，5号观察者在压力下就会向7号享乐主义者发展，在安全状态下就会向8号保护者发展。

人类拥有理性、情感和本能三种智慧。在九角星图中，三种智慧的分布是不均等的，其大致表现是：位居顶部的三个角，即8号、9号、1号所代表的个性，相对来说本能感觉较为敏锐；位于右面的三个角，即2号、3号、4号所代表的个性，相对来说情感知觉较为敏锐；位于左面的三个角，即5号、6号、7号所代表的个性，相对来说理性思维较为敏锐。其中，每一种个性都有向自己相邻角个性发展的可能，而且在压力和安全状态下还会发展成另一种个性。因此，即使通常认为不同的个性，也会在九角星图中的某个位置找到结合点，从而就结合点上的一些共同点产生共鸣。

总之，借助“九型人格”图，我们可以分析不同的人所具有的不同的个性特点以及特定压力和安全状态下的发展方向，在进行团队组建时尽量做到成员个性与角色相匹配。

大致说来，西游取经团队成员的性格特点是这样的。

唐僧式的人是完美主义者。其优点是：境界高远，意志坚定；追求事业，坚持原则；行为得体，注意分寸。但其缺点是：慢慢吞吞，优柔寡断；注重程序，官僚倾向；过于刻板，近于自虐。

孙悟空式的人是效率主义者。其优点是：注重效率，办事果敢；专业精湛，本领高强；善于应变，喜欢创新。但其缺点是：态度粗暴，轻率浮躁；自负傲慢，惟我独尊；目光短浅，容易冒进。

猪八戒式的人是实用主义者。其优点是：注重实际，乐观知足；想象丰富，合作性强；为人坦诚，心直口快。但其缺点是：自私自利，贪财爱色；干事毛糙，浅尝辄止；安于现状，不思进取。

沙和尚式的人是和平主义者。其优点是：谨慎持重，镇定自若；脚踏实地，办事稳妥；冷静耐心，为人和蔼。但其缺点是：进取不足，唯唯诺诺；逃避矛盾，回避冲突；听天由命，得过且过。

每个团队成员应该清楚了解自己和他人的性格，哪些是优点、哪些是缺点，在日常打交道的过程中，要尽量学习对方的优点、克服自己的缺点，以团队事业为重，做到“己所不欲，勿施于人”，以便使自己与伙伴能够取长补短、团结合作，从而争取胜利。

例如，唐僧式的人对于孙悟空式的人，要尽量着重进行战略指导，主动与其进行有效沟通，给予对方充分的自主创新空间，对其新点子要作出快速反馈；对于猪八戒式的人，要注意以随和的态度与其交往，在注意督促的同时注重表扬鼓励；对于沙和尚式的人，要真诚友好，鼓励他们勇于承担责任，经常主动征求他们的意见。总之，团队领导应以积极而宽容的心态，抓大放小，注意战略导向，学会充分授权、因势利导，努力做到无为而治。

孙悟空式的人，要注意改变心态，不要目中无人、自以为是，学会谦虚谨慎、与人为善，注意耐心的培养。对于唐僧式的人，要尊重其道德原则和领导权威，争取他的理解和支持，有意放缓自己的行动节律，尽量避免他的误解和责难；对于猪八戒式的人，要注意与他建立融洽的私人关系，投其所好地在生活和工作中给他以适当帮助，使他成为你创新事业的有力支持者；对于沙和尚式的人，不要太张扬自己，要善待他们，与他们保持长期的友谊关系，为他们踏实干事创造稳定的环境和条件。

猪八戒式的人，则要学会超越世俗功利，不要斤斤计较于个人得失，不虚夸炫耀，不搬弄是非，提高工作计划性、规范性和创造性。对于唐僧式的人，要礼貌尊敬，注意自己的行为规范，不在他们面前夸夸其谈；对于孙悟空式的人，要注意提高说话办事的节律，在工作中与他们积极配合，争取他们给予自己帮助，尽量避免与他们争权夺利，发生冲突；对于沙和尚式的人，要注意与他们进行情感沟通，积极倾听他们的意见和建议，形成友好的合作关系。

而沙和尚式的人，要积极培养自己的工作激情，注意不断提高自己的学习应变和自主创新能力，勇于承担风险和工作责任。对于唐僧式的人，要严肃认真，勇于承担任务，与他们友善而专注地进行沟通；对于孙悟空式的人，要注意提高自己的行动效率，工作中保持蓬勃向上的进取状态，积极配合和充分支持他们的创新行动；对于猪八戒式的人，要注意与他们进行情感交流，取其长补己短，决不与他们在鸡毛蒜皮的小事上计较。

总之，如果每个人都以团队事业为重，做到认清自我、善待他人，己所不欲、勿施于人，取长补短、密切合作，努力做一个有团队合作精神的成员，那么，团队的事业就会蒸蒸日上，无往而不胜。

## 建设卓越而高效的工作团队

> 团队精神的形成非一日之功，需要进行长期不懈的努力。

一个高效的工作团队，往往能够形成某种具有高度凝聚力的“团队精神”。塑造“团队精神”是打造和建设卓越工作团队的核心。这种精神一般具有如下一些规定。

✧ 团队成员拥有共同的信念和一致的价值观，了解相互依赖、协同合作的重要性，并清楚无论是个人的还是团队的目标，都必须依靠大家团结一致、齐心协力才能圆满达成。

✧ 团队成员具有默契的心理契约，对团队具有强烈的组织归属感和主人翁责任意识。团队鼓励每个成员培养自己的技能，保证他们都能够以各自独特的优势和互补性的技能，积极、主动、创造性地为实现团队目标而努力工作。

✧ 团队具有和谐的人际关系和相互信赖的人文气氛，成员之间相互尊重，可在公开场合与诚恳的氛围中进行交流沟通，团队鼓励成员公开表达各自的想法、意见，共同探讨工作中存在的问题及解决办法。

✧ 在团队中，人们把矛盾冲突看做是工作互动过程中的正常现象，而且是获得新点子与创意的基本途径和方式。团队成员遇到矛盾和问题时应具有较强的自我控制和解决问题的能力，能建设性地快速化解矛盾和冲突，并达成解决问题的一致意见。

一个优秀而卓越的工作团队，总体来说一定是"价值导向"的。卓越的工作团队要有基本的奋斗目标，这是基于核心价值观和使命形成的"共同愿景"。

首先，团队要立足成员共有的"核心价值观"，这是由团队成员在"奋发图强"的过程中借助理性思考，特别是内省，领悟出来的一种"主观信念"，是一种关于团队承担"社会责任"的深刻认识，是指导团队成员应该如何行为的基本准则。

其次，要进一步基于核心价值观"由外向内"思考，明确工作团队的"使命"，即从团队在组织中的社会功能或作用来反向审视：一个团队为什么而成立，其在组织中所应承担的责任是什么。进一步说，在工作团队存续期间，基于共同认可的核心价值观，所有成员应该始终固守并追求的卓越的事业究竟是什么？对它进行清晰的陈述和说明就形成了"共同愿景"。

所谓"愿景"，就是指所有成员都真正心之所向的事业目标，它是实现团队使命的基本方针和行动纲领；同时，"愿景"要真正是"共同"的，即"我愿中有你，你愿中有我"，就必须经过全体成员的充分讨论和共同协商最后达成一致，并用简洁的、可验证的、可行的、令人鼓舞并能激励所有利益相关者的语言陈述出来。

此外，卓越的工作团队还要将"共同愿景"有效地转化为具体的、可以衡量的、具有现实可行性的绩效目标，并通过领导的协调和团队成员的分工合作来贯彻执行。

总之，卓越的工作团队成员要有卓越的能力，要"志存高远"，有高境界的理想追求，还要有"共同干一番大事业"的激情。"为了一个共同的目标"，成员哪怕"来自五湖四海"、即便各自"身怀绝技"，也都清楚地知道相互依赖、协同合作的重要性，并相信只有彼此团结一致、齐心协力才能圆满完成任务。

卓越的工作团队成员之间要有高度的信任感。信任是建立在团队成员相互了解的基础上的，这必须要通过有组织的相互探询来共同剖析问题，进行基于共同意义的集体思考，并建立集体主义的意识形态。其一般步骤和要领如下：

（1）**积极参与**，即在宽松的环境中邀请相关成员自愿参与，而不是按照行政系统或组织要求来开会；

（2）**建设性聆听**，即倾听时注意在内心培养深层次的沉默，使自己的大脑反应慢下来，以适应耳朵反应的自然速度（有必要的话可以戴上眼罩聆听），并且在自我超越的状态下听出对方的言外之意；

（3）**明示假设条件**，即将每个人各自的假设"悬挂"在面前，以便接受大家的审视和探询，将分歧作为学习的契机或机会；

（4）**自由畅谈**，即不要制定议事日程，不要进行一对一式的发言，所有参与者要视彼此为工作伙伴，要围绕一个中心位置和焦点问题进行集体自由交谈，必要时可由经验丰富者进行辅导。

从个人角度来看，要取得其他成员的信任，必须有正直、坦诚和忠实的基本人格素质，还要有一定的人际敏感性和沟通能力。此外，敏锐的判断力、开放的心智模式、持续稳定的行为倾向，也是优秀团队成员必不可少的。

从外在的组织环境来看，要使团队成员相互之间保持高度信任，必须营造"坦诚"的组织氛围。组织领导和团队领袖应该通过有效的措施建立宽松和谐的人际关系，创造彼此坦诚、相互信赖的人文气氛，使得成员彼此间相互尊重，可在公开场合与诚恳的氛围中交流沟通，公开表达各自的想法、意见，并共同探讨工作中存在的问题及解决办法。

关于卓越而高效的工作团队建设，杰克·韦尔奇有独到见解。在其大作《赢》一书中，韦尔奇开篇首章就讲"使命感和价值观"，紧接着详细论述了组织中的"坦诚"文化建设问题。他说：

我一直都是"坦诚"强有力的拥护者。实际上，这个话题我在GE整整宣讲了20年。但是，直到从GE退休，我才意识到自己低估了"坦诚精神"的罕见程度。事实上，我甚至想宣称，缺乏坦诚是商业生活中最卑劣的秘密。

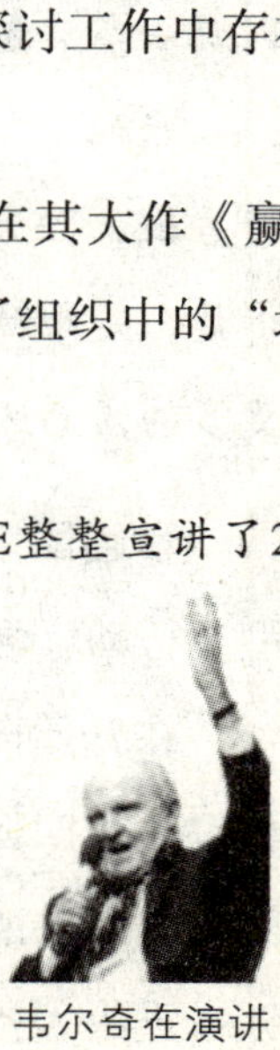
韦尔奇在演讲

我这里所说的"缺乏坦诚"，并不是指那种恶意的欺诈，而是指有太多的人、在太多的时候不能真诚地表达自己的想法。他们不愿意直截了当地同你交流，或无所顾忌地发表意见，以激起正直的争论；相反，他们把自己的意见保留起来让你更舒服，甚至粉饰坏消息以维护自己的体面。所有这些都是缺乏坦诚的表现，其影响绝对是毁灭性的。

坦诚通过如下三条途径引导企业走向成功：首要的一点是，坦诚将把更多的人吸引到对话中；其次，坦诚可以推动速度加快；最后，坦诚可以节约成本，而且是节约大量成本。但是，缺乏坦诚的行为却渗透到了商业生活的每一个领域。缺乏坦诚精神会从根本上扼杀敏锐创意、阻挠快速行动、妨碍优秀的人们贡献自己的所有才华。它简直是一个杀手。

坦诚会使人感到紧张。但是，当你探索坦诚的含义时，你实际上是在设法了解人类的本质。实际情况就是如此。从儿童时代起，我们每个人就开始学得世故起来了，我们要知道掩饰任何不好的消息，在令人尴尬的场面前装得若无其事。最终，你会认识到人们之所以不说出自己的想法，是因为这会给自己带来更多的方便。可是，我们并没有想到，缺乏坦诚其实是最糟糕的得罪人的做法。如果为了拍别人的马屁而不坦诚做人，那将毁灭彼此的诚信，而且将由此把整个社会都腐蚀掉。没有了坦诚之后，人人都可以保住面子，而组织则笨拙地向前发展。

坦诚精神虽然是取胜的关键因素，但要给任何一个组织或团队灌输这种精神，无论该组织的规模如何，都是一项艰难而费时的工作。说艰难，是因为你要同人类的本性作斗争，同公司里最根深蒂固的传统作斗争；说费时，是因为需要年复一年地坚持下去。是的，我们都要承认，坦诚精神与人的本性存在冲突。但日常管理准则哪一条又都是完全顺应人性的呢？

我的老板们经常告诉我不要过分直率。我被归入粗暴无理的那种类型，总有人警告我，坦诚直率很快就会妨碍自己的事业。现在，我在GE的生涯结束了，但要告诉你，是坦诚精神帮助GE获得了巨大的成功。是这种精神把更多的人、更多的声音、更多的活力吸引到了GE的事业中来。

卓越团队的形成，显然不是一蹴而就的，其形成和发展要经历准备、困扰、成型、行动、强化等一系列不同阶段的修炼。

在开始阶段，成员之间从互相打量、猜测、质疑到熟悉，寻找自己在团队中的位置。这时团队精神建设面临的主要任务是营造良好环境，创造沟通机会，激发员工兴趣，论证团队建设可行性，制定目标和方案。

进入困扰阶段，成员之间初步了解，个性开始显露，领导核心和团队雏形逐渐形成，人们尚缺乏积极主动、专注投入的精神。这时建设工作应重点放在树立共同价值观、建立多元化的沟通渠道、实现信息共享、鼓励成员参与团队决策与管理等方面。

到了团队成型阶段，成员态度和情感开始交融，各成员的优点和贡献逐渐真正显露，彼此认识到自己和他人的长处和局限性，开始在工作实践中相互学习，不断总结并吸取经验教训。这时应加强领导，培养成员的沟通技巧和解决问题的能力，逐渐使团队形成自我约束机制和合作规则。

而后进入具体行动阶段，这时，成员彼此间已达成共识，形成默契的分工合作关系，建立起了有效解决问题的工作程序，自我约束、技能互补、团结合作、步调一致的团队精神正式形成。这个阶段，企业应明确团队目标，强化协作，做好授权，开好团队工作会议，注意团队成员间的协同。

最后是强化升华阶段，这时，团队目标已明确，成员具有高度的组织归属感和责任感，彼此间充分信任，密切合作，信息沟通充分，遵循规范，共同开展创造性的工作。这样，最终建立起了相互信任、志同道合、积极进取、情趣高雅、敬业奉献、精诚合作的团队精神。

整部《西游记》中，关于团队形成和建设的内容占去多半部篇幅，真正取经工作的描述只有少半部内容，可见团队建设之艰巨复杂。“世上无难事，只要肯登攀”。唐僧师徒历经十四个春秋，经过九九八十一难，历尽千辛万苦，终于修成正果，来到西土灵山大雷音寺，功德圆满地取回数千卷“真经”。

在现代社会中，人们是高度“组织”在一起的，那么“组织”是怎么运作的？“组织与人”究竟是怎么回事？如何用人本管理学的观点来看“组织学习”问题？且往下看。

### 参阅文献

[1] 西蒙. 垃圾文化：通俗文化与伟大传统. 北京：社会科学文献出版社，2001
[2] 罗宾斯. 组织行为学（第七版）. 北京：中国人民大学出版社，1997
[3] 杰克·韦尔奇. 赢. 北京：中信出版社，2005
[4] 海伦·帕尔默. 九型人格. 北京：华夏出版社，2007
[5] 丘泽奇. 社会学是什么. 北京：北京大学出版社，2002
[6] 成君忆. 孙悟空是个好员工. 北京：中信出版社，2004

# 5

# 学习生存　组织如人

最成功的企业将是一种学习型组织，因为未来唯一持久的优势就是有能力比你的竞争对手学习得更快。

彼得·圣吉

## 组织是什么

> 在当今社会，我们都是组织人。组织如人，它是一种具有“学习”能力的“社会生物”有机体。

组织是人的一种最基本的社会存在形式。其现实表现形态多种多样，从政治组织、学术组织、文艺组织、社团组织和宗教组织，到生产组织、商业组织、生活组织、教育组织和医疗组织。其实体表现为各种社会机构，例如机关、协会、学会、教堂、商店、工厂、医院、学校和家庭等。在现代社会中，可以说所有的人都是“组织中的人”。从出生到死亡，每天从早到晚，我们每个人都生活在特定组织之中，并且无时无刻不与特定的组织打交道。

关于组织在我们日常生活中的普遍性和重要性，我曾在《组织行为学通论》第一章篇首移植编排了下面这样一则寓言笑话作为情景故事引导学习。

山洞前，一只兔子在伏案写作。一只狼本想扑上前去将它吃掉，但看它写得那样认真心里有些好奇，于是上前和蔼地问道：“你在写什么？”兔子答曰：“我在写一篇题为‘兔子可以吃掉狼’的论文。”狼听后哈哈大笑：“这怎么可能呢？让我看看。”兔子说：“我写的论文稿大部分在山洞里，不信你跟我进去看看？”狼很想看个究竟，就跟着兔子进了山洞。

过了一会儿，兔子独自走出来，在山洞前继续写论文。一只狐狸看见了，走过来问兔子在写什么，兔子答说：“我在写一篇题为‘兔子可以吃掉狐狸’的论文。”狡猾的狐狸也大笑道：“你知道我是谁？你竟骗起我来了，笑话！”兔子真诚地说：“刚才狼兄也不信，但它在洞里读了我的论文后，现在是心服口服，不然你也进去看看？”最终，狐狸也被兔子领进了山洞。

一会儿，兔子又独自一个走出山洞，继续伏案写作。而山洞里，一头狮子正躺在一堆白骨间满意地剔着牙齿，并悠闲自得地浏览着兔子的论文稿，其中摘要部分写道：“在当今社会，你自己是谁往往并不重要，关键要看你属于哪个组织，老板是谁。”

如果正面地界定，“组织”可以说是人们在一定的社会环境条件下为实现特定目标而组成的相对稳定的群体。一个组织，无论其具体性质、职能和形式如何，无一例外都有如下五个方面的基本要素：

（1）组织赖以生存和发展的外部环境；

（2）特定的组织使命、目标和发展战略；

（3）支撑组织运作的核心技术和独特文化系统；

（4）组织发展阶段及其所达到的规模；

（5）组织结构，即组织中各工作单元间的分工协作关系和协调运作方式。

其中，组织结构是决定组织基本架构和功能的最重要的维度，与环境、目标、技术、文化和规模等要素都有直接关联和互动影响。

传统组织理论往往将组织看做是一种机械装置，从工程技术角度加以分析和设计。其实，作为一种特殊而普遍的社会群体，组织更像一个"社会微生物"，是一种依照特定社会"生存竞争"法则并且高度依赖于所处社会经济环境而生存、成长和发展的有机体。在这个意义上，每个组织都有它特殊的生命周期和轨迹。处于生命周期不同阶段上，环境压力不同，组织规模有很大差异，技术要求和文化特征也有各种变化，从而在现实情景中表现出丰富多样的"组织行为"模式。

说到"学习"（learning），在最一般的泛化意义上，是指有机动物体的一种生存方式或成长状态，即有机体为适应外部环境而积极积累经验所引起的行为能力或心理倾向的持久性变化，这种变化不是由遗传本能、生理疾病或药物作用引起的，而且也不一定表现出外显的行为变化。人类是一种不同于一般生物或低等动物的高级有机体或有机组织形式。对于人类以及由人组成的一定社会组织来说，学习也是或者说更是其内在的、普遍的和经常的一种生存方式及成长状态。组织既然是一种社会有机体，自然也有它自己的"学习"行为，即为了适应外部环境而对自身行为进行权变调整，以达到自己特定的生存和发展目标，这种行为在社会生态学意义上就是所谓的"组织学习"（organizational learning）。

所以，组织生命周期可以通过其"学习行为"加以描述和刻画，由此可以观察一个组织要获得可持续发展所需具备的基本条件。

## "组织学习"有通解

> 组织学习实质上是组织作为社会有机体，因环境变化而自然、自发和自觉地进行生存选择的一种适应性调整行为。

曾几何时，关于"组织学习"的衍生语，诸如"学习型组织"、"学习型社会"、"学习型企业"、"学习型社区"、"学习型商店"等多如牛毛，甚至还有什么"学习型中学"、"学习型大学"等说法。

可以说，虽然言说者众，但多是作为时髦术语到处套用，或者当作标语口号用于宣传，而真正经过大脑深究其意义或认真反思悟其道法，并将之转化为实际行动或实在经济价值的则少之又少。

组织是社会运动的一种基本形态，而人类社会乃是自然界大系统的一小部分，组织之于社会、之于大自然，就如同孙悟空之于如来佛手掌，其学习行为是无法超越社会生态学法则的。因此，“组织学习”的最具普适性、最具辩证意义的解析，应该是社会生态学意义上的，即组织这种有机体是社会生态系统中的一种生存方式或成长状态，它是一种持续不断的自然历史或生命循环过程，也就是组织为适应外部社会生态环境变化，周而复始地积极积累经验所引起的行为方式的持久变化。

关于组织行为的社会生态学观点，我所看到的最清晰、最形象也是最具启发性的描述和解析，要数加拿大西安大略大学的组织行为学家戴维·赫斯特（David K. Hurst）的了。他于1995年写了一部名叫《危机与振兴：迎接组织变革的挑战》的著作。赫斯特基于自己的亲身管理经历，结合《美国科学》杂志关于南非卡拉哈里沙漠上布希曼人从游猎到定居放牧转变过程中社会组织结构的变迁，以及原始森林从产生到成长进而从创造性毁坏中获得再生的隐喻类比，认为人类社会任何组织，包括现代企业的形成和发展，都是一种“战略上多属偶然，经济上每出意外，政治上源于灾难”，在管理上“应急行为”、“理性行为”和“被迫行为”因应环境交替出现，“学习”与“运作”矛盾统一的自然历史过程。我将之称作“赫斯特组织学习通解模型”，简称“赫氏模型”（如图5–1所示）。

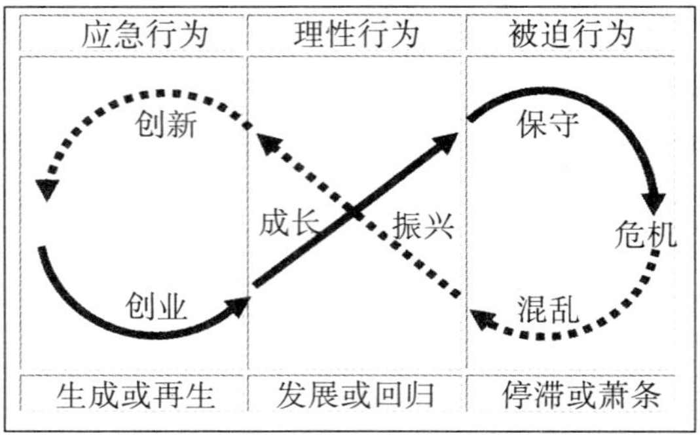


图5–1　赫斯特组织学习通解模型

就某一个组织来看，它的生命周期是有始有终、阶段性发展的，往往很少有组织能够进入“长生不死”的大组织生态循环圈。但从宏观的、动态的历史观点来看，整个人类社会组织的生态循环是无限连续、无始无终的。如果我们将“学习”一般地理解为组织为适应环境而调整并周而复始地积极积累经验所引起的行为方式的持久性变化，那么，我们就可以用赫氏模型来贯通解说组织学习在不同阶段上的周期性运作原理。按照赫氏模型，我们可以将组织学习状态分为“运作型”和“学习型”两种极端抽象化的典型模式。

从组织生成阶段到成长发展再到停滞萧条阶段，在这个循环周期上的鼎盛时期，组织处于“运作型”状态，也就是韦伯、泰勒和法约尔等传统组织理论所描述和分析的“科层官僚等级制”模式。其基本特征为：在稳定环境中从事例行工作；组织基本宗旨明确，但具体操作目标多元复合需要权威集中统一；技术以效率为本，文化系统崇尚非个人化的等级原则，成员以遵守纪律、照章办事、忠于职守、绝对服从为己任；组织结构以专业化分工为核心，形成金字塔式的纵向层级命令—服从链和正式权威体系。

从危机变革到走出混乱状态，进而进行振兴创新，组织在这个新循环周期上的典型状态即“学习型组织”，也就是马斯洛、梅奥、赫茨伯格和温勒等人所阐释和描绘的“现代开放型组织”模式。其基本特征为：在不稳定环境中完成非常规任务；为实现共同认可的组织目标而积极自主地进行分工协作；组织技术和文化以目标为导向，强调成员个人独立自主、平等互动、责任分担和开拓进取精神；组织结构以工作团队为核心，形成扁平化的、以横向互动联系为主的弹性虚拟化网络体系。

近年来关于“组织学习”问题的讨论，实际上主要是基于这样的组织运作阶段和背景来说的。例如，彼得·圣吉（Peter M. Senge）曾提出关于“学习型组织的五项修炼”，主要从系统动力学的角度，对工业文明及其相关的专业化和社会分化给人类思想割裂和组织学习创新带来的一系列“智障”进行了革命性的批判，从而努力寻找出使已经进入正规运作状态的组织走出官僚危机而重新获得创新性学习能力的途径。再如，野中郁次郎（Ikujiro Nonaka）的“群体知识创造的七项原则”，则主要从知识论的角度，对于日本公司如何从战后的管制危机中走出，并通过建立创新性组织学习系统迅速获得振兴，作了深刻而精辟的理论解说和描述。

## 📖 童真无价，情景激发

> 创业需要有一股敢闯敢干的“革命”激情，更要有随机应变的“学习”能力。

组织在初创时期表现出典型的自发性组织学习行为。这种组织学习，是由一群具有“自我超越”精神和能力的人，在外部情景激发下“走”到一起，为了他们心中某个共同的“志向”或说“理想”而互动影响形成的。大部分公司在初创时期大致都处于这样一种自发性组织学习状态，耐克公司就是这样。

耐克公司创始人菲尔·耐特，原是著名的田径运动员，同时获得了会计资格证书和MBA学位，他与他的教练、慢跑运动创立者比尔·鲍尔曼都对当时跑鞋的技术性能“不满”。基于共同志向，他们聚到一起，并满腔热情地全身心投入到高性能跑鞋的设计和研制工作中。

1964年他们组建了公司，当时叫“蓝带体育用品公司”（Blue Ribbon Sports，简称BRS），直到1972年，才由加入公司的第一位雇员杰夫·约翰逊在梦中偶然想到“耐克”这个好名字。而著名的勾形标识则是花35美元由一名学设计的研究生搞出来的，但这个“运动员的公司”标识所蕴涵的使命即“通过运动和健身来提高人们的生活水平”。公司早在创立之初就已经自发地形成了组织的学习基因。

在最初创业的岁月里，耐克并没有专门“组织”去物色人选，人们通过无边界的网络关系随时以不同的角色加入其中，凭借着运动员之间的信任、合作，以及创出最好成绩的共同愿望，以直接而亲密的面对面沟通方式，共享激情、互相学习。

按照圣吉的说法，所谓“自我超越”（personal mastery）就是个人生命中产生和延续的创造性张力，即一种不断追求其真正心之所向的能力，这是组织生命力的源泉。但是，在自发性组织学习的情况下，创业者们所具有的“自我超越”精神和能力还不是通过组织内部自觉的修炼得来的，而是外在于组织作为个人禀赋既得的。这些人要么是不安分守己的“激进分子”，要么是对某项事业具有特殊热情的“狂热分子”，要么是具有非凡技术和经验的“活跃分子”，总之都是有自我超越精神和能力的某种“异己分子”。

自发性组织学习的启动不是由内部动力机制正规引发的，而是因应外部“情景”变化而随机激发出来的。这种情景可能是市场上一种尚未被觉察的潜在需求，或者是由人口规模和结构变化引发的特殊机遇，还可能是某项技术发明或政府政策调整带来的新情况，更有可能是自然灾害、经济危机甚至政变或战争带来的意外困境。无论什么情况，由于这些人大都具有“自我超越”的精神和能力，具有相近的“心智模式”，即认识、思考和解决问题的方式，他们往往会不约而同地“嗅到”平常人感觉不到的机遇。

在自发性组织学习情况下，“共同愿景”的形成状态正所谓“心有灵犀一点通”，创业者们由于“志同道合”，所以很容易“同志式”地讨论问题和进行沟通，相互之间很容易做到信息知识的共享，对组织初创时期面临的复杂、无序和棘手的问题，能够迅速作出反应并予以灵活地应对和解决。在自发的价值驱动下“如饥似渴”地接受新观念、吸收新知识，共担新风险、共享新成果，这成为组织学习最原始、纯真的特征和形态。

就国内企业而言，无论是联想、阿里巴巴这样的高科技公司，还是新东方这样的教育培训集团，抑或是蒙牛这样的传统制造企业，在创业初期的情形也正是如此。这里，我们仅简单地描述一下马云创办阿里巴巴时自发性组织的学习状态和情景。

马云，这个自称“满大街一抓一大把的普通人”，升学“三番五次”才成功，没有上过名牌大学，连研究生都没考上，普普通通一个不知名大学的英语老师，对于电脑网络一窍不通，竟然凭借自己特殊的嗅觉和激情，顶着“骗子”、“疯子”和“狂人”等莫须有的误解和责难，以自己独特的方式将传统而沉重的社会责任巧妙地植入前沿而多变的互联网商业模式中，成功创办了阿里巴巴集团公司，这也成为自发性组织学习的一个典型范例。

马云

1988年，马云从杭州师范学院毕业被分配到杭州电子工业学院当英语老师，一呆就是六年多。1994年在外兼职做翻译时第一次听说“Internet”，虽然不知道是什么东西，但凭直觉觉得“这个东西靠谱”、“很激动”，于是就凭借自己较强的“活动能力”抓住到美国做“协调翻译”的机会，认定这是自己“太想做的一样东西”。回国后，1995年4月，马云与一群“志同道合”的朋友在杭州创建了“海博网络”，以在线工商企业名录的形式在网络上运营，这便是中国首家商业网站“中国黄页”（http：//www.chinapages. com）。

1999年初，马云在杭州湖畔花园家中创办了阿里巴巴。马云以自己的个人魅力和领袖风范，甚至金庸武侠小说中的侠义精神打造企业文化，通过“独孤九剑”、“六脉神剑”和“整风运动”等促进“价值观落地”、应对“文化稀释”危机，很快聚集起一个精英创业团队，走出一条“非常规”的发展路线，迅速建立了驰名中外的全球性电子商务集团公司，被业界誉为“中国互联网之父”。

马云说：“创业者一定要有梦想，要敢于做“异类”，要敢于盲人骑瞎马甚至瞎虎，并且懂得坚持、绝不放弃，要将失败过程看做是不可多得的财富，越是困难的时候越要往前走。”一开始，马云就懂得“用理想控制团队”，决心将阿里巴巴办成“黄埔军校”，将优秀人才黏合起来，并且让每个平凡的人能够做出不平凡的事，从而带出了一支在变化莫测的互联网市场环境中能够不断创新、横扫天下的队伍。

## 成熟持重审慎，按部就班学习

在稳定环境中，常规性组织学习可能是一种最佳选择。

获得创业成功的组织，由于成员人数和业务量的增加、规模的不断扩大，逐渐达到了“丰羽渐满”的规模效应，开始形成专业化分工体系，并在此基础上组建起相关职能部门和科层系统。同时，随着细密的劳动分工和专业化生产体系的建立，以及矩阵式部门网络架构的逐步形成，不断加剧的集权和分权矛盾会引发一系列的领导控制性危机。

这时，就需要有得力的领导精英明确组织进一步发展的使命、方向和目标，聚合组织成员和各方面力量带领组织朝前行进，并强化规章制度建设，对权力进行界定，通过命令链实施集权化和程序化控制。在这种情况下，组织学习表现为一种基于经验和专业化知识的常规性学习形态。

在上述耐克公司的案例中，早期吸引到公司来的不一定是好经理，但都是些优秀的球队队员，他们大都是具有“真实性”的人、“不守规矩的人”或是“大型体育项目中的反传统人物”。

后来，随着生意规模的扩大，起初那种仅靠通才和热情来推动的做法已经不能适应。当锐步（Reebok）公司趁其不备打入健身用品市场时，耐克公司仍然以“运动员的公司”自居，热衷于所谓的“真实性”。当时，一名高级经理就曾公开言称：“我们耐克公司决不会为那些搞健身的外行们生产鞋子。”

结果，从1981到1987年，锐步公司销售额增长了近千倍，耐克公司花了好几年功夫才赶上。在这种情况下，耐克不得不雇佣一些有专业知识和技能的管理人员，于是，在1982年任命了一名总裁，并成立了一个政策与程序委员会，决定引进“海氏工作职位评价系统”来框定组织职位，重新设计薪酬管理体系。

随着公司的正规化发展，原先的创业者纷纷离开公司，到1988年所有老副总都离开了公司。伴随着创业者的退出、职业经理人队伍的组建，耐克逐渐走向基于经验和专业化运作的常规性学习组织。

首先，在创业时期经过自发试错性组织学习获得的经验教训，经过长期累积沉淀下来，形成组织正式的行为规范。原先由无形“使命”价值驱动的自发性组织学习行为，逐渐转变为战略管理框架下的理性化组织学习方式；当初的“使命”及其所代表的核心价值观被管理层总结归纳成组织"战略"，以原则、方针、规划或法规条文等形式来约束和规范着员工们的日常行为或做事方式。这时，在创业的自发性组织学习过程中获得并积累下来的那些一再带来成功的、被证明是正确的行为方式，也逐渐以规章纪律、行为准则或操作规范等有形制度的形式出现。

其次，原先由创业者自行选择、各自随机担当的角色，逐渐形成有明确分工任务、固定工作内容、严格定额标准和操作规程的岗位。每个岗位工作被逐渐分解和细化为单一的、标准化和专业化的操作，工作者间的关系被既定的工艺过程或作业流程严格界定。这样一来，组织学习对个体成员"自我超越"精神和能力的具体要求可能就有很大不同。当初，一个人仅凭对组织的满腔热情就能加入，而技能如何还在其次。现在，仅有满腔热情的学习精神就不够了，理性地掌握专业化的操作技能就成为首要要求。

再次，最初创业阶段形成的具有很大弹性和灵敏应变性的工作团队化网络，逐渐被等级制的职能部门结构体系所取代。随着组织走向成熟，规模逐渐增大，参与性强、技能种类多且具有较大灵活性的工作团队或生产小组模式可能就变得越来越不适应了，并会逐渐淡出组织运作框架。而以一定的生产工艺流程和数据处理系统为基础，并由既定规章制度所界定的专业化部门结构慢慢形成，进而渐次成为组织运作的主体框架。这样，当初提供"密集"信息的网络结构被专门使用"稀薄"知识的专业化管理体制所取代，员工之间亲密无间的信息沟通"小道"也变成有正规渠道、条块分割的"命令—服从链"系统。

同时，起先凝聚组织成员的无形"认可"和精神激励机制也逐渐失灵，由有形"报酬"和物质刺激机制来发挥作用。工作和任务一旦明确，相应的知识技能也就确定下来，工作进度也能够测定出来，一整套业绩考核评估体系以及相应的人力资源开发和职业规划管理被逐渐置入组织人力资源战略管理系统，成为其中一个重要的有机组成部分。这时，起初那些"凭着满腔热情干革命"的创业元老们也逐渐退出"历史舞台"，被由正规教育系统培养出来的专业技术和管理人员所取代。新的职业化管理者往往雄心勃勃、目标远大，但是由于他们都是外在于组织的，对组织的历史和文化了解得不多、没有深切感触，这样，组织的使命感和内在的价值驱动就必然越来越被弱化，而提高效率和业绩成了他们的主要目标和外在驱动力。

最后，随着组织与外部环境的界限变得清晰可见，组织与周围的环境也逐渐

"和谐"或"稳定"下来，甚至走到由组织控制者可以明确预期、随意操纵和决定外部局势的地步。这样，组织学习的基本方式也逐渐转变，从过去由情景激发而积极试错式地适应环境变为通过条条框框来"过滤"外部信息，消极地、滞后地、被动地处理和应对外部环境的变化。于是，组织就开始逐渐按照一个既定的框架、流程和模式来运作，并在"复制自我成功"的过程中成长壮大，最后走向"光辉的顶点"。

这种组织学习运作框架的突出优越性就是有利于取得规范的专业化分工的好处或技术操作效率。但是，由于它与人的自主性、能动性和创造性等天然本性不相吻合甚至是相违背的，就是说，在这里人仅仅作为组织机器上的一颗"螺丝钉"被使用，这自然会使得组织大大丧失社会性协作方面的好处或非技术性效率，从而导致组织横向协同性差、趋向保守和缺乏应有的灵活应变力。

## 创新振兴，回归价值理性

> 不在变革中生，就在没落中死。返璞归真、重获随机应变的学习能力，事关组织生死存亡。

在常规性组织学习框架下，管理层通过严格的科层系统进行集权控制，以期永远保持可观测的效率和业绩。但是，由于命令—服从链条的拉长、"各管一摊"的专业化分工割据以及"照章办事"的运作方式，组织逐渐丧失了人性、灵活性，对外部环境的变化也越来越不敏感，这样，官僚化运作的组织逐渐丧失了学习能力和创新活力。在这种情况下，一旦外部环境发生变化，这种恐龙般庞然笨拙的组织就变得不堪一击，立刻会陷于危机状态。当年，王安电脑公司由盛到衰的故事，就很能说明问题。

王安电脑公司成立于1951年，一度在专用文字处理器和VS微机产品领域独领风骚，其庞大的等级制结构曾显示出巨大的集权威力，在全世界范围内控制和协调着31 500位员工。到1986年前后，其经营业绩达到颠峰，年收入超过30亿美元，在《财富》500家排行榜中名列第146位。但是，谁也没有想到，就是这么一个庞大无比的电脑王国，仅在此后的两三年光景就迅速走向破灭。其失败的直接原因，从外部来看，似乎就是让康柏等新兴公司获得巨大成功的小型技术。实际上，王安电脑公司失败的根本原因并不在于外部环境的变化，而在于它自身逐渐丧失了组织学习和创新能力。

为了走出“官僚危机”，高层管理者必须积极领导和推动组织变革：大刀阔斧地精简日趋巨型化的官僚机构和日益繁琐复杂化的规章制度，通过组建工作团队、引进顾客导向的创新系统、学习借鉴“小组织思维”和重塑组织文化，来整合、完善组织的结构体系。这是一场关系组织生死存亡的自我革命，在这个关键时期组织生命周期面临着未止的、开放的、不确定的和多样化的机遇，如果组织能成功地抓住机遇并不断创新变革，那么就会获得新生并进入新一轮的生命周期循环，否则必然以衰落灭亡而告终。

外部环境以不确定性为常态不断地发生变化，加之技术进步日新月异、文化背景变幻莫测，在这样的环境下组织要能够重新“振兴”，必须随着这种变化不断调整自己的战略目标，通过适当的途径和举措恢复原来创业时期的价值观，在新机体中重新激发出原始初动状态的那股“革命热情”。

创新性组织学习的基本任务就是：以基于信念、使命驱动的价值理性行为取代过去基于功利主义的工具理性行为，激励员工在无边界的网络结构中进行多元化的探索和创新，使组织在新的环境中抓住新的机遇从而获得新生、走向新辉煌。具体变革和创新举措有：撤换过去高高在上、集权专断的当权者；实行扁平化的组织变革；采取随机应变、民主化的领导方式；开展工作丰富化、团队化再设计；面向客户形成网络化信息传递和反馈系统，等等。

关于回归团队精神和价值驱动的创新性组织学习，1981年杰克·韦尔奇接手美国通用电气公司时的情形就是一个典型例子。

通用电气公司（GE）是一家拥有130年辉煌历史，现今业务遍及世界100多个国家、拥有员工30余万人的巨型多元化技术和服务性跨国公司，也是自道·琼斯工业指数1896年设立以来唯一至今仍在指数榜上的公司。其创始人是大发明家爱迪生，先后有九届CEO执掌。2001年9月7日杰夫·伊梅尔特接替赫赫有名的杰克·韦尔奇，担任GE公司第九任董事长及首席执行官。

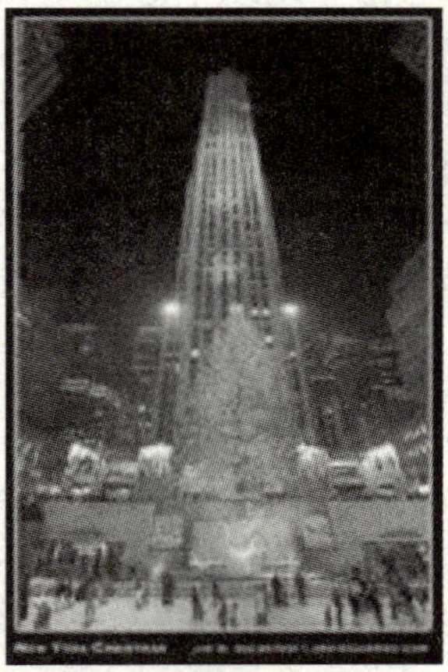

美国纽约GE公司大楼

GE历经九届领导，其一个多世纪的发展里程大致可以分为四大阶段：第一阶段（1879—1939），爱迪生创业，电气业起家，其间经历了爱迪生（1879—1891）、科芬和赖斯（1892—1921）及斯沃普和杨（1922—1939）三个领导时代；第二阶段（1940—1968），战争中发家，多元化扩张，其间经历了威尔逊和里德（1940—1950）、科迪纳和里德（1950—1963）、博尔奇（1963—1968，上）三个领导时代；第三阶段（1968—2000），领导新组合，变革中整合，其间经历了博尔奇（1968—1972，下）、琼斯（1973—1980）和韦尔奇（1981—2000）三个领导时代；第四阶段（2001年至今），跨入新世纪，迎接新挑战，GE进入了伊梅尔特领导时代。

1981年，当GE“最伟大的宣传者”里根当选美国总统时，韦尔奇成为GE的首席执行官，他以一种完全不同的领导风格——直面现实、坦诚沟通，公开挑战和批评，鼓励员工张扬个性和积极创新——带领GE踏上了学习型组织变革的征途。当时，韦尔奇接手的通用电气公司就面临着严重的官僚危机。正如赫斯特所说：“管理者要想避免遭受‘自然’灾害，就得制造危机。”制造危机的目的就是“打破在传统生命周期最后阶段束缚组织的有害制约因素”。

韦尔奇一上任就大刀阔斧地进行反官僚的组织变革，努力打破等级制，首先削减总部职员和中层管理人员，要求管理者把自己看成是身兼教师、啦啦队队长和解放者三职的领导人，而不是权力的集中控制者，并责成10万员工致力于他在战略上所认定的几大核心业务。进而，他积极地激发全体员工的情感能量和创造精神，主张恢复“你看着我、我看着你”的面对面公开交流，强调“基于价值观的理性驱动”，推崇“新式平等主义”，要求公司HR部门及其“工作能力测验”评估系统将重点放在使企业领导人能够了解组织成员的意见、感觉、情绪和士气等工作氛围方面，使他们能够与员工公开对话并就地解决迫在眉睫的战略性问题。

韦尔奇的目标实际上就是将公司从基于成功经验和专业化知识的常规组织学习系统中解放出来，回归到基于团队精神和价值驱动的创新性组织学习状态，以便使公司经过危机激发的变革而获得新生。历史证明他是成功的，通用电器公司近20年来所取得的辉煌成就与杰克当年推行的学习型组织变革显然是分不开的。

## “五项修炼”为哪般

> 组织学习不是炒概念，不是机械教条式地照搬技术步骤，而是在组织变革的意义上真切地“实现一种心灵的转换”。

彼得·圣吉关于“学习型组织”的五项修炼，即自我超越、心智模式、共同愿景、团队学习和系统思考，一度成为国人街谈巷议的热门话题。

但是，在热闹中，大多数人很少追溯他从系统动力学角度对工业文明及其相关的专业化和社会分化给人类思想进步和组织学习创新带来的一系列“智障”所进行的革命性批判及其切合实际地探寻使自己身处期间的官僚组织走出危机重获新生的可能途径和举措，而是将它作为宣传炒作的时髦术语，在适当的场合走走形式作作秀。

其实，如果不在上述通解意义上深刻领会“组织学习”的动态变通意义，仅仅将“学习型组织”简单地理解为某种先进的组织运作模式，甚至机械地按照“五项修炼”的步骤亦步亦趋地加以教条套用，就成了贻笑大方的幼稚举动了。

彼得·圣吉

彼得·圣吉（Peter M. Senge），1947年生于芝加哥，1970年毕业于斯坦福大学，获航空及太空工程学士学位，随后进入麻省理工学院读研究生，师从系统动力学家佛睿思特教授，1978年获得博士学位。此后数十年间，他长期致力于组织学习和群体创造问题的系统动力学研究，从而发展出一套“学习型组织”修炼理论体系，并应用于对微软、福特、杜邦等国际知名企业相关咨询和策划。1990年，其名著《第五项修炼》出版后，连续三年荣登全美畅销书榜榜首，他也于1992年荣获世界企业学会最高荣誉“开拓者奖”。

通而观之，圣吉无非是想强调：一个组织要重塑学习创新能力，其**首要任务**是发展、培育具有“自我超越”精神的组织成员；其**关键环节**是通过改善“心智模式”、建立“共同愿景”和实现“团队学习”把个体的自我超越精神整合成学习型组织所要求的群体精神创造力，将人力资源开发成能够为组织创造价值和剩余价值的人力资本。而修炼的**最高境界**，就是从组织发展战略的高度，形成并完善组织的“系统思考”功能。

组织成员的“自我超越”修炼可以借鉴佛教教徒的“修行”之道，讲究身心兼修、人我互动、天人合一。这意味着：首先要通过身心兼修，超越自身生命个体的天然智障；然后通过“人我互动”训练超越人际交往过程中的社会障碍；最后才能实现“天人合一”，真切领悟到人类自身的生命意义，达到自觉奉献、终极关怀、与时俱进、追求无限的最高境界。一个组织学习能力的形成必须视个人成长为组织发展之根基，持续不断地为组织成员实现个人的自我超越提供教育培训机会和组织氛围，帮助他们不断树立个人愿景以保持创造性张力，看清结构性冲突，以坦然的心态面对现实，利用“同理心”融合理性与直觉，将自己置于组织整体中以廓清生命的终极目标及其组织使命感的内在关联。

组织学习能力取决于组织成员的心智模式。所谓“心智模式”(mental models)是指来源于传统，根植于人们心中或组织运作中的思维定势或行为模式。其具体表现为印象、成见、经验、习惯、假设、惯例标准、价值观、人生观、思维方式、意识形态等，它决定、支配或影响着人们在日常工作和生活中如何看问题以及采取什么样的途径、方式和方法去解决问题。如果个体成员的心智模式“自我封闭”，在工作和生活中表现出因循守旧、故步自封的状态，那么，整个组织学习就无从谈起；相反，如果个体成员能够实现“自我超越”，心智模式是一种不满现状的、超前开放的、互动沟通的状态，那么，组织学习就有了可以依托的坚实基础。因此，训练组织成员“自我超越”的心智模式，并将之凝结转化为团队和组织共有的心智模式(组织学习能力)，对于组织学习的实现及成败具有基础决定性意义。

在个人愿景的基础上，建立组织成员我愿中有你、你愿中有我的“共同愿景”(shared vision)，即基于某种核心价值观和组织使命确立一个大家普遍认可、共同创设的未来景象，这是组织创新型学习的焦点或能量聚集点，是组织发展的强大驱动力。共同愿景决定着组织员工在使用和发挥其知识技能实现组织目标时的积极性、能动性和创造性大小，决定着组织成员的行为是“奉献”、“投入”、“真正遵从”、“适度遵从”、“勉强遵从”，还是“不遵从”乃至“冷漠”——一句话，决定着人力资源使用效率和人力资本投资效益的大小。

一群具有“自我超越”精神的人在价值理性驱动下达成“共同愿景”，进而经过系统的“团队学习”(team learning)修炼项目使人人甘愿为实现组织目标而调动自己的全部潜能，全心全意地做“奉献”(commitment)。这就是所谓组织“凝聚力”开发所追求的理想境界。

学习型组织修炼的最高境界，是从组织发展战略的高度形成和健全组织的“系统思考”(systems thinking)功能。“系统”寓于“环境”之中，观察系统形态和处理系统问题需要用广角镜而不能用聚焦镜，将组织系统与环境的互动关系全面考察清楚，将环境因素作为内生变量去分析和解决问题。一个社会经济组织面临的“学习危机”恰恰是由于在运作过程中太“内外有别”了，将自己的“内在系统”与“外部环境”分得太“清楚”了，运作秩序太“组织”化了而失去了天然的“自组织”特性，从而难以认识和应付现实中非线性的、复杂的、混沌的、自组织的、协同变化的矛盾及问题。所以，学习型组织的系统动力机制开发，就是要打破组织与外部环境的内外“界限”，适应天然的“自组织”规律，将组织系统本身置于更大的“自组织”网络系统中，去探询和建立一种能够“高杠杆”推动组织健康发展的“自然动力”机制。

总之，圣吉是把“系统思考”作为学习型组织的“第五项修炼”提出来的。他认为：“自我超越”是不断反照个人对外部影响的一面镜子；改善“心智模式”能使人们以开放的方式体悟其认知方面的缺陷；建立“共同愿景”是为了培养成员对组织的长期责任感；而“团队学习”则是训练团队协同能力、产生整体放大效应的学习活动。最后，作为第五项修炼的“系统思考”乃是在强化以上四项修炼的基础上，实现“一种心灵的转换”，使每一个成员将自己融于团队、融于组织，从而达到组织学习修炼的最高境界。

## 日本人为什么有如此强的学习能力

> 第二次世界大战后，不到几十年的功夫，在战场上失败的日本人何以又在市场上高歌猛进？答案是日本公司善于学习，将隐含知识与明晰知识糅合转化，能够创造群体知识。

日本人的知识创造和学习能力，特别是凭借这种能力应对生存竞争压力、创造国民财富和提升经济实力所获得的巨大成就和成功是全世界有目共睹的。在近代史上，中国与日本几乎是同时起步向西方学习科学技术的，结果日本人“活学活用”，通过明治维新的制度整合迅速崛起于东方世界，而中国维新没过百日便夭折了。

或许是由于孤岛地理环境下酿造的“作坊文化”传统，或许是受“菊花与军刀”的民族特性以及军国主义下扭曲了的武士道精神的影响，日本曾在20世纪前半叶两度向外侵略扩张遭致惨败，后经过数十年“使内劲、下狠功”的学习修炼，很快又在国际竞争格局中重新崛起，日本公司于20世纪六七十年代势如破竹般地打入欧美市场，在战场失败的日本人很快在市场上高歌猛进，从而跻身于世界一流经济强国之列。

20世纪八九十年代，随着全球化竞争浪潮滚滚而来，特别是面对日本人如此强劲的学习能力以及举世瞩目的“组织学习”成就，全世界的经济学家和管理学家都在上下求索追寻答案。但从我目前看到的文献中，思想最深刻也是最有说服力的，还是像野中郁次郎这样受过西方经济学和管理学专业训练的日本学者自己从“知识论”角度所给出的理论解析。

野中郁次郎（Ikujiro Nonaka），1935年出生于东京，1958年毕业于早稻田大学电

野中郁次郎

机系，曾就职于富士电机制造公司。后留学美国，分别于1968年和1972年获加州大学伯克利分校哈斯商学院工商管理硕士学位和企业管理博士学位，留校任教5年后回到日本。1981年以后，一直任国立一桥大学产业经营研究院院长及教授，同时兼任美国加州大学伯克利分校客座教授、日本科技高级研究院知识科学研究所所长等职。1995年发表《创造群体知识的公司》一书，成为知识管理的奠基之作。野中提出著名的“SECI模型”，清晰阐释了组织学习创新的知识论意义，他提出的组织“群体知识创造螺旋”框架和运作系统，在学术界和社会各界影响甚广。

在野中看来，“知识”与一般所说“信息”不同，它不仅是发现、祖露和解释客观事物的“新观点”，而且是“经过证明的真实信念”，是关于人的信念、承诺、行为等具有价值意义的信息，它要“依靠扎根于信息持有人的信念和承诺的信息流而得以创造出来”。因此，一个组织中的“知识”，广义地讲，包括“明晰知识”（explicit knowledge）和“隐含知识”（tacit knowledge）两大类。

在可以相互转化的两类知识体系中，明晰知识是把隐含知识外在化了的知识，是可以用语言逻辑证明、教授和传播的知识；而隐含知识则是将明晰知识内在化凝结于人体或组织实体之上，往往是“只可意会、不可言传”的知识，是来源于个人高度主观感悟和亲身体验或组织团队精神及行动经验、具有高度专有性而难以传播和共享的知识。说到明晰知识与隐含知识的区别和关系，我想起了一个名叫“博士与船夫”的寓言故事，很有意思，这里转述给大家听听。

一次，一个博士乘摆渡木舟过河，在行程中与船夫闲聊，问：“唉！老头儿，你懂什么？”船夫摇摇头表示不懂什么。

“你懂文学吗？”

“不懂！”老头儿回答说。

“懂物理学吗？”

“不懂！”

“懂天文学吗？”

“也不懂！”

……

“你什么都不懂，是不是个饭桶呀？”博士说完哈哈大笑。

正大笑间，风起浪涌，小船颠簸得很厉害。博士脸色苍白，吓得哇哇乱叫。船夫从容地安慰他说：

“别害怕，你叫什么？你是博士什么不懂？船翻了你游过去不就是了？！”

“我、我、我不会游泳……”话没说完，船就翻了，博士在水中挣扎着连喊救命，喝了很多水，狼狈不堪。

船夫将他像拖死猪一样拉到岸上，笑着说：“博士，醒醒！你不是博士吗？什么都懂，怎么还要人救你？如果我不捞你，你现在不是‘饭桶’，或许成‘水桶’了吧？”

通过这个寓言故事，我们可以充分理解到明晰知识与隐含知识的区别，特别是相对于明晰知识隐含知识在实际生活中的重要作用。所谓“博士”什么都懂，其实只限于明晰知识，如果就游泳这样的隐含知识来说，他简直就是一个“白痴”，可惜他自以为是，觉得自己是“博士”什么都懂，瞧不起船夫这样具有丰富隐含知识的人，才落到这样尴尬的境地，还差点丢了性命。

组织中两类知识两两组合形成四种转化方式：“群化”（sociaization），即从隐含性知识到隐含知识的转化；“外化”（externalization），即从隐含知识到明晰知识的转化；“融合”（combination），即从明晰知识到明晰知识的转化；“内化”（internalization），即从明晰知识到隐含知识的转化。所谓“SECI模型”也由此而得名，具体如图5-2所示。从现实历史动态过程来看，四种知识转化过程在性质上又可以归并为两种情况：群化与外化主要侧重于知识的形成；而融合和内化则主要侧重于知识的运用。

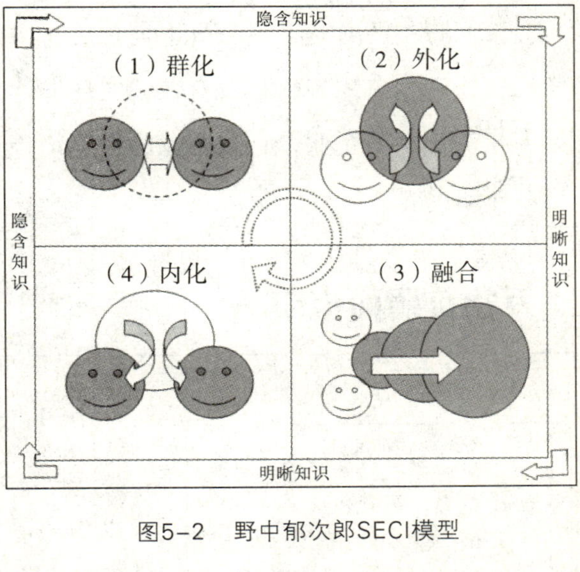

图5-2　野中郁次郎SECI模型

在前工业化社会和工业化初期，知识形成是生产活动的核心矛盾或焦点问题，个人隐含知识通过面对面的交互作用实现群化，这是传统手工作坊的基本特点。而将个人掌握的隐性知识进行系统化处理进而使之外化，变成在组织层面上可以大规模复制的、有巨大价值创造潜力的明晰知识则是（手工作坊向机器大工业转化的）工业革命的主要推动力之一。

但是，进入工业大发展时期，知识运用成为人们关注的焦点和企业经营管理的主流，通过“标准化”的现代教育体系，将明晰知识大规模内化复制到人身上，进而借助现代化大生产体系的高度融合机制，将明晰性的科技成果和工艺设计大规模复制到外在的有形产品成果上，就成为公司经营运作的常态或主要业务层面。随着后工业社会的来临，如何通过知识的群化和外化，例如通过个人专家系统和一对一对话方式，为用户提供“量身定制”的个性化服务，重新成为矛盾的主要方面。而这也正是现代组织学习背景下的群体创新及知识创造理论的“兴奋点”之所在。

野中关于“SECI”的理论无非是想说明：一个“组织”要想具有真实的“学习”创新能力，不仅要在个人层面而且要在群体层面上，使两类知识实现螺旋攀升的转化和融合。从这个意义上说，任何组织的“学习行为”实际上都可以描述为这样一种群体动态学过程，即：将凝结和隐含在组织成员个人身上的知识和技能，通过外化、内化、群化和融合等转化形式传播开来，使之以较高的“附加价值”体现在产品、服务及顾客满意度等组织产出系统中。

这就是说，“组织学习”的实质意义，最主要的还不是体现在如何利用各种手段和途径尽量增大组织成员个人创造知识的能力上，而最为关键的环节乃是，通过外化、内化、群化和融合等知识转化途径，将已经凝结和隐含在组织成员个人身上的知识和技能有效转化整合，进行“群体知识创造”，从而获得高“附加价值”的组织产出成果。因此，所谓学习型组织的“修炼”（discipline），就是将隐含于员工身上的精神创造力，转化为组织群体性的知识创造力的过程。

按照野中的看法，战后日本公司之所以能够成功，就在于它们能够形成有效的知识转化和创造螺旋，积极有效地实现群体知识在组织层面的传播和创造。换句话说，相对于欧美企业，日本企业的特殊优势和核心竞争力在于，它们都是能够“创造群体知识的公司”。

## 万物负阴而抱阳

> 对于一个人、一个组织和一个社会，两类知识并重平衡和转化整合的道理都是相通的。

中国古代伟大先哲老子早有所云：“道生一，一生二，二生三，三生万物。万物负阴而抱阳，冲气以为和。”如是观之，野中郁次郎关于“SECI”的知识转化理论只不过是中国古代道家学派关于阴阳五行辩证思想的一个现代翻版，或者说是以现代管理“科学话题”形式解说了一个在内容上古老朴素、恒久弥新的“哲学命题”，如此而已。因此，举一反三、推而广之，我们不仅能够清晰解说组织学习行为，而且可以发掘出更为深刻的思想内涵，获得更为广泛深远的现实意义。

老子以“道”解释宇宙万物演化，道具有“独立不改，周行而不殆”的永恒意义，一切事物均具有正反两面并能由对立而转化。所有二元对立之事物，诸如有无、黑白、寒热、表里、雌雄、月日、地天，静动、合开、柔刚、虚实，以及感性与理性、宗教与科学乃至所谓隐含知识与明晰知识，等等，都不过是阴阳二气的具体表现形式而已。“有无相生”，“正复为奇，反复为妖”，“祸兮福之所倚，福兮祸之所伏”，都是阴阳对立、消长、互动和转化等变化规律的辩证体现，故“阴阳者，天地之道也，万物之纲纪，变化之父母，神明之府也”，“阴阳分，天地判，始成太极”。此道理一通，则古今中外万事万物都可一通百通，明晰解说。

太极图

2005年前后，正当疾病、海啸肆虐之际，关于“人类是否需要敬畏大自然”的话题，首先在学术界点燃，后来引致社会各界的广泛争议。当时鄙人也撰文凑热闹，认为这在“天人合一”的中国传统文化中是一个“不成问题”的问题。人类理性与大自然恰如齐天大圣与如来佛手掌的关系，我们老祖宗其实是很“知趣”的，知道“天命不可违”，知道“谋事在人，成事在天”的道理，所以主张“天人合一”、“中庸之道”。我在一篇短文中曾写到如下一段文字。

将人类理性抬高到“无须敬畏大自然”的地步，以为只要科学技术足够“发展”，人类就没有解决不了的问题，可以“与天斗、与地斗其乐无穷”，可以“人定胜天”，这其实就是西方科学主义文化传统的“思想精髓”。

非典、艾滋病、热岛、海啸、旱涝等自然灾害日益频仍，人类似乎被大自然玩于股掌之上：人们从一场灾难中还没有愣过神来，另一场灾难就又劈头盖脸地来了；非典还没有搞清楚是怎么回事，禽流感紧接着又使人们恐慌不已，人们的注意力还集中在恐怖袭击方面，冷不防一场海啸刹那间吞没了数十万人的性命。

你能说当今的科学技术不发达？人类“上天入地”似乎无所不能，但为什么人们在大自然面前的“无力感”、无可奈何的尴尬却越来越明显了？

我认为，在很大程度上就是这种“无须敬畏大自然”的科学主义“惹的祸”，这些“天灾”其实是实实在在、真真切切的“人祸”，是大自然对崇尚自己“理性”到了忘乎所以地步的人类的“发威”和惩罚，是极端科学主义演义到当今社会的必然结果和“极致”表现。

对于国人来说，在崇尚和学习西方科学技术知识的同时，也万不可“忘乎所以”，忘了老祖宗“天人合一”的古训，以免在对大自然“大有作为”的过程中干出一些错事来。但愿将来不管科学技术先进到什么程度，我们至少还能够像泰国南素林岛上的摩根人那样遇到海水疾退也能遵循“古训”，本能地知道往山上去逃命！

实际上，将“人类理性”放在“大自然”的基座上去认识，具有多层面和丰富的方法论意义。它关系到人民大众的“日常生活态度”和“工作思想方法”，也是一个重要的“科学世界观”或“科学方法论”问题，人们如果都能够在现实生活和工作中摆正这样的态度、世界观和方法论，则其干系就太重大了。为了说明野中知识论深刻的思想威力和广泛的指导意义，我们这里先通过西方经济学史上关于“计划”与“市场”关系的一段往事来说明问题。

20世纪30年代，西方经济学界发生了一场关于“计划体制是否可行”的大讨论。在讨论的过程中，逐渐形成了两派对峙的观点。

一派以荷兰籍经济学家兰格为代表，属于苏联的“同情派”。他们认为虽然计划本身不具有配置资源的功能，但可以通过“模拟市场”的办法达到有效配置资源的目的。后来，有了电子计算机，这派人的观点更加得意，以为“计划模拟市场”的想法更有了技术上的可行性，只要把老百姓日常的市场需求信息往计算机中一输，那么关于某种产品应该生产多少的“计划指标”就可以很容易地计算出来。

另一派为以哈耶克、米塞斯为代表的自由主义学者，他们认为所谓“计划模拟市场”纯属一种“计算机乌托邦”。为什么呢？原因就是“同情派”犯了“知识性的错误”，他们将知识简单地等同于明晰性的信息知识了。因为计算机能够处理的只是“明晰性”的数据，而老百姓日常生活中需要什么、不需要什么这样的“情景知识”是隐含性的，再聪明的计划者、再发达的计算机也不可能将它们搜集起来并“计算”明白的；这种隐含性的“情景知识”只能通过市场这个人类经过成千上万年自然选择和演进的“精巧机器”或自然秩序来配置，这是任何人为设计的东西包括所谓“计划”都没有办法替代的。所以，哈耶克等人得出结论说，那种试图通过计划“模拟市场”的体制是乌托邦，是不可行的。

结果，历史真的被对于“知识”具有深刻彻悟力的哈耶克等人言中，由此可见真正伟大的“知识分子”所具有的巨大的知识自信力以及“知识就是力量”这句话的真实意义。

由此可见，野中的知识论对于制度选择和变迁具有很好的解析能力。它告诉人们：一个经济体制如果不能建立在深刻、全面的“知识”意义和“学习”思想基础上，那么其对资源的有效配置功能也是大打折扣的。

同样道理，一个人如果仅有明晰知识，那他很难算作真正的“知识分子”。所谓“书呆子”呆在哪儿？不就是只有一点明晰性的书本知识而缺少起码的隐含性生活知识嘛！所以在实际生活工作中才经常“犯傻”，显得“呆头呆脑”的。

说到一个国家的社会经济发展，道理其实也是一样的。“经济”要具有实在的“知识”动力，或者反过来说，“知识”要能够成为实在的“经济要素”，成为推动经济增长的主动因，其本身必须能够有效实现“明晰化”和“隐含化”的相互转化和融合。

## 现代组织学习型变革走势

在现代组织中，工作团队化是一种重要的学习型变革趋势。

一个处于运作危机状态的组织如果意欲重新获取学习能力，必须围绕环境适应性这个核心问题，从文化和技术两个层面入手，大刀阔斧地进行组织结构变革。其基本方向及趋势可以概括为：在不稳定环境中以非常规任务为导向，为实现共同认可的“愿景”目标而积极自主地进行分工协作；组织结构以工作团队为核心，形成扁平化的横向互动联系为主的非规范虚拟化网络体系；组织文化氛围和技术基础以“民主互动、开拓创新”为主导原则和特色。通过这样一系列创新和改革举措，建立起适应知识化（后工业化）市场经济环境的组织学习系统，从而获取并保持长期可持续发展的战略竞争优势。

组织变革需要以“解放思想”为先导。组织目标是描述组织存在价值、使命、经营宗旨和主要任务的指示性系统。所谓“战略目标”，就是考虑了外部市场竞争环境情况的长期性、全局性的努力方向，组织变革是根据组织的战略目标调整导向的。组织结构有其固有的稳定性和运作惯性，而且其变革涉及组织中所有成员、部门和层级方方面面的利益关系，因此必须有高层管理者在战略层面发动和全员参与配合，同时结构本身又要有某种相应的创新杠杆或机制，组织变革才能成功达成。

简言之，要能够成功推动组织变革，“众望所归”的战略激发性领导系统必须具备三个方面的基本职能：一是**开拓创新**，为组织创造未来；二是**价值驱动**，为组织建立共同愿景；三是**战略协调**，为组织提供适宜的创新环境。

在控制层级上，学习型组织变革的基本方向，就是逐渐走向扁平化、分权化和网络化。为了提高对外部环境的应变能力和速度，使组织具有学习功能，组织结构变革必须大刀阔斧地精简高层职能机构，缩减中间管理层级和中层管理人员，向下充分授权，加强横向交流，变传统纵向金字塔式科层结构为横向扁平化结构。进而需要淡化组织边界，并通过环形化组织设计和机构重组，使组织形成犹如生命体的网络结构，形成向外部环境多元伸出感应的触角，具有可渗透性、柔性化的信息及能量交流功能。网络型组织结构是经年累月自然选择的结果，它具有应对复杂环境、灵敏适应环境变化的学习功能，具有以局部功能故障和受损来替代或避免整体系统危机的旺盛生命力。在这样的架构下，每个组织都呈现一种复杂的、非线性的多维网络形态，它们与外界环境融为一体，并在整体上形成相互依存、和谐有序的“生态系统”。学习型组织就是在这样的“学习环境”中不断地进行“学习”的。生态系统如同“箩筛”，它框定并不断地“抖动”着，组织在其间为适应情景而变形、调整、革新、振兴和发展，演绎着优胜劣汰的悲喜剧。

学习型组织要建立弹性虚拟化运作机制。每个成员、团队和部门都能够敏锐地觉察到外部环境的变化，并灵敏自主地作出反应和调整，任何“坏消息”都会快速地上传到组织的中枢神经系统，并经由适当的执行层得到及时控制和恰当应对。知识、信息和资源能够在组织成员间或工作团队和群体中得到共享，并通过实验、交流、修正和整合形成系统有效解决问题的机制。组织内外部边界虚拟化，成员能够基于核心价值观形成共同愿景，面对“意外”挑战也能心照不宣地超越既有“规范”，着眼于整体进行系统思考，自觉合作、默契配合，灵活地去应对组织的战略性挑战问题。

现代组织学习型变革，意味着工作理念和工作方式的全新变革。在动态网络性组织结构中，专事重复性操作的“工人”会逐渐消失，“工作”将不再是某种“个体劳动”，而是意味着某种“集体创造”活动，工作场所作为人类活动的“主空间”将会更加生活化、内在化和人性化，“工作生活”将被赋予更加深厚的人生价值意义，以“团队”为核心的激励性工作体系将成为主导学习型组织运作的基础架构。

## 参阅文献


[1] 戴维·赫斯特．危机与振兴：迎接组织变革的挑战．北京：中国对外翻译出版公司，1998

[2] 野中郁次郎，竹内弘高．创造知识的企业：日美企业持续创新的动力．北京：知识产权出版社，2006

[3] 查尔斯·德普雷，丹尼尔·肖维尔．知识管理的现在与未来．北京：人民邮电出版社，2004

[4] 彼得·圣吉．第五项修炼．上海：上海三联书店，2000

[5] 彼得·圣吉等．第五项修炼：实践篇．北京：东方出版社，2002

[6] 迈诺尔夫·迪尔克斯等．组织学习与知识创新．上海：上海人民出版社，2001

[7] 威廉·E. 罗思柴尔德．通用电气成功全书．北京：机械工业出版社，2008

[8] 杰克·韦尔奇，约翰·拜恩．杰克·韦尔奇（第三版）．北京：中信出版社，2007

[9] 任继愈．中国道教史．上海：上海人民出版社，1990

# 焦点篇

# 6

# 卓越绩效　目标管理

归根到底，管理是一种实践，其本质不在于“知”而在于“行”；其验证不在于逻辑，而在于成果；其唯一的权威就是成就。

彼得·德鲁克

## 欲解困惑从头说

> 绩效管理的基本任务，就是要保证组织以最佳的方式达成特定使命和目标。

彼得·德鲁克（Peter Drucker，1919—2005）指出：现代社会是一种高度“组织”化的社会，现代社会的成就愈来愈依靠于依托“管理”而运转的组织的“绩效”。要认识绩效管理的实质意义，恐怕还得从大师所指点的这一基本事实说起。

为了深刻理解绩效及绩效管理的实质意义，一个简捷的途径就是学会问德鲁克式的“傻问题”，诸如“组织是什么？”“管理是什么？”等，追问此类基本问题，实际上是一种“大巧若拙，大智若愚”的行为，这往往能够促使人们“追本溯源，申明真义”。

那么，组织是什么？组织为什么而存在？管理本来是要干什么的？德大师回答说：组织是现代社会的器官，而管理又是作为组织的器官而发挥作用的，管理只是为了组织执行其职能并作出贡献而存在。现代社会中的组织，无论是工商企业还是其他公共机构，其管理工作都面临的三项最基本的任务就是：

——达成某种特殊使命、目标和任务；

——通过富有活力的组织工作使成员取得各自分散无法达到的成就；

——处理本组织对社会经济文化的正负面影响并承担相应的责任。

为方便起见，我们将以上顺序倒过来分别解释这三项基本任务。

事实上，任何组织，作为社会的一个器官，都是为社会而存在的。每个组织，无论是工商企业，还是非营利组织，抑或是政府机构，无不是为了对外部社会经济文化作出贡献、为了供给产品和服务并满足组织外部的社会成员需要而存在、运作和发展的。因此，在现代社会中，任何组织的管理者都不能忘记其组织运作对民众、社区和社会的影响，并自觉地承担起对社会的责任。通过公共关系管理、客户关系管理和整合营销传播管理随时积极应对外部危机事件和市场竞争挑战，把社会问题看做是组织的责任，能够恰到好处地承担社会责任，并将矛盾、冲突和问题转化为组织发展的机会是现代组织管理者经常面临并需及时应对处理的一项最富挑战性的任务。

德鲁克认为，从根本上来说，任何组织，包括工商企业，只有一项真正的资源，那就是人。管理者在组织内部面临的关键而困难的任务，远不是按照其本身的逻辑将工作组织起来，而是要让工作（“事”）适应于组织成员（“人”）。通过人力资源管理，按照“人的逻辑”将工作富有活力地组织起来，使组织成员在工作中感到满意并获得成就是现代组织管理者最为核心的任务。

什么是“官僚主义”？德鲁克认为，人们经常加以谴责的官僚主义就是那种以为“自己是目的而组织是手段”的管理。实际上，管理的首要任务，也是最根本性的任务，乃是将自己作为手段去帮助组织实现特定的使命和目标。以最佳途径和方法完成组织特定的使命和事情，这就是组织“绩效”（performance）最原始、最朴素也是最真实的含义。

所谓“绩效管理”（performance management），就是指管理所面临的这一根本性任务，即通过管理来保证组织以最佳途径和方法达成特定的使命和目标。其具体表现为三个基本层面：技术层面上，它意味着“效率”（efficiency）问题，即如何把事情做好；经济层面上，它意味着“效益”（benefit）问题，即怎样为利益相关者带来好处；社会层面上，它意味着“效果”（effectiveness）问题，即如何能够保证做大家认为“正确”的事。

## “高效率”意味着什么

> 高效率意味着人们“恰当”而“创造性”地做事。

一个组织的运作，在技术上有“效率”，意味着能够“四两拨千斤”。其实，组织效率问题远不是一个“技术问题”，而是“人的问题”，是“人如何做好工作”的问题。从人本管理角度来看，员工的“行为方式”和“思想方法”是效率问题的关键。高效率意味着员工能够“恰当地做事”（do the things right），或者说是“做事很到位”，即用正确的态度、方式和方法把该做的事情做好。

**首先，高效率并不就是崇尚“理性”，而是更讲“人性”。**在组织实际运作中，真正“有效率”的管理往往是远离“理性分析”和“科学主义”的。传统的理性主义科学管理方法往往使人们误以为“高效率”纯粹是一个技术问题，只要按照“工作本身的逻辑”对生产线或工作程序加以科学的设计、计划和安排，就能够使员工“多、快、好、省”理性地胜利完成工作任务。实际上，现实组织中的人们恰巧都不是很“理性”的，这也正是科学理性主义的致命之处。提升员工工作效率的关键不在于“理性”地、“机械”地对其加以控制，而在于“人性”地、“弹性”地激发人们的主观能动性。基于冷酷的"理性分析"并针对少数懒汉而设计的规章制度很可能使绝大多数勤勉者心灰意懒；相反，小的、意外的及时性奖励往往能够极大地调动组织成员的积极性，并使大家士气高涨。简言之，人性化、弹性化的正面激励往往会带来可预期的"四两拨千斤"效应。

**其次，高效率意味着"简单地工作"**。这与"复杂"和"烦琐哲学"往往是针锋相对的。面对复杂的世界，人们的应对策略往往是凭知觉判断，"删繁就简"，其行为方式就如同刺猬一般，以"简单"的卷缩身体行为去应对对手"复杂"的挑战。高效率的组织一般信奉"简单哲学"，从组织结构和工作程序的设计，到员工日常的行为方式和办事作风，一切以"简单快捷"为准则。因此，从一定意义上说，"简单化"程度可以作为量度和考核组织效率高低的一个重要标志或指标。

**第三，高效率意味着能够"自主创造性"地做事**。组织要求成员能够"恰当"地做事，但这并不是要求人们"正确"地或"不犯错误"地做事，而是允许甚至鼓励员工"犯错误"，给员工充分的弹性空间和试错机会，使其自主地、创造性地完成工作。"把事情做好"与"把事情做对"不是一码事。一些长期拥有辉煌业绩的著名公司，它们绝对不用高压死硬的规章制度体系来限制约束员工，使他们时时处处照章办事、亦步亦趋，要求他们将所有事情都"做对"；恰恰相反，它们一般采取扁平、分散、虚拟的网络组织结构形态，从上到下充分授权给每个团队和员工，让他们能够在公司的核心理念指引下，从一切可能的方向上去进行创造性的探索。

## 卓越企业超越利润最大化

> 超越利润目标做"合算"的事，自然而然财源滚滚来。

效益是检验组织绩效的经济基准，而利润是这个基准的底线。利润是什么？利润就是对于市场经济主体承担不确定性风险的回报，是市场经济成就的价值检验标准。德鲁克认为，"利润而且只有利润能够为明日的工作提供资本，既为更多的工作又为更好的工作提供资本"。在这个意义上，"利润是经济和社会所必需的，所以无需为利润而辩解"。

一个企业组织经济效益的好坏，不仅表现在利润有无和多少上，而且更重要的在于是"短期赚小钱"还是"长期赚大钱"。20世纪80年代末90年代初，吉姆·柯林斯（Jim C. Collins）等人长达6年的实证研究表明：将3M、美国运通、波音、花旗银行、福特汽车、通用电气、惠普、IBM、强生、摩托罗拉、宝洁、索尼、沃尔玛、迪斯尼、诺世全、默克制药、马利奥特以及菲利普·莫里斯这18家“冠军”级的“高瞻远瞩公司”（visionary company）与相应的处于“亚军”或“季军”水平的对照公司相比较，它们一个重要的特征就是都能够获得杰出的长期利润业绩。

高瞻远瞩公司的长期经济业绩具体是一个什么概念？柯林斯举例作了解释。假设1926年1月1日各投资1美元，分别购买纽约证券交易所大盘指数基金、对照公司股票基金和高瞻远瞩公司股票基金，此后将所有股利再投资，并随着这些公司的挂牌上市而调整（未上市前都放在大盘指数基金里）。那么，到1990年12月31日，投资在大盘指数基金的钱会成长到415美元；投资在对照公司股票基金的钱会成长到955美元，是投资大盘指数基金的两倍多；而投资高瞻远瞩公司股票基金的钱则会成长到6 356美元，是投资对照公司股票基金的6倍多，是投资大盘指数基金的15倍多，高瞻远瞩公司与对照公司的长期利润业绩比较如图6–1所示。

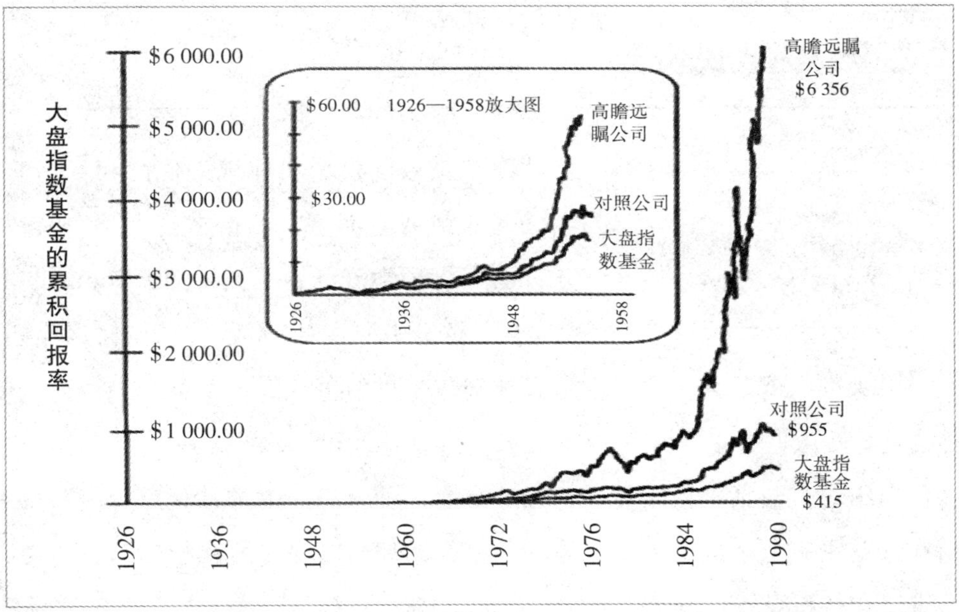


图6–1　高瞻远瞩公司与对照公司的长期利润业绩比较

资料来源：詹姆斯·柯林斯等．基业长青．北京：中信出版社，2002年中译本，第6页。

但是，应该明白，生命需要氧气、食品和水分，但这些要素本身不是生命的目的和意义。同样道理，利润不是根本和目的，不是公司存在的理由，而只是工商企业发挥社会职能的自然回报，是为了达成更重要目的的手段，是为了应付未来风险、继续维持经营并更有效地发挥组织社会经济职能的基本条件。柯林斯的研究也表明，卓越公司的追求是超越利润的，真正成功的公司并不以追求最大利润为首要目标。柯林斯举例说："成立于1891年的默克制药公司，其百余年的辉煌业绩也并不是以利润为目标得来的。乔治·默克二世曾指出：'我希望表明本公司同仁所必须遵循的原则，简单地说，就是我们要牢记药品旨在治病救人。我们要始终不忘药品旨在救人，不在求利，但利润会随之而来。如果我们记住这一点，就绝对不会没有利润。我们记得越清楚，利润就越大。'如果公司为社会和民众做出了'有意义'的事情，其以利润为核心的经济回报是自然而然的事。这是真理！"

总之，对于工商企业来说，经济效益基准的实质意义在于：超越利润目标，做"合算"的事情！当然，对于非营利性组织来说，经济效益作为衡量组织绩效的一个基准性维度，其"合算"的意义也是相通的——干事情要算"经济账"，从投入—产出和成本—收益比率的角度，组织的存在和运作是"有价值"的、"合理"的或"合算"的。

## 全心全意为人民服务

效果或业绩导向是一种价值驱动型管理，即要求员工基于核心价值观做"正确"的事。

组织绩效的最本质体现是使命和目标的达成，因为对价值或生命意义的追求是人类的天然本性。正如著名管理学家汤姆·彼得斯（Tom Peters）在《追求卓越》中所说："不管情况如何，我们发现，在人类最大的需要是为生命寻求意义和超越尘世俗事这点上，各个领域的众多思想家都会达成一致。"

任何组织，包括工商企业，都无外乎是一种人们为追求某种"价值"或生命意义而在一起干事所形成的社会实体。其存在的理由取决于所承担的社会使命，即为社会供给产品和服务并满足社会成员需要。因此，"全心全意为人民服务"不是虚言，而是人生价值和意义的真谛所在，是所有组织赖以生存和持续发展的基本准则。以此为基准，据柯林斯等人考察，世界著名的长寿公司大都有自己恒久尊崇的核心价值观。

惠普认为，公司存在的理由就是做贡献，为其所从事的领域贡献技术，为所在社区奉献和负责，向顾客提供能负担得起的高质量产品。公司成功与否要由顾客来判断，如果公司对顾客提供了他真正满意的服务，那么自然就会获得成功。

强生公司存在的目的就是要“减轻病痛”。对利益相关者负起责任，其责任层次为：顾客第一，员工第二，整个社会第三，股东第四。

波音人的价值观是：人应该有机会达成更大的成就，提供更多的服务；人生所能提供的最大乐趣是参与一种艰苦而具有重大建设性意义的任务所体会到的满足。波音公司一向追求冒险、挑战、成就和贡献，不断开拓航空科技新领域，成为航空先驱。

迪斯尼的核心价值观是：带给千百万人快乐，歌颂、培育和传播“健全的美国价值观”。

摩托罗拉公司存在的目的是：“以公平的价格向顾客提供品质优异的产品和服务，光荣地服务于社会”，不断创新、发掘潜能，在业务的所有层面追求诚实、正直，并合乎伦理。

索尼公司的极致追求是：勇做先驱，“体验以科技进步、应用和创新造福大众所带来的真正快乐”，提升日本文化和国家地位。

默克公司教导员工称：“我们做的是保存和改善生命的事业，我们的所有行动都必须以达成这个目标的成就来衡量。”诚实、正直、富有社会责任感、科学创新、追求尽善尽美是每个默克人的基本行为准则。

柯林斯认为，核心价值观就是组织长盛不衰的根本信念，是指导组织成员工作的基本立场，是任何时候都不能因为财务或短期利益而放弃的行为准则。对组织核心价值观的表述要简单清楚、直接有力，要能够给人们以鼓舞。但应该明白，核心价值观的形成不能靠模仿、捏造、作秀或赶时髦，而关键是要抓住自己真正相信的东西，是发自肺腑的、铭刻在骨子里、经得起残酷现实考验的真念，绝不受外在环境或市场情势的影响而改变。

效果导向或价值驱动的实质意义就是基于核心价值观指引、激发员工探索性地做“正确”的事情（do the right things）。效果导向或价值驱动的绩效管理、核心价值观的倡导和宣传固然必不可少，但值得注意的是，效果导向或价值驱动远不是喊几句响亮的口号、念出好听的口头禅或刷一些醒目的标语这么简单，其关键在于怎样通过切实可行的规章制度和执行步骤将核心价值观灌输、凝聚于员工的心灵深处，潜移默化地内在于其行为、体现到其日常工作中去。

公司价值观与工作绩效之间不是天然一致的，在实际工作中往往会陷于难以两全的策略困境。对此，杰克·韦尔奇曾深有感慨："完成绩效并且和我们的价值观一致的人不断前进和爬升；未完成绩效但和我们的价值观一致的人还有一次机会；没有价值观又没有绩效的人，也很好办。问题在于对于那些不认同我们价值观却有高绩效的人……我们设法说服他们，和他们搏斗，为这些人烦恼不已。"

在实际绩效管理策略上，可以借鉴韦尔奇的做法，推行以价值观为基准的"区别对待"原则：对于认同价值观并能高绩效完成工作的，给予其鼓励、奖励和提拔晋升；对于认同价值观而不能高绩效完成工作的，给他机会；对于不认同价值观又不能高绩效完成工作的，坚决辞去；对于不认同价值观但能高绩效完成工作的，做艰苦斗争。

## 使命为先，价值驱动

> 做企业如做人，要"外圆内方"，固守核心价值观，万变不离其宗，此乃永生之道。

做企业如做人，要"外圆内方"。固守"与人为善"的基本做人准则，永远坚持"为人民服务"的核心理念。与此同时，根据环境变化因应情势作出策略性地调整和应变，但"万变不离其宗"。这样，一个人或组织才能得以追求永远，实现可持续发展。关于这个道理，柯林斯在《从优秀到卓越》中给我们转述了这样一则古希腊寓言故事，很有启发意义。

狐狸知道很多事情，但是刺猬就知道一件大事。狐狸是一种狡猾的动物，能够设计无数复杂的策略偷偷向刺猬发动进攻。狐狸从早到晚在刺猬的巢穴四周徘徊，等待最佳袭击时间。

狐狸行动迅速，皮毛光滑，身手矫健，阴险狡猾，看上去准是赢家。而刺猬则毫不起眼，遗传基因上就像豪猪和犰狳的杂交品种。它走起路来一摇一摆，整天四处游走，寻觅食物和照料它的家。

狐狸在小路的岔口不动声色地等待着。刺猬只想着自己的事情，一不留神转到狐狸等候的小道上。"啊，我抓住你啦！"狐狸暗自想着。它向前扑去，跳过路面，如闪电般迅速。

小刺猬意识到了危险，抬起头，想着："我们真是冤家路窄，又碰上了，它就不能吸取教训吗？"它立刻卷缩成一个圆球，浑身的尖刺指向四面八方。

狐狸正向它的猎物扑过去，看见了刺猬的防御工事，只好停止了进攻。撤回森林后，狐狸又开始策划新一轮的进攻。

刺猬和狐狸之间的这种战斗每天都以某种形式发生。尽管狐狸比刺猬聪明无比，但却总是机关算尽屡战屡败，而刺猬依然悠闲自得地过着自己简单而幸福的日子。

从这则寓言中，我们可以得到一个重要启示：注重本质，忽略次节，以“不变”应“万变”。狐狸同时追求很多目标，把世界当成一个复杂的系统工程来设计，其思维是凌乱发散的，往往在很多层次上延伸，从来没有使其思想集中成一个核心理念或信念。而刺猬则把复杂的世界简单化，总结出一条永恒不变的基本原则或核心价值观，并以此统帅和指导其日常所有的应对行动。不管世界多么复杂，刺猬以其信守的单一理念，以“不变”应“万变”，自如地应对所有不期的变化、严峻的挑战和进退维谷的困局。

“简单是金”。一切伟大而深刻的思想，其本质就是“简单”。柯林斯认为，正是这种简单的、甚至是过分简单的“刺猬理念”，把那些产生重大影响的“伟人”与其他那些同样聪明的人区别了开来。亚当·斯密之于“劳动分工”，弗洛伊德之于“潜意识”，达尔文之于“自然选择”，马克思之于“阶级斗争”，爱因斯坦之于“相对论”——他们都是“刺猬”，都是利用“刺猬理念”的独特洞察力，将复杂的世界简化为单一的“真理”。

同样，那些实现跨越的公司的精英在某种程度上也都是“刺猬”。他们运用自己的“刺猬本能”，努力为公司确立独特的“刺猬理念”——核心价值观，然后进行价值驱动，从而推动公司实现长期可持续发展。

要记住，核心价值观本质上不是由专家根据逻辑推理“论证”出来的正确结论，而是由企业家在带领员工奋发实践的过程中，借助理性但更主要的是内省自悟出来的“主观信念”。它是一种关于组织所承担的“社会责任”的深刻认识，是一种关于组织生命意义的敏锐判断和凝练概括，是长期指导和激发员工待人处事，以及进行经营管理和市场竞争的永恒准则。为了确认你所信奉的准则是否“真”的是核心价值观，柯林斯建议检核并试着回答以下几个问题。

- 如果它一时不能给你回报，你还会信奉它吗？
- 如果你有了足够的钱安享余年，你还会继续坚持它吗？
- 如果它一定时期内不利于你在市场上的竞争，你仍然不会抛弃它吗？
- 如果你办一家从事不同业务的新企业，你会移植它吗？
- 100年后，你会像今天一样遵循它吗？

＊你会发自内心、不由自主、热情洋溢、津津乐道地宣扬它吗？

如果回答是肯定的，那么你所说的核心价值观很可能就是“真的”。核心价值观的确认和形成，要经由企业领袖和高层管理者激发，借助（也仅仅是“借助”）外部专家的客观指点，经过全体成员的长期互动、民主沟通和充分讨论，最后以精炼、不致产生歧义并最好能够使所有成员明白其操作性含义的通俗语言或业务术语表达出来。核心价值观就是一个简单、明确的“刺猬理念”，它来自对以下三环交叉部分的深刻理解，如图6-2所示。

**（1）效率：你能在什么领域成为最优秀的**？这个富有洞察力的标准远远超越了“核心竞争力”，核心竞争力决不意味着你能成为世界上最好的，能做到最优的很可能并不是你现在所从事的某个具有核心竞争力的领域。

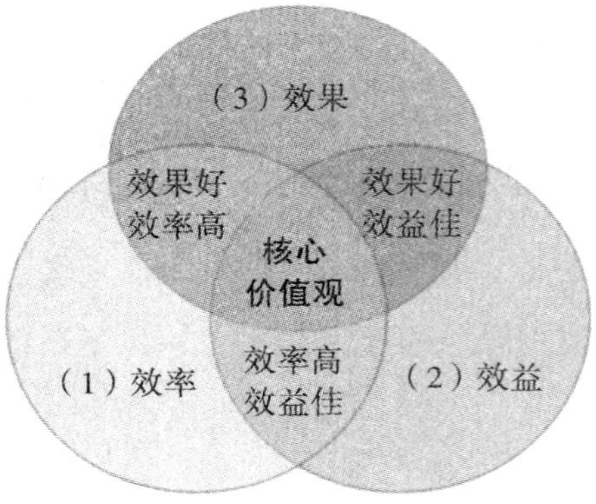

图6-2　三环模式图

**（2）效益：是什么驱动你的经济引擎**？所有实现跨越的公司都拥有穿透性的洞察力，对如何最有效地创造持久、强劲的现金流和利润率了如指掌。

**（3）效果：你对什么充满激情**？实现跨越、走向卓越的公司对引发其热情、有价值的活动往往能够做到奋不顾身、全力以赴。这里的问题不是“刺激”热情，而是“发现”本已存在的激情，一说到它就能使你激动不已。

按照三环模式，如果你从事永远不能卓越的工作而赚了很多钱，你可能成功建立一个“优秀公司”，但不能成为“卓越公司”；如果你成为某方面的权威，但却对它没有真正的热情，你就不会一直处于领先地位；如果你对自己想要做的事情充满激情，但却不能成为最好的，或者不为大众所需要、无法创造经济价值的，你就会享受到很多乐趣，但终不能创造大事业并取得辉煌的成就。要追求卓越公司，就要明确把握并固守三环的核心区域“核心价值观”，这就是柯氏所说的“刺猬理念”。

从组织所承担的“社会责任”出发进行检核，就会发现企业存在的真正原因和意义，从而提炼出指导组织行为的永恒原则，即“核心价值观”。根据核心价值观，进一步明确：现在和将来组织应该固守并追求的卓越事业究竟是什么？对它进行清晰陈述和说明就形成组织的基本经营宗旨。简单地说，使命就是基于核心价值观的经营宗旨。核心价值观是组织使命的“灵魂”，是基本“志向”；而经营宗旨是组织使命的“指路明灯”，是“标度盘”。核心价值观是“祖训”，是组织永恒不变的信条；而经营宗旨则是行事“规则”，相对来说，可根据情况适当作一些策略性调整。组织使命的认定不是简单地树立个目标或明确一下意图，而是实实在在的信念感悟；不是虚张声势地宣称什么，而是反复琢磨和认识、沟通问题的过程。

华为公司高层早就认识到一个企业能长治久安的关键，是它的核心价值观被接班人确认。通过制定“华为基本法”去正面确认公司使命，即基于核心价值观的基本经营宗旨，这是难能可贵的。

华为基地外景

按照使命三环检核框架，华为公司确认成为“世界一流设备供应商”是自己能够同时兼顾三维绩效的核心领域。在这个领域，他们能够充满激情地利用知识、技术、管理和情操等一切精神文化力量，发展并拥有自主知识产权的世界一流电子和信息技术支撑体系，以优异的产品、可靠的质量、优越的“终生效能费用比”和优质高效的服务系统去满足全世界顾客日益增长的个性化需要。

为了使华为能够成为“世界一流的设备供应商”，他们自戴“紧箍咒”：保证永不进入“信息服务业”，以便通过无依赖的市场压力传递使公司内部机制永远处于“激活”状态。基于此，华为明确了基本经营宗旨和目标，制定了一整套完备的经营管理政策体系。

其实，“三环检核”的思想框架具有普适性的启迪意义。例如，将它应用于你的人生定位和职业生涯设计很可能使你有一种“豁然开朗”的意外惊喜。选择一种适合自己的工作，你同样可以问自己这样三个问题：（1）“我觉得自己生来就是干这个的料吗？”（2）“干这件事是有丰厚报酬的，我没弄错吧？”（3）“我每天早上一起床就急切地投入到这样的工作中？”如果你的回答是肯定的，那么你的职业定位就不会有任何问题。若能够数十年如一日地朝着三环重叠的核心区域去努力，时时刻刻把所有努力聚焦于一个简单而明确的目标，并一心一意去经营你的人生，那么若干年后，你很可能突然发现自己一不留神竟成了“成功人士”。

## 📖 三层四维关键绩效框架

> 目标标定方向，战略决定成败。组织绩效管理应构建“三层四维关键绩效”战略管理框架。

目标标定方向，战略决定成败。如果没有核心价值观指引和战略目标导向，绩效管理就会失去方向感。为此，绩效管理必须提升到组织战略管理高度，将之纳入整个HR系统并作为“战略性激励焦点”之一来规划、设计和实施。

绩效管理总体框架设计的大致思路是：首先，基于组织核心价值观形成共同愿景，并以此为指引确定组织战略目标；然后，进一步在组织层级上将目标由群体、部门或团队层层分解到每位员工，同时，在动态上将创新学习能力、内部运作机制、外部营销地位和财务运营状况四个基本维度有机地协同起来；最后，通过战略综合平衡来检核有利于实现组织长期价值目标的关键成功要素，进而设计相应的关键绩效指标体系，由此展开日常绩效管理工作，以有效应对和解决现实中的三大绩效整合难题。为方便起见，我将此简称为“**三层四维关键绩效战略管理框架**”，如图6-3所示。

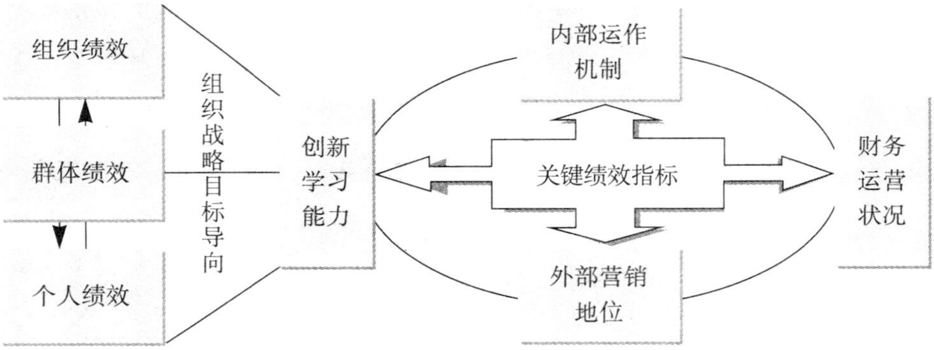


图6-3　三层四维关键绩效战略管理框架示意图

我们知道，“战略性激励”是现代人力资源管理的根本特性或核心理念，而绩效管理可以看做是战略性激励的焦点之一。所谓“战略性激励”，概括地说，就是树立“以人为本”的战略指导思想，为“获取竞争优势”而确定战略目标，通过“全员参与”的民主管理，运用系统化的科学方法和人文艺术，最大限度地激发员工的工作热情、积极性和创造力，从而使组织持续发展和获得辉煌业绩。为此，一个组织的HR系统必须在组织层次、动态运营和结果导向三个方面做好绩效整合管理工作。

从战略性激励系统的事前状态来看，绩效是组织成员所要完成的工作“任务”

（tasks），群体、部门或团队的“职责”（accountabilities），以及组织所要实现的“目标”（objectives /goals /targets）。在组织层次上，绩效可以划分为员工个人绩效、群体或团队绩效及组织总体绩效三个层次来量度。

在实际工作中，往往会发生这样令人遗憾的情况：不能说员工不努力，他们个个都在忙工作，对于部门事务也似乎都在各负其责，但组织总是“X低效率”，在总体上就是看不到有什么显著的业绩效果。这里的问题就出在：战略目标没能层层分解到位，员工个人的工作行为没能有效整合起来，战略目标的形成和执行在组织层次上脱节。因此，在战略形成和执行层面上，如何自上而下将组织的总体目标恰当分解为群体、部门或团队的子目标，又将群体、部门或团队的子目标进一步分解为员工个人的具体工作任务，同时自下而上将员工个人的具体工作行为有效整合为群体、部门或团队绩效乃至组织整体业绩，是人力资源战略性激励管理面临的第一大绩效整合问题。

如何将组织战略愿景和规划目标层层分解下去，具体落实到组织各个层面和每个员工身上是“三层四维关键绩效战略管理体系”基本建设所面临的首要任务。

众所周知，德鲁克所倡导的“目标管理法”经过半个世纪的推广应用，已经被世界各国工商企业及其他各类组织所采纳，成为绩效管理中具有普适性和基础性的一般操作平台。借助这一平台，可以方便地导入我们所定义的“三层次绩效目标整合管理”系统。

“目标管理”英文原词是management by objectives，也有management by results，management by goals等，但management by objectives（简称为MBO）为普遍认可并流行的说法。MBO最初是由德鲁克于1954年在其著作《管理实践》中提出来的，1974年他又在《管理：任务、责任、实践》中以“目标管理与自我控制”为题作了进一步的阐释，后来被逐渐推广运用开来。

从战略性激励系统的运行动态来看，绩效又表现为组织成员的工作“行为”（behavior），是群体、部门或团队的“活动”（activities）状态和组织持续发展的演进“过程”（course/process）。

组织绩效是由人的个体行为在特定情境下互动形成的。在实际中，组织成员的个人行为与群体活动或组织过程的耦合关系是“错综复杂”的，群体或组织绩效不仅来自于每个员工的**“任务绩效”**（task performance），即与员工在职责范围内完成特定任务的行为有关的工作绩效，而且来自于每个员工所谓的**“周边绩效”**

(contextual performance)，即与员工的“**组织公民行为**”(organizational citizenship behavior，OCB)有关的绩效。一系列实证研究表明：组织公民行为，即员工超越组织职责角色而基于“组织公民”内在权责义务自主发生并对群体及组织整体绩效有积极影响的行为，包括组织服从、组织忠诚和组织参与行为，具体表现为乐于助人、主动配合、谦和忍让、任劳任怨、认真负责等等，这些行为是群体活动有效性和组织整体可持续发展的重要支撑，其所带来的周边绩效是群体及组织绩效的重要源泉。

绩效管理是一个连续不断的动态过程。绩效是一种“状态变量”，从特定“动因”经由一定的工作或生产流程产生某种“结果”，其具体表现形态是不断变化和有机更迭的。在实际绩效管理工作中，人们往往只关注短期可见的业绩结果，而不注意追究绩效产生的工作行为、生产活动和业务流程，更不在乎决定组织生死存亡的绩效动因。结果，常常是获取了短期利益而损害了长期发展，捡了“小钱”而丢了“大利”，眼睛盯着鲜红的“果实”，盯着、盯着盯没了，还不知道是怎么回事。这样，组织可能获得一时“成功”，也可能还很“优秀”，但绝对不能保持长期“卓越”。所以，组织战略性激励管理面临的第二大绩效整合问题就是如何建立具有战略平衡、动态协同功能的绩效评估体系和反馈机制，使绩效结果、绩效流程和绩效动因能够有机联动起来，以保证组织成员具有高效的工作行为以及群体、部门或团队有良好的活动状态，并使整个组织能够健康运营、获得长期可持续的发展。

1990年，美国诺兰-诺顿学院设立了一个关于绩效测评模式改革的研究项目，由哈佛商学院教授罗伯特·卡普兰(Robert S. Kaplan)担任学术顾问，诺兰-诺顿公司下属机构复兴方案公司总裁大卫·诺顿(David P. Norton)担任项目组长。

他们通过对苹果电脑、杜邦、通用电气、惠普等12家企业为期一年的研究在《哈佛商业评论》1992年1/2月号上联合发表了《平衡计分卡：绩效提升衡量体系》一文，正式提出关于“平衡计分卡”的理论和方法。

企业作为一种在市场环境中生存和发展的社会经济组织，具有创新学习目标、运作效率目标、市场营销目标和财务赢利目标等多维的目标追求。这四种绩效标度是内在关联的，形象地说，企业整体绩效相当于一棵大树，只有“根深”(创新学习能力强)、“枝壮”(内部流程有效率)、“叶茂”(顾客满意度高)，最后才能结出“果实”(财务收益好)，这四个方面有机统一、缺一不可，共同构成了有机的企业绩效动态系统。

所谓“平衡记分卡”的核心思想就是：从创新学习、运作效率、顾客服务和经济效益四个基本维度，分别将基于共同愿景的组织战略目标明晰化、具体化，并构建一种“四维评分标度盘”，进而以此为基架来设置相应的绩效衡量指标体系，以对组织绩效状态进行综合反映、统筹测评和动态监控，卡普兰–诺顿平衡记分卡四维标度盘如图6–4所示。

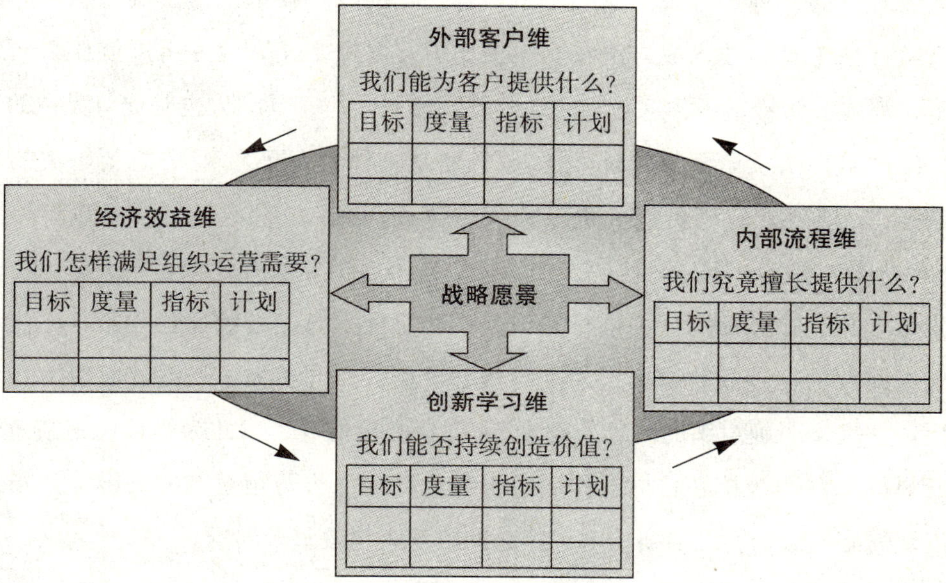


图6–4 卡普兰–诺顿平衡记分卡四维标度盘

从战略性激励系统的事后状态来看，绩效还可以看做是员工的工作“**成绩**”（achievements），是群体、部门或团队的“**产出**”（outputs），是一定时期组织内外多种因素综合耦合作用的“**结果**”（results）。这是实际中人们最为普遍关注的绩效维度，也是绩效管理中权重最大、评估最多的维度。

在实际绩效管理中，反映“事后状态”的绩效评估维度有如下几种：（1）职责履行情况，即个人或部门在组织中应扮演的角色、应负的责任和应承担的任务是否很好地完成了；（2）目标达成情况，即在特定条件下和时间范围内的具体工作目标是否按要求实现了；（3）质量达标情况，即所完成的生产工作量是否符合事先设定的质量标准；（4）成本控制情况，即是否在规定的成本控制线以下经济有效地完成了生产工作任务；（5）价值实现情况，即在市场或社会价值方面是否为组织带来了应有的经济效益和社会效果。

但应该看到的是，组织绩效作为一个多因变量，除了取决于员工个人主观努力程度或激励机制的有效性外，还与员工所拥有的知识技能、机遇、工作条件以及其他外部环境因素相关。因此，绩效管理，特别是绩效的评估和反馈，是一项异常复杂的任务，在实际操作层面上要真正做到“全面周到”、“客观准确”和“科学合理”是一件异常困难的事情，在实际中往往是不可能做到的。事实上，如果绩效管理缺乏“刺猬理念”，“眉毛胡子一把抓”，评估指标的设定面面俱到、没有重点，或者将绩效管理作为一种“客观准确”、“科学合理”的专业技术工作去搞，想当然地以为将有关评估工具、技术或方法在实际工作中“拿来主义”地一运用就什么问题都解决了，那就大错特错了，这必将使绩效管理误入歧途，其结果也是徒劳无益的。

绩效管理的实质不是“科学技术”，而是一种“人文艺术”，它要解决的是“人的问题”。绩效管理不可能、也没必要“全面周到”，它不是人力资源职能部门的“技术设计”事宜，而是一种“人本管理”过程，需要所有管理者共同努力、全体员工集体参与，在互动沟通中进行知识共享和系统学习，敏锐察觉并紧紧抓住那些决定组织绩效的关键成功要素，并围绕核心价值观共同努力，最终齐心协力达成组织目标。总之，明确组织的“刺猬理念”，即核心价值观，以此为指针确定绩效管理的核心目标，并围绕核心目标选择决定组织成功、优秀乃至卓越的关键绩效指标，这是组织战略性激励管理需要应对和解决的第三大绩效整合问题。

关键绩效指标（Key Performance Indicators，简称KPI），是指基于组织宏观战略目标导向、客户价值关键驱动因素及核心业务流程系统整合而成的一套绩效考核评估指标体系。它实际上是对组织运作过程中关键成功因素的提炼和归纳，是对组织成员个人、团队或部门起战略导向作用的绩效衡量指标体系。KPI作为一套实施绩效战略整合管理的有效工具、操作技术或管理方法，是基于目标管理、平衡记分卡的绩效战略管理体系的有机组成部分之一。

KPI不是对组织各个层面的绩效状态作面面俱到、系统精细的描述，而是对组织整体战略具有杠杆作用的“关键绩效”状态作集中反映。它是检测组织宏观战略目标实现情况的重要指针，是着眼于组织整体战略发展要求，将总目标层层分解到可操作业务环节上而形成的一套绩效衡量标尺。它是针对对组织目标起增值作用的工作产出设定的，起着连接个体绩效、局部绩效与组织整体战略目标的桥梁纽带作用。基于此对绩效进行衡量、评价和控制，就可以真正驱动对组织价值起着杠杆作用的力量，有效激励对组织可持续发展有重大战略性贡献的行为。

KPI的基本来源有二：一是来源于组织或部门总目标，指标要体现少数关键工作职位对实现总绩效目标的贡献份额；二是来源于业务流程最终目标，指标要反映少数关键工作职位对流程终点客户价值的支持或服务权重。按照前者选择和确定KPI的方法，称作“组织功能分解法”（Function Analysis System Technique，简称FAST）；按照后者选择和确定KPI的方法，称作“工作流程分解法”（Process Analysis System Technique，简称PAST）。KPI来源及其基本确定思路如图6-5所示。

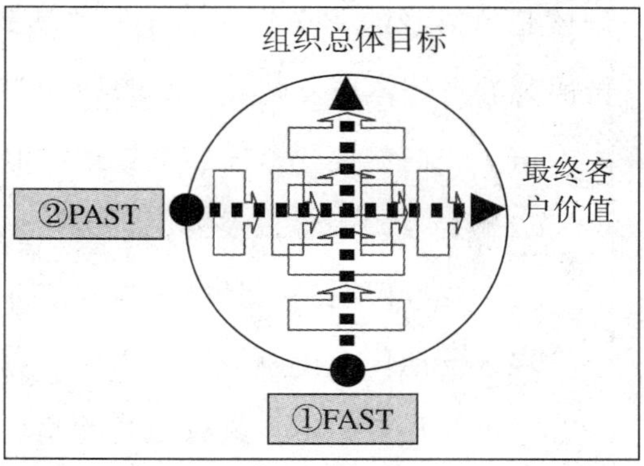

图6-5 KPI来源及基本确定思路

简单地说，KPI的基本特点表现为：在指标数量上，是“少而精”的；在指标性质上，是基于战略愿景并与关键成功要素相连接的；在实际操作上，是员工个人、团队或部门可以有效控制的。

## 目标管理的实质

目标本身激发潜能，使员工做事“不忘本”，每个人都能自主地管理自己，能动地获得成就。

人的行为是有目标指向性的，离开目标人就无所适从，没有目标人生就失去方向。对于组织来说，道理也是一样的。目标管理的实质就是以组织使命为导向来整合组织中所有人的行为。组织本来就是将一群人集结起来做事的，但在组织运作过程中成员往往“忘了本”，不知道走到一起究竟是干什么的。所谓“目标管理”，说穿了，就是让组织成员在工作时不要忘了组织本来是干什么的。

德鲁克指出：“目标不是命定，而是方向，不是命令，而是承诺。目标并不决定未来，而是为了创造未来而动员企业资源和力量的手段。”简要地说，“目标”是实现组织使命的指针和承诺，其内涵和要求有如下四个要点：

* 目标源于组织的基本战略任务；
* 目标是工作、工作安排和工作成就的动力及衡量标准；
* 目标必须使各种资源和努力能够集中起来；
* 目标要涵盖有关企业“生存”的各个领域。

组织总目标必须从“我们的组织是什么？它将会是什么？它应该是什么？”这

样的问题中导出来。它们不是一种抽象的概念，而是行动的承诺，借以实现企业的使命，同时也是一种用以衡量工作成绩的标准。总目标的设定就是在组织使命特别是核心价值观的驱动下，对于所要达到的战略愿景进行陈述。它是组织使命和核心价值观的具体体现，就其本身的特点和要求来说，有五点基本要求：

（1）要简明扼要，能够一目了然地为人们所理解；

（2）要鼓舞人心，吸引、凝聚和整合组织所有利益相关者为之努力；

（3）要准确明白，具有可验证的标准和可行性的实践基础；

（4）要抓住关键领域，突出核心竞争力和独特优势；

（5）要相对稳定，具有较大的调整空间和应变弹性。

目标是工作和工作安排的基础，它决定着企业的组织架构以及必须进行的主要活动，特别重要的是便于安排人们日常的各项工作。目标既是设计组织结构的基础，又是安排各个单位和各个管理人员工作的基础。如果目标只是一些良好的愿望，它们就毫无价值。目标必须具体化为工作，而工作始终是具体的，始终有着或应该有清楚、明晰、可以衡量的结果、完成的期限以及责任的具体分配。因此，目标必须具有可操作性，必须能够转化为具体的子目标和工作任务，能够成为工作及工作成就的基础和动力。尽管衡量标准往往带有主观任意性，但无论如何，我们至少在每个领域提出一个工作目标进度报告，使工作具有方向感。

目标必须使各种资源和努力能够集中起来。它们必须能在企业的各个项目中找出最基本的目的，以便把人员、资金、物质设备等重要资源集中起来。所以，目标必须是有选择性的，而不是包罗万象的。但目标也不是单一的。追求“唯一的正确目标”不仅会像寻找点金石那样徒劳无获，而且容易使人误入歧途。管理一个企业就是在各种各样的需要和目的之间进行平衡，而这就要求有多元化的目标。

总之，对于组织长期可持续的健康发展来说，目标管理具有重要的战略意义。目标管理是克服组织障碍、整合组织行为的有效武器。只有围绕目标做持久的努力、进行基于自我控制的目标管理，才能克服固有的混乱和错误指引的倾向。为了说明这个道理，德鲁克给我们讲了一个“三个石匠”的故事。

三个石匠在干活，有人问他们在做什么。

第一个石匠回答说：“我在谋生。”这个石匠知道他要从工作中得到什么，他可能会很“正当”地工作以便得到想要的报酬，但他不是且永远不会是一位目标管理者。

第二个石匠边打石子边说：“我在做全国最好的琢石工作。”这个石匠强调专业

"技艺"的重要性，但始终存在着这样一种危险：一个有真本事的工人或专业人员在修琢石块或聚集了很多下脚料时，就认为这本身就是"成就"了。鼓励人们发挥技艺固然重要，但要将专业技艺同组织整体目标需要相联系才有意义。

第三个石匠眼中带着想象的光辉，仰望着天空说："我在造一所大教堂。"只有这位石匠才是真正基于目标的管理者。

一个组织中绝大多数的管理和专业技术人员正像故事中第二个石匠那样，关心的只是职能性或专业性工作。从事职能性和专业性工作的成员要有高度的业务技术技能，要力争成为"全国最好的石匠"，这一点是极为重要的。应鼓励他们努力进行"专业的"人力资源管理，从事"真正科学"的市场调查研究，推行"最现代化"的财务会计制度，或做"最符合科学逻辑"的工程技术工作。但应该警惕的是，这种提高专业职能技艺的努力往往也是很危险的：它可能使一个人的眼界和努力从组织总目标上转移开来，而把职能性工作本身作为一种目的。在很多情况下，职能经理、专业技术人员不以其对组织作出的贡献而倾向于以其专业技艺为标准来衡量自己或评价下属的成就，并相应地要求付给报酬和作出人事晋升决策。对于这种做法如果不予以调节和纠正，一来二去就会成为一种离心力，把组织搞得支离破碎，并使整个组织变成由各个"职能王国"组成的一种"松散的邦联"。

在组织中，每一成员都有不同的贡献，但所有的贡献都必须是为着一个共同的目标。他们的努力必须全都朝着同一方向，他们的贡献必须互相衔接而形成一个整体——没有缺口，没有摩擦，没有不必要的重复劳动。每项职务都要朝着组织的整体目标才能有所成就，特别是每个管理职务必须围绕组织整体目标这个中心，各级管理者预期取得的是组织成就，他们必须知道和了解组织目标要求他们达到什么成就，其上级必须知道要求和期望他们做出什么贡献。目标管理的最大优点也许是，它使得每位管理人员都能控制自己的成就。"自我控制"意味着更强的激励，一种要做得最好而不是敷衍了事的愿望，意味着更高的成就目标和更广阔的眼界。目标管理即使不能使各级管理者在方向和努力上获得一致，但一定能做到通过"自我控制"来管理。事实上，目标管理可以使组织用"自我控制"的管理代替由"别人统治"的管理。

一个管理人员要想控制自己的成就，除了要了解自己的目标外，还必须能够对照组织目标来检核自己所取得的成就。在组织所有的重要领域中，应该提出一些明确而共同的衡量标准。这些衡量标准不一定是定量的，也不一定要十分精确，但必须清楚、简单、合理，必须与业务有关并可以把人们的注意力和努力引向正确的方向，必须是可靠的——至少其误差范围是大家所认可的，必须是自明的、用不着复杂的解释或哲学式的讨论就能理解的。每位管理人员本人都应该能够直接、及时地得到衡量自己成就所必需的信息，以便能自我控制、作出必要的修正并获得所需的成果。

但是应该看到，目标管理的关键不在操作技法，更主要、更重要的是一种人本主义哲学原则。它以人的“自主能动性”为前提，假设人们愿意承担责任，愿意做出贡献，愿意有所成就。人性假设很重要，人们是被“假设”出来的。假设人们是软弱的、不愿承担责任和懒惰的，那就会得到一些软弱的、不愿承担责任和懒惰的人；假设人们是强壮的、愿意承担责任和作出贡献的，就能极大地激发人们的积极性。尤其重要的是，如果把这种假设用到现代社会中受过教育的年轻人身上，目标管理就能获得更为明显的自我控制效应。总之，目标管理和自我控制单有口号、技术甚至政策是不够的，它可以说是一种基本原则、一种管理哲学。

组织所需要的是一种能够充分发挥个人长处和责任心、能统一各种见解和努力、能建立起集体协作、能协调个人目标和公共利益的管理原则。目标管理和自我控制使得公共利益成为每个人自己的目标，它把外部控制代之以更严格的、要求更高的、更有效的内部控制。管理人员的行动受到激励并不是由于别人要他做什么事或告诉他去做什么事，而是由于客观的任务要求他行动。他采取行动，并不是由于别人要他行动，而是由于他自己决定他必须采取行动，换句话说，他是作为自由人而行动的。

总之，目标管理实质上是一种“人本管理哲学”。它是有关人的行动、行为和激励的一种人性化管理理念。它适用于各种层次和职能的管理人员，适用于大大小小的各种组织。它把客观的需要转化成为个人的目标并保证他们都能自我取得成就，而且是真正的“自由人的成就”。韦尔奇说：“优秀的人永远不会认为自己已经达到了比赛的终点，而总是渴望继续前进。”那么，达到了目标后，如何进一步成就更大的目标？

## 绩效管理要义

> 绩效管理的实质不是技术问题，而在于解决“人的问题”。

绩效管理的实质不是技术性问题，而在于解决“人的问题”。正如柯林斯所说，技术只是组织的“加速器”而不是组织的驱动力，“技术本身永远不是公司卓越或是衰败的主要原因”，“事实上，轻率地依赖技术是一种债务，而不是资产”，“技术本身并不能够引燃优秀公司向卓越公司转变的火焰”。

组织绩效与组织中人的绩效可以说是同义词，高效率来自于“人”，经济效益是“人”创造的，价值驱动的主体和对象同样是“人”，卓越公司的卓越业绩来自于“卓越的人”（管理者）对“人”（员工）追求卓越之本性和潜能的有效激发、开发和管理。卓越公司的卓越绩效来自于“以人为本”的卓越管理。

也正是在这个意义上，有人评论彼得斯和沃特曼总结的卓越公司的八大属性，其中每一个都是“关于人的”；而柯林斯要人们破除关于伟大、成功和高瞻远瞩公司的12个迷思，以及教人们从优秀到卓越，即管理一个优秀公司并将其变为一个能够创造非凡业绩的卓越公司，其总结出来的所谓“永恒规律”也无不是“关于人的”。

根据彼得斯、柯林斯等人的研究成果我们可以总结出关于卓越绩效管理的人本主义原理，其基本要点如下：

■ 绩效管理者首先要管理好自己的人生；

■ 绩效管理者的主要任务不是“报时”而是“造钟”；

■ 绩效管理战略的基本理念是：以人为本，目标导向，价值驱动；

■ 绩效管理策略的基本原则是：崇尚简单，刚柔并济，重在行动；

■ 绩效管理是一个连续不断的动态过程；

■ 绩效管理的理想运作模式是“万变不离其宗”。

组织管理者要将自己从“能力突出的个人”、“乐于奉献的团队成员”塑造为“富有实力的经理人”、“坚强有力的领导人”，乃至成为“第五级经理人”，使自己不仅能够根据既定目标有效地配置组织资源，而且能够全身心投入并执著追求清晰可见、催人奋发的愿景目标并不断创造更高的业绩，还能够将自己的谦虚品质与职业化的决定意志相结合，持续不断地创造卓越成就。

管理者不是自己创造“英雄业绩”，而是为组织的持续发展建立高绩效的工作系统和激励机制。管理者应该依据“先人后事”原则选择合适的人，训练有自主创新精神的团队成员，塑造追求卓越绩效的创业斗士，然后再以核心价值观作为内在驱动力持续不断地激励员工积极自主地创造组织业绩。

对于筛选出来的、已经认定是与组织核心价值观相吻合的“人”，就要充分地信任他们，给他们进行自主创新的工作机会、职业平台、宽松环境和弹性空间，管理者要多提问题、少做答案，应与下属及员工平等互动、对话争论而不要自以为是、独裁强制，事前及时预警、事后实时监测，让他们朝着清晰可见、激动人心的组织目标奋力前行。

简单是金，不搞繁琐哲学，反对官僚主义，建立高效率的工作系统，培养简捷明快的做事方式，赢得“四两拨千斤”的业绩效果；排除“非此即彼”的思维模式，树立“阴阳太极”的辩正思想，既高瞻远瞩又实事求是，从大处着眼就小处着手，刚柔并济，积极应对实际问题；事实胜于美梦，坚持核心理念而又能直面残酷现实，不虚夸、重实效，明辨问题是非，重在及时行动。这些简单准则正是卓越公司绩效管理的常态做法。

绩效管理不是向后看，只注重事后考核评估，而是通过有效的绩效反馈，推动组织不断向前发展，永无止境地创造更辉煌的业绩。依据员工尊崇的核心理念和激动人心的愿景目标，不断激发个人参与群体知识创造及团队集体创新的动机和动力，塑造永不满足、优胜汰劣的战略性激励机制，这是自然进化状态下组织绩效管理的主要任务和基本工作内容。

绩效管理运作模式的建立准则和要求应该是以“简单”应对“复杂”，以“不变”应“万变”。总的套路应该是，能够将复杂的世界简化为一条或几条简单的基本理念，永恒不变的是“简单”的核心价值观，随时可变的是适应“复杂”市场环境的创新领域和策略。在简单的、永恒不变的核心价值观的指引下，让员工于民主宽松、分权自主和多元随机的环境中“求变”、创新，多方位获得组织发展的机遇和动力。

工作绩效的动力何在？答案是基于薪酬的激励机制。那么薪酬管理究竟是怎么回事？且往下看！

## 参阅文献

[1] 彼得·德鲁克. 管理：任务、责任和实践. 北京：中国社会科学出版社，1987
[2] 彼得·德鲁克. 管理的实践. 北京：机械工业出版社，2006
[3] 詹姆斯·柯林斯，杰里·波勒斯. 基业长青. 北京：中信出版社，2002
[4] 吉姆·柯林斯. 从优秀到卓越. 北京：中信出版社，2002
[5] 托马斯·彼得斯，罗伯特·沃特曼. 追求卓越. 北京：中央编译出版社，2003
[6] 毕意文，孙永玲. 平衡计分卡中国战略实践. 北京：机械工业出版社，2003
[7] 李宝元. 绩效管理：原理·方法·实践. 北京：机械工业出版社，2009

# 7

# 广义薪酬　内在激励

所有组织理论，大概都应当研究的一个问题，就是薪酬与绩效的关系问题。

爱德华·劳勒

## 将薪酬照进历史

薪酬的词语意义很简单，但却是一个具有宏大背景和丰富底蕴的历史范畴。

如果在一个较长的时间跨度上进行观察，一个日常术语或学术概念及其内涵外延的时态流变往往能折射出一幅宏大而丰富的历史画卷，上面书写的是人们于特定时代背景下对所关注事物的喜怒哀乐情感变化，以及理论思想流变和逻辑思维演化。“薪酬”的概念其实就是这样一种有宏大背景和丰富底蕴的历史范畴，对此，有必要首先在“历史的与逻辑的相统一”的方法论层面上给出一个系统而完整的正面解说。

在英语中，薪酬（compensation）在词义上有“平衡”、“报偿”、“弥补”的意思。相近的词语还有很多，如“报酬”（rewards）、“挣得”（earnings）等，其基本含义都是指“劳动所得”，即因提供劳动、服务而得到的各种报偿。

在汉语中，与“薪酬”意思相近的词语，传统上有“薪俸”、“俸禄”、“俸饷”、“工钱”等，其意思基本上是指官吏、士兵或雇工以金钱或实物形式获得的劳役报酬，这当然与获得者日常“柴、薪、酱、醋”等基本生活条件的获得或供给不无关系。

在日文中，相对应的词语是“Kyuyo”，这个词由两个汉字构成（“给”和“料”），“Kyu”是一个称呼高地位施与者的敬词，意思是指高地位者给予低层次下属的施舍以及其家庭生活所必需的“给料”。现在，日语习惯用“Hou-syu”来替代。

可见，在各种语言中“薪酬”的词源意义大致相近，无外乎是指人们作为基本生活保障而获取的劳动所得或工作报偿。但是，如果脱开咬文嚼字的学究套路，从实际出发加以考察，我们会发现“薪酬”概念很简单，它其实是一个有多彩情景故事可诉说的重要历史范畴，在不同的时代背景和地域环境下，其内涵外延的具体所指是不断变化的。

工业化初期，从事体力劳动的雇佣工人从工厂获得的“工资”（wage）就是他们维持基本生活条件的“薪酬”。而在工业化社会，“薪酬”概念扩展到整个社会劳动者群体，对于白领雇员或政府雇员来说，一个普遍而习惯的称呼就是“薪水”（salary）。

随着后工业化社会的来临，人们工作不再仅仅是为了物质生活层面的“谋生”，而是在越来越大的程度上去追求精神层面的“价值”，更加注重从工作本身获得主体意义上的内在精神满足。这时候，“薪酬”概念被赋予了更丰富的涵义，相应地，其外延所指也更加宽泛。

## 薪酬与金钱

> 人生而真实自由，但却往往困在金钱的枷锁中。那些一心想成为富翁的人们，现实中往往沦为金钱的奴隶。

现代意义上的“薪酬”概念，其形成显然与工业化、市场经济这样的时代大背景有关。在工业化大生产、社会化大交换的市场经济条件下，劳动力市场成为整个社会产品及要素市场网络体系中一个必不可少而又举足轻重的组成部分，以货币支付为基本媒介、手段和形式的雇佣劳动关系成为人们日常生活中最普遍而又重要的社会交往关系。这时，与雇佣劳动直接相关、以货币工资为基本形式的“薪酬”概念开始形成并逐渐成为理论研究或职业生涯中的专门词汇或关键术语。

在市场经济秩序中，挣钱多少是一个人贡献大小的综合衡量指标。薪酬，无论是最初针对蓝领阶层（从事体力劳动的工人）来说的“工资”，还是后来针对白领阶层（办公室工作人员，乃至现代各行业普通职员）来说的“薪水”，都与“钱”有关，都是或主要是以“货币”形式支付的。基于此，有学者甚至将薪酬定义为“雇员由于就业所得到的各种货币与实物报酬的总和”，或“与就业有关的、以货币形式直接支付或间接衡量的劳动报酬”。他们认为薪酬仅是与雇员就业（受雇佣）相联系的报酬（rewards），并非所有与就业相关的报酬都是薪酬，薪酬不包括职务晋升、职业发展机会、精神鼓励等非货币形式的报酬，而只是能够以货币形式直接或间接衡量的部分。

显然，这种解释与人们长期形成的经验常识相吻合。但薪酬概念的货币关联度或权重大小，可以成为量度社会“现代化”程度的一个标尺。从工业化初期的“钱就是一切”，薪酬就是“钱酬”；到高度工业化社会薪酬货币形式逐渐走向虚拟化、多样化，人们开始明白“钱不是一切”；乃至今天一些进入“后工业化”时代的国家或地区，人们越来越意识到“钱远不是一切”，非货币表现的组织报偿具有更为举足轻重的意义。这显然不只是一个词语界定的问题，而是一个经历了艰辛曲折实践磨难的“概念革命”或“思想飞跃”的过程。事实上，现代人力资源管理中普遍认同的薪酬概念确实在逐渐超越“金钱”或“货币”局限，并走向涵盖所有与就业有关报酬的新境界。

应该承认，货币作为一般等价物，什么时候都是衡量个人财富和价值的重要尺度。但是，在现代后工业化的市场经济社会中，虽然“没钱万不能”，但“钱远非万能”，金钱在价值论层面具有非常丰富的意义。因此，在界定现代意义上的“薪酬”概念时，如何指示人们在“理直气壮拿钱”的同时，不忘记金钱之外难以用货币衡量的内在价值和人生目标，对于薪酬管理来说是至关重要的。

但是金钱与美色和权力一样，是最让人“莫明其妙”的东西。她既真实又虚幻，既慈善又邪恶，既美妙又充满丑态，人们对她既爱又恨，既诅咒又不舍，真可谓“爱恨交加”，矛盾冲突的心理无以复加。我敢说，如果有谁将钱、权、色这三样东西中的一件琢磨明白了，那他差不多可以说透彻领悟了人生真谛。如果确能将领悟的真谛付诸实践，那肯定是“某某大师”无疑！

权色先不说，先来琢磨一下金钱的问题。1994年，美国经济学家兼社会学家泰德·克罗福德（Tad Crawford）曾写过一本叫《金钱的隐秘生命》的书，其中译本以《金钱传》为名由珠海出版社于1997年出版。在这本为金钱立传的书中，克罗福德并不是教人如何投机取巧、大把赚钱，而是以大量的神话、传说和个案全面系统地探讨了“金钱与人生”方方面面的表现形态和问题，读来很有启迪意义。

克罗福德为金钱立传，概括起来有以下几个基本要点。

✧ 金钱作为一般等价物的货币，其价值具有象征意义。金钱，其具体实物形式在历史上五花八门，从石头、食物、烟草到兽皮、贝壳和人的头盖骨什么都有，但其与生俱来所代表的都是人类某种社会交往关系。金钱必须首先在我们心中具有力量，才能在现实世界中具有力量。从最广泛的意义上说，金钱是一种关系的载体，她使我们能与别人合作，告诉我们应该怎样安排自己的能量。

✧ 金钱之所以如此被人崇拜，从本源上来看，因为她具有神圣性。从某种意义上讲，金钱是一种考验，她让我们明白什么才是真正值得我们热爱的东西。美国货币上赫然写着“以上帝的名义，我们相信”，这就是金钱神圣起源的有力明证。但是，对金钱的崇拜可能带来灾难性后果，而导致这些后果的能量若被恰当利用，也能使人类受益无穷，恰如驾驭魔鬼让它干天使的事情。

✧ 金钱问题总让我们感到性命攸关。钱可以满足我们的物质需要，使我们获得权力、地位，从许多束缚中脱身，但也往往使我们觉得好像悬在空中，飘来荡去无所依托。金钱象征着活力和丰足时，我们只能把她当作一种象征，拥有金钱却不拥有金钱象征的活力和丰足，只能使金钱变成危险的幻觉。我们的任务就是消除关于金钱的幻想，超越金钱而看到我们生命中更美好、更深层的涵义。金钱为真理服务，而不为幻想服务。

✧ 金钱代表了外在的丰富，而灵魂则要求内在的丰富，二者的关系经常令我们迷惑。如果我们把挣钱看做是努力的目标，那我们就很可能被金钱所困扰，使金钱变成我们快乐幸福的障碍和负担。对金钱的崇拜使人们失去了精神家园，失去了人生的真实目标和意义。

✧ 金钱与人类可持续发展有关。“继承遗产是获得欢乐的一大障碍，遗产对于理想丧失所起的作用，正如可卡因对道德沦丧一样。”我们真正能从父母处继承的只能是爱、勇气、关照和激励。在我们寻找外在的富有和内在的丰富时，诚实始终是最重要的东西。简单重复父辈是一种生命力的丧失，当一种事物变得只能延续过去时，必然是衰败的开始。

✧ “借债还钱”是人与人之间的一种动态支付关系，说得更宽泛些，反映的是大自然中所有生灵在天堂与地狱之间的轮回关系。我们因为得到生命而对大自然欠下了债务，如果能偿还的话那只能是死亡。当我们借债时，我们实际是在告诉别人我们估计自己将来成为什么样的人，在社会上取得什么样的地位。有些人自视很高，有些人自甘平庸，也有人自暴自弃，由此形成错综复杂的“债务关系”。

✧ 我们今天的货币信用虽然不再根植于对金银的信任，也根植于对社会、对政府、对每个劳动者的信任。正是每个社会劳动者年复一年地劳作，生产出源源不断的商品和服务，才赋予本无价值的信用卡以充实的财富内容。金融市场是将人类能量导向最富有生产力的一种社会机制，其熊牛变幻实际上象征着人类生命的循环变化。

总之，“钱不是万能的，但没有钱是万万不能的”这句俗语是人们对于金钱矛盾困惑心理的一种真实表达。金钱女神蒙妮坦的丰饶和光芒很容易使人迷惑幻想。这种象征着我们生命内在能量的外在力量往往使我们失去自我：使我们以为人生的价值就是追逐物质财富，而不是借助财富手段获得精神意义；使我们只为争夺先辈遗留下来的物质财富，而不知道继承其宝贵的精神文化遗产；使我们只图今天享乐，而忘记了自己将来是否有归还别人给予我们生命能量的能力；使我们沉浸在现代信用工具给我们带来的方便感觉中，而忽视了其所代表的劳动价值和生命意义。撩开金钱的种种假象和迷雾，我们才能更加深刻地理解我们自己与他人、与组织、与社会、与大自然之间的本质联系，才能找到真正有意义的生命价值。循着“金钱人生”

这样一些线索，我们可以将薪酬管理问题的方方面面从人本主义立场上讨论得更深刻透彻一些。

## “理直气壮拿钱”

> 在市场经济秩序中，挣钱多少是一个人贡献大小的综合衡量指标，钱，当然要理直气壮地拿。

柳传志在联想曾说过：“堂堂正正做人，勤勤恳恳工作，理直气壮拿钱”。

为什么“拿钱”要“理直气壮”呢？因为“钱”，也就是货币，是衡量商品或服务价值大小的“一般等价物”，也是一个人劳动或工作的价值，是他为组织和社会贡献的“通货”，具有“度量衡”性质。在一个规范的市场经济体系中，一个人的劳动价值和社会贡献的大小与他“挣钱”（从劳动和贡献中获得的报酬）多少应该是成正相关关系的，多劳多得、少劳少得，不劳动者、无贡献者不得钱，这也就是所谓的“按劳分配”、“论功行赏”。反过来说，一个人挣的钱越多、拥有的货币量越大，不仅没有什么“不光彩”的，反而应该感觉很光荣，因为这说明人家为他人、为组织、为社会做出的贡献也很大。所以，拿钱不必“扭扭捏捏”，而应该“理直气壮”！

那为什么在中国社会传统上人们对金钱有一种“贬斥”心理呢？例如，国人不说“香钱”而说“臭钱”，说钱有“铜臭味”，如果说到谁有钱，第一反应不是“为富不仁”就是“无商不奸”。其可能的原因，分析起来有以下两个方面。

其一，一部分为富者不仁，自毁了形象。即使钱来路很正、挣得很正当，但是挣到钱、富裕起来的暴发户往往被金钱的虚幻魅力所迷惑，以为“金钱万能”、“有钱能使鬼推磨”，自毁了金钱和财富本来的神圣形象。

其二，受儒家义利对立观和小农平均主义文化传统影响。重利者必薄情寡义、君子重义不言利、不患寡而患不均，等等，使得老百姓对待金钱、商贾有一种不正常的心理（“羞羞答答”的偷觑心态）。

在这样的情况下，一些人在“金钱问题”上就形成了一种矛盾心态：人人实际都很在乎钱，都在向往钱，但表面上却装得似乎对钱没有“好感”，其实，大可不必这样。正如柳传志所说：“堂堂正正做人，勤勤恳恳工作，理直气壮拿钱”。“堂堂正正做人，勤勤恳恳工作”是“理直气壮拿钱”的前提条件，如果员工“堂堂正正做人，勤勤恳恳工作”了，那么“理直气壮拿钱”就是顺理成章、自然而然的事情。

但是，要使人们“理直气壮拿钱”，除了要求“堂堂正正做人，勤勤恳恳工作”外，一个组织和社会还要在规则上下功夫，在“堂堂正正做人，勤勤恳恳工作”与“理直气壮拿钱”之间，建立起高度正相关的公平分配规则、市场资源配置机制和收入财富调节制度。只有建立了公平合理的组织规则和政策环境，才能保证人们在“堂堂正正做人”，“勤勤恳恳工作”的前提下可以“理直气壮”地拿钱。

还应注意的是，“拿钱多少”是一个综合性的价值表现，不能将“金钱”纯粹看做是一种物质财富的象征。作为一种“度量衡”或“通货”，金钱还是一个人社会地位、精神追求和人生意义等的表现形态或实现形式，虽然不是所有东西都可以通过货币来衡量，尤其是友情、亲情、真理等等，但是在钱作为“通货”的现代市场经济社会中，一个人的价值实现问题确实大都是与“挣钱”多少直接或间接有关的，不问“钱多少”的员工或管理者肯定不是坦诚的，也不是实事求是的。

杰克·韦尔奇曾在《赢》一书中这样坦诚道白：“世界上最糟糕的事情莫过于那些讨厌的家伙一边挣着大钱，却一边大放厥词，说钱（薪水）对于那些正在找工作的人来说并不重要。”的确，在人们传统的观念中，薪酬应该是一种“实实在在”的劳动报酬。实际上，在工业化初期，在收入水平较低的发展阶段上，包括在今天一些落后的发展中国家或地区，说到工资、薪水或薪酬，人们的第一反应往往就是想到基本物质生活条件或家庭财务状况，觉得它事关“民生”问题，与“吃饭”、“养家糊口”、“生存”等概念直接相关，以至于将“薪酬”直接等同于“物质报偿”或“经济报酬”。

但是，随着社会经济发展水平的提高，人们在说到薪酬概念时，对于其“物质”或“经济”（财务）层面的考量就逐渐淡化，而对于“精神性”或“非经济（财务）性”方面的权衡则逐渐加重。现代人力资源管理中的“薪酬”概念，不仅限于传统物质或经济性报偿，而且广泛涵盖了各种非物质或非经济性报偿。例如，1996年，美国麦克尼西州立大学的蒙迪（R.W. Mondy）教授和东德克萨斯州立大学的诺埃（R.M. Noe）教授在他们共同撰写的《人力资源管理》教科书中，曾将薪酬界定为“作为个人劳动回报而得到的各种类型的酬劳”，并将整体薪酬项目分为“直接经济报偿”（direct financial compensation）、“间接经济报偿”（indirect financial compensation）和“非经济报偿”（nonfinancial compensation）三大类。这种界定和分类具有广泛代表性。

## 📖 现代薪酬概念广义化

> 广义地理解，薪酬是指员工从组织得到的一切收益性要素，它是组织战略性激励的一个焦点和关键变量。

在现代社会组织中，“薪酬”概念寓意十分丰富。简单地说，薪酬是现代社会从业者从所供职组织中获得的各种形式报偿或好处的总称。

对于一个人来说，薪酬不仅是其收入的主要组成部分，是决定其生活质量和水平的重要因素，更重要的是其（人力资本）价值和社会性存在意义的具体体现。对于作为组织员工的个人来说，“薪酬”不仅是组织对其劳动成果和工作贡献的认可（一般称作“劳动报酬”），是组织对其个人价值或人力资本要素贡献的回报，更重要的是反映了组织对其的“态度”（即通常人们所说的“待遇”）。

对于组织经营者或管理者来说，“薪酬”不仅是一种“保健因素”，而且是决定员工工作态度、工作方式和工作绩效的重要“激励因素”。对于作为组织财务风险承担者、物质资本所有者的出资人或股东来说，“薪酬”不仅仅决定着“人工成本”的高低，即作为人力资源要素价值市场表现形式的“人力资源价格”，也不仅仅是劳资集体谈判中讨价还价的一种“报价”或“筹码”，而更是一个关系到组织可持续发展的重要产权要素和重大制度因素。

从组织人力资源战略性激励管理的需要来看，工作本身成为越来越重要的工作动机和激励因素已成为不争的事实，并得到大家的普遍认可。

例如，乔治·米尔科维奇（Gerge T. Milkovich）和杰里·纽曼（Jerry M. Newman）在《薪酬管理》中就明确指出：“货币收益只是总薪酬中的一部分。然而，非货币收益、相关性收益（安全、个人地位、晋升机会、富于挑战性的工作等）也很重要。”

再如，詹姆斯·沃克（James W. Walker）也在《人力资源战略》中指出：现在，“人们的注意力日益转向非物质奖励。正如本书通篇论述的那样，雇员受富有挑战性的工作、个人发展机会和新职责、对成绩的承认、安全感及归属感的激励。企业不可能完全没有成本，但这些奖励是比较精细的为雇员贡献付酬的方式。”

20世纪70年代以来，随着全球经济与跨国公司的迅速发展，战略性薪酬设计开始为组织所重视，以往相对简单的薪酬及福利计划开始变得复杂起来，报酬要素间的相互关系也开始为薪酬专家们所关注。近年来，面对日益激烈的人才竞争，为员工的绩效付酬、有效控制人工成本并尽可能提高业绩产出水平、最大限度地保留和激励核心员工成为各类组织薪酬管理面对的新问题、新挑战。在这种背景下，传统基于财物的狭隘报酬组合模式愈发显得力不从心。于是，美国薪酬协会（World at work，WAW）在总结多位薪酬领域专家关于“定制性和多样性相结合实施整体薪酬计划”思想成果的基础上，于2000年提出了第一个“总报酬模型”，并于之后陆续进行了改进和完善。

“总报酬模型”颠覆了传统的“工资+福利”的狭隘薪酬概念，把报酬概念扩展到传统薪酬（compensation）和福利（benefits）之外，将赞誉和赏识、平衡工作与生活、组织文化、职业生涯发展机会和工作环境等各种“工作体验”（work experience）也纳入进来，形成“总报酬”范畴，如图7-1所示。

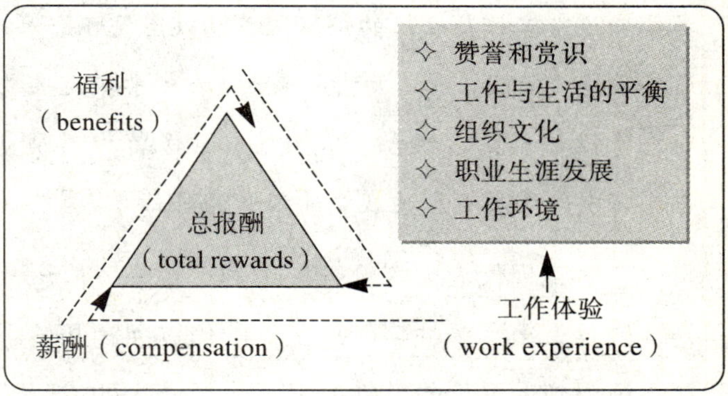


图7-1 总报酬模型

相对于传统的付酬方式，“总报酬模型”具有真正以员工需要为导向、强调薪酬战略、人力资源战略和组织战略的一致性、更加具有弹性、更加强调沟通和员工参与、有助于更有效地控制人工成本等优势，因而在一些较前沿的大型企业（如IBM等）的人力资源战略管理中得到认可和探索性的应用。

IBM最近一次战略转型始于20世纪90年代中期。当时，郭士纳开始掌舵，他对公司战略作了重新定位，尝试在“蓝色巨人”文化中注入新的活力，以抑制IBM在信息技术市场自由落体般的滑落。1995年至2004年，IBM薪酬管理模式发生了巨大变革。其中，包括“工作体验”在内的“全面报酬体系”极大地推动了公司战略性转变，从而为新世纪信息技术人才竞争作了充分准备。

随着时间的推移，管理者们逐步体会到基于总报酬的整合战略蕴藏着巨大的潜能。与此同时，各专业咨询机构、专家学者也陆续提出了一系列总报酬改进模型。考虑到总报酬模型作为企业薪酬战略管理的焦点变得日益重要，在与诸多企业决策者和人力资源专业人士充分交流的基础上，WAW战略委员会2004—2005届主席贝尔（Bell）提出了一个总报酬改进模型，如图7-2。

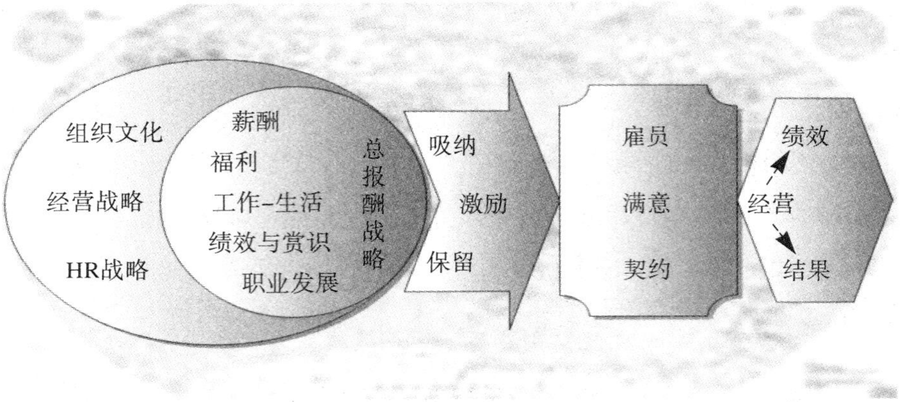


图7-2　总报酬改进模型

与2000年的模型相比，总报酬改进模型考虑到全球化竞争大背景，将内部环境因素明确归纳为组织文化、经营战略和人力资源战略三大方面，并将工作体验要素具体分为“工作与生活的平衡”、“绩效与赏识”及“个人发展和职业机会”3个要素，这样使原先的3个核心要素扩展为5个要素。这些要素根据不同的企业或同一企业的不同阶段进行灵活组合，从而吸引、保留和激励员工，最终通过对员工多样化、差异化需求的满足顺利达成企业经营总目标。

总之，现代人力资源管理中的“薪酬”概念，是组织战略性激励的一个关键变量，涉及人力资源战略管理工作的焦点问题和核心内容。最广义地理解，凡是员工从组织得到的一切收益性要素，包括直接的或间接的、内在的或外在的、货币的或非货币的等所有形态的正面报偿，都属于“薪酬”范畴。

## 薪酬族类按图索骥

> 广义薪酬项目体系包括内在薪酬与外在薪酬两大类。内在与外在薪酬又各自分为直接薪酬与间接薪酬，这样共有四种耦合系列。

按照广义薪酬概念，薪酬项目可以分为内在薪酬（intrinsic compensation）与外在薪酬（extrinsic compensation）两大类。前者指员工直接从组织劳动或工作过程本身所获得的好处，后者是指员工从组织劳动或工作之外所间接获得的货币或物质性报酬。[1]

1. 有关教科书或文献也以“隐性薪酬”和“显性薪酬”、“软薪酬”和“硬薪酬”以及“物质薪酬”和“精神薪酬”或“非物质薪酬”等术语来称呼我们所说的内在薪酬和外在薪酬。不过，笔者认为，以工作内外为标识来划分薪酬类型，相对来说更容易理解和把握一些，也更为准确贴切。

内外在薪酬各自又可分为直接薪酬与间接薪酬。广义薪酬项目分类体系如图7-3所示。

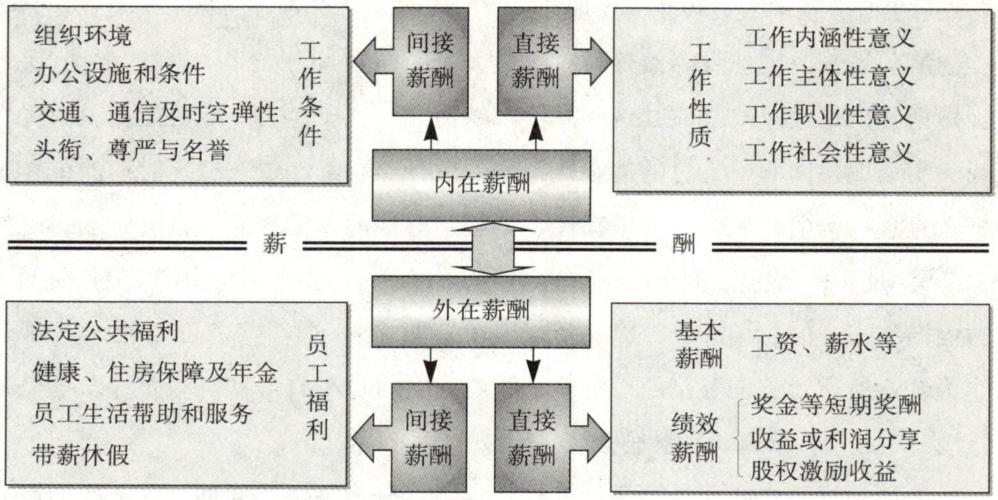


图7-3 广义薪酬项目分类体系

直接内在薪酬是指富有意义的工作所带来的好处，诸如工作富有挑战性、趣味性，工作给个人成长和发展带来的机会，能够参与决策管理而体会到的权威感、责任感和成就感以及工作中令人鼓舞的团队精神和氛围等。间接内在薪酬主要是指优越便利的工作条件所带来的好处，诸如宽松的工作环境，满意的办公设施和设备，弹性的工作时间，便利的交通和通信条件，体面的头衔，较高的社会地位以及和谐的人际关系，等等。这类薪酬与工作绩效也具有同时共生性，对工作绩效具有直接激励作用。内在薪酬，特别是直接内在薪酬，在传统薪酬管理中往往被排除在薪酬框架和项目体系之外，但从战略性激励角度来看，这类薪酬是更为直接而重要的薪酬变量和激励因子。

外在薪酬是人们通常所关注的薪酬类型。外在直接薪酬，包括基本薪酬、短期奖酬与股权收益三项基本内容，后两项合起来即所谓的绩效薪酬。基本薪酬是组织对员工劳动或工作贡献的基础性回报，是按照时间和劳动定额支付的固定性劳动报酬。与固定性的基本薪酬相比，绩效薪酬即各类短期奖酬与股权激励收益是一种带有不确定性的风险收入，它通过让员工参与剩余收益分配，随工作努力程度或工作绩效不同而获得一定比例的剩余收益。外在间接薪酬即通常所说的“福利”（benefits）。所谓“间接”，是指这种薪酬通常不直接支付给员工个人，它的享用与员工个人的工作绩效不直接挂钩或根本无关。一般来说，员工是作为某种组织成员身份而间接享受有关福利待遇的。福利性薪酬的主要目标不是提高员工个人的工作绩效，而是希望以此吸引、保留和凝聚员工，从而提高组织的整体和长期绩效水平。

基本薪酬对于从事体力性劳动的普通员工（俗称“蓝领员工”）来说，就是“工资”；对于专业技术人员和经营管理人员（即所谓“白领员工”）而言，就是“薪水”。基本薪酬关系到员工切身利益且其权重最大，因而对人力资源战略管理具有决定意义。短期奖酬是通过奖金或其他利润分享的形式，基于过去一定时期员工的工作成绩或突出成就，而额外支付的奖励性报酬。这种奖酬是与过去特定时期的工作表现或绩效直接挂钩的，大多具有一次性、短期临时性的激励效应。也有企业将之打入基本工资项目以“成就工资”（merit pay）的形式给予永久性“追认”，但这仍然不具有“面向未来”的长期激励效应，所以属于短期奖酬类型。至于股权收益，即让员工作为企业所有者长期分享的一种剩余收益，它将员工自身利益与企业长期经营绩效直接关联起来，具有长期激励效应。

员工福利除法定社会保险福利外，大致可以分为基金补助型福利、生活服务型福利和带薪休假型福利三大类。基金补助型福利是组织根据员工不同情况提供的有关福利基金项目，如退休金、互助储蓄基金、辞退金、住房津贴、交通补助费、免费工作午餐、海外津贴及人寿保险等。生活服务型福利，包括组织为方便员工生活而提供的各类服务项目，如法律顾问、心理咨询、贷款担保、托儿所养老院、子女教育补助、内部优惠商品或服务等等。带薪休假型福利，即组织成员享有带薪的非工作或休闲时间，如支薪病事假、公休日、节日假、工间休息、带薪度假或旅游及脱产培训等。

## 战略性广义薪酬整合激励

> 现代薪酬管理框架和流程是围绕“战略性广义薪酬整合激励”这条基准主线搭建的。

“战略性激励”是现代人力资源管理的核心理念。薪酬管理作为人力资源管理的一个重要子系统，自然要很好地体现和贯彻此核心理念，总的来说，现代薪酬管理就是一种“**战略性广义薪酬整合激励**”管理，简称“薪酬战略管理”。

现代组织薪酬管理研究的主题就是：针对特定组织的内外部环境和总体战略目标，紧紧围绕“战略性广义薪酬整合激励”这条基准主线，将战略性激励核心理念层层贯彻到组织薪酬规划、设计和管理的具体行动中，进而搭建起一整套独具特色、富有竞争力的薪酬战略管理框架。具体表现为以下五大特征。

（1）**在项目内容上**，现代薪酬战略管理已从过去以外在直接薪酬为重心逐渐扩展到更加宽广的领域，越来越重视外在间接薪酬乃至内在薪酬的战略性激励意义。

（2）**在时代主题上**，现代薪酬战略管理已从过去以短期劳资谈判为主进行事务性干预逐渐转到长期股权激励乃至内在的精神激励方面来。

（3）**在焦点职能上**，现代薪酬战略管理在职能模块上与绩效管理的内在联动关系日益加强，绩效薪酬设计和操作系统已成为整个组织战略性激励管理的基础平台或主支撑点，广义薪酬内外在有机整合对于组织绩效的战略性提升作用越来越凸现。

（4）**在管理层次上**，现代薪酬战略管理的工作重心已从注重个体性、事务性、随机性和零散性的日常行政监控逐渐转到以团队性、战略性、规范性和制度性的规划设计调控方面上来。

（5）**在组织范围上**，现代薪酬战略管理其实已经不限于企业组织范围，非营利性事业单位、政府公共部门薪酬管理也成为人们关注和研究的前沿焦点问题之一。

总之，在以“战略性激励”为核心理念的人力资源管理体系中，薪酬管理成为实现企业战略目标、推动组织绩效水平不断提升的核心管理职能之一。以上五个方面也是现代薪酬管理领域的最新实践和前沿课题。曾湘泉教授在《薪酬：宏观、微观与趋势》一书中列出了近年来薪酬管理的10大趋势，可作参照。

- 趋势1：从货币性薪酬向总报酬理念转化。
- 趋势2：从刚性薪酬向弹性的“意外性输入”薪酬转化。
- 趋势3：从以等价交易为核心的薪酬管理理念向以人为本的薪酬管理理念转化。
- 趋势4：从单纯激励性薪酬向战略性激励薪酬转化。
- 趋势5：从密薪制向明薪制转化。
- 趋势6：从基于职位职级的薪酬向基于绩效及能力的薪酬转化。
- 趋势7：从窄幅薪酬结构向宽幅薪酬结构转化。
- 趋势8：从一体化薪酬设计向个性化薪酬设计转化。
- 趋势9：从短期薪酬向长期激励转化。
- 趋势10：从刚性福利向弹性福利转化。

在一个组织HR管理系统中，薪酬管理的基本职能和战略任务就是：（1）与HR战略规划目标要求相适应，强化组织战略驱动力；（2）服务于HR招募甄选要求，提升组织外部竞争力；（3）配合HR配置使用需要，提高组织内部公平性；（4）适应HR培训开发需要，挖掘未来发展潜能；（5）基于HR关系整合，强化组织凝聚力。基于组织HR战略管理系统定位，薪酬战略管理框架有三个基本支点，即薪酬政策目标锚定、薪酬体系整合设计和薪酬体制模式选择。薪酬管理在HR管理系统中的功能能定位如图7-4所示。

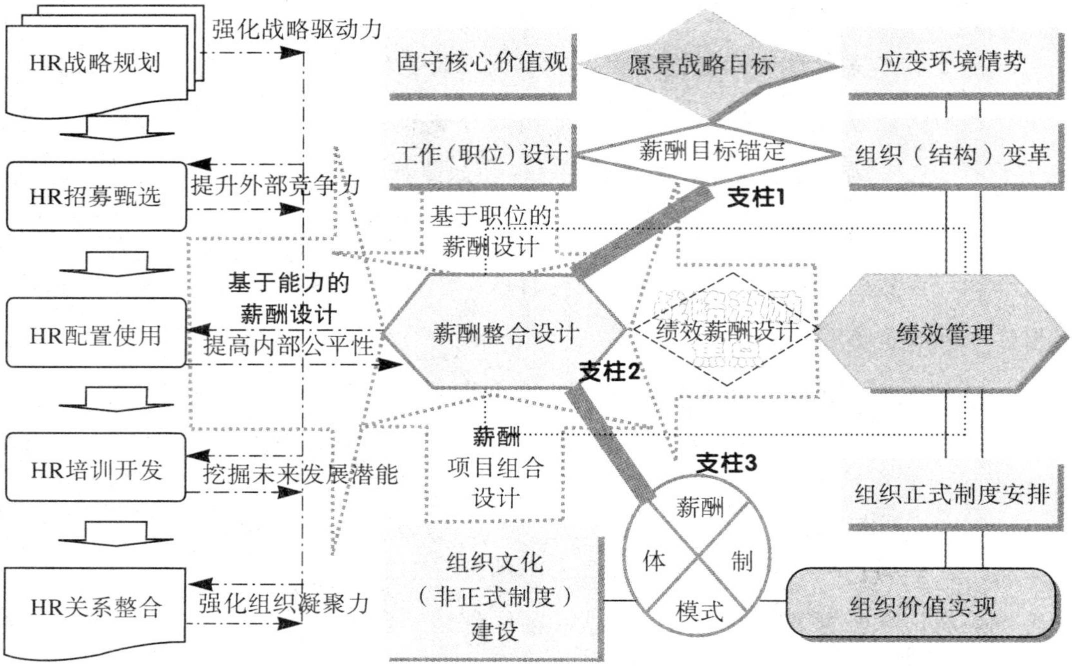


图7-4　薪酬管理在HR管理系统中的功能定位

薪酬并不仅仅是对员工贡献的简单承认或回报，更重要的是作为一种战略性激励因子，在组织战略管理的诸多方面都发挥着主导性驱动功能。实施薪酬战略管理，首先要依据“公平、合法、有效”的基本原则要求将薪酬管理纳入组织总体经营战略和人力资源战略框架中，进行战略目标定位，明确薪酬政策导向。

构建薪酬战略框架，第二项支柱性建设工作就是薪酬体系整合设计，具体涉及三个关键问题：（1）依据什么基准来构建基本薪酬体系；（2）基于什么原则来确定薪酬总体结构和水平；（3）以什么样的组合方式来构筑薪酬项目体系。显而易见，无论薪酬战略定位和政策取向，还是薪酬体系整合设计，都直接涉及组织中每个员工的切身利益，关系到整个组织战略性激励管理的得失成败。为此，在组织制度安排和管理程式设置上，须遵循“公平合理，公开透明，公正合法”的基本原则和要求，选择并保持适当的薪酬体制模式。

此外，薪酬制度的公开性、公正性和规范性也是选择和设计薪酬体制模式时需要特别注意的重要方面。实际上，任何组织的薪酬制度都应该有公开的、正式的、明文的规则，使员工在涉及自身利益的薪酬待遇方面能够有法可依、有规可循，与此同时，也需要有适度的变通性、特殊例外性和稳定的运作弹性，以弥合日常薪酬管理中的制度性空隙、应变各种不测风云。在这二者之间究竟怎么拿捏权衡？如何掌握平衡点、把握协调度？是机械式规正，还是混合式匹配或有机式契合？这是组织薪酬战略管理者需要学习掌握的一门高超艺术。

一个组织的薪酬管理运作流程通常由薪酬规划、薪酬设计和薪酬调控三个基本环节组成。首先，要从战略规划着手，进行薪酬市场调查和财务预算，并在此基础上正式确定薪酬方针政策和基本路线。其次，根据既定薪酬政策设计具体的薪酬体系，包括薪酬结构与薪酬水平两个层面，构成一套周全系统、科学合理的薪酬方案，这可以说是薪酬管理工作最为核心的内容。最后，在贯彻执行中应依情势进行薪酬调控，诸如有关薪酬政策和信息的有效沟通，薪酬实际支付方式的选择，以及薪酬执行过程中的变通调整，等等，这样一系列工作也是决定薪酬管理成败的关键环节。

## 薪酬设计要领

> 薪酬设计包括基本薪酬设计、绩效薪酬设计、员工福利计划和薪酬整合设计。其中内外在薪酬整合设计最具挑战性。

**基本薪酬设计**　在整个薪酬项目体系中，基本薪酬是根据员工人力资本要素及其所任工作职位权重程度等因素设计确定的一种相对固定的货币报酬。基本薪酬设计的总体思路是：坚持内部相对公平性和外部竞争优势性两大原则，通过工作职位评价和薪酬市场调查分别确定基本薪酬结构和水平，最后经过综合平衡、反复调整和不断完善，形成一套结构合理、水平适当的基本薪酬体系。

基于工作职位相对价值进行基本薪酬设计是工业化传统遗留下来的主流模式。在西方市场经济国家，职位本位薪酬制在战后得到普遍推广并于20世纪50、60年代达到鼎盛时期，70、80年代以后，在计算机网络化技术平台上得到进一步变革完善，形成了一整套相当完备的标准化设计技术体系。近年来，我国在政府主管部门的积极推动下，学习国外先进工作分析和职位评价方法，建立以职位薪酬为主体、多种薪酬方式并存的基本薪酬制度，这已经成为当今中国各类社会经济组织薪酬管理的共同努力方向。

职位薪酬是基于工作分析和职位评价确定的。工作分析是人力资源管理的一项重要的基础性工作，其最终成果是工作说明书和工作职位分类，这是职位评价的基本依据。职位评价方法可以按照比较基准分为两两直接比较和设置基准标尺间接比较，按照比较性质分为整体定性比较和因素分解定量比较，并以此归类为四种方法，即排序定级法、标尺套级法、要素赋酬法和标尺评分法。而海氏评价法正是按照标尺评分法的思路，为了解决不同类别职位间可比性而开发出来的一种标准化评价方法。职位薪酬设计的主要任务是在组织总体战略框架及特定政策的指引下，以内部工作职位相对价值评价结果为基础，同时参照外部市场薪酬调查数据，选择确定薪酬水平和结构，以及各工作职位薪酬等级及其变动幅度。但随着现代组织学习型变革的推进，职位薪酬设计模式面临越来越巨大的挑战。

按能付酬其实是一种具有古老文化底蕴及悠久历史传统的薪酬设计思路。如果说职位薪酬是一种与现代工业化企业组织形成和发展需要相联系的薪酬设计思路，那么相对来说，按能付酬是一种起源于前现代社会而更适应于后现代组织变革需要的薪酬设计思路。这种以人为中心的基本薪酬设计不仅顺应现代组织学习型变革大趋势，而且有现代前沿的人本理念和人力资本理论基础作支撑，因而在现代组织薪酬管理框架体系中有着越来越大的权重及影响。

按能付酬的基本设计思路，可以大致概括为三个要点：首先，要准确甄别和明确界定组织所需要的核心能力要素有哪些，并对这些能力要素进行等级划分：然后，对员工所具有的能力要素及其水平进行鉴定和评价，并提供相应的配套培训开发计划；最后，将两者一一对应，进行能力等级与薪酬价位匹配设计，并根据年龄、资历、业绩状态等因素变化进行时序动态调整，如图7-5所示。

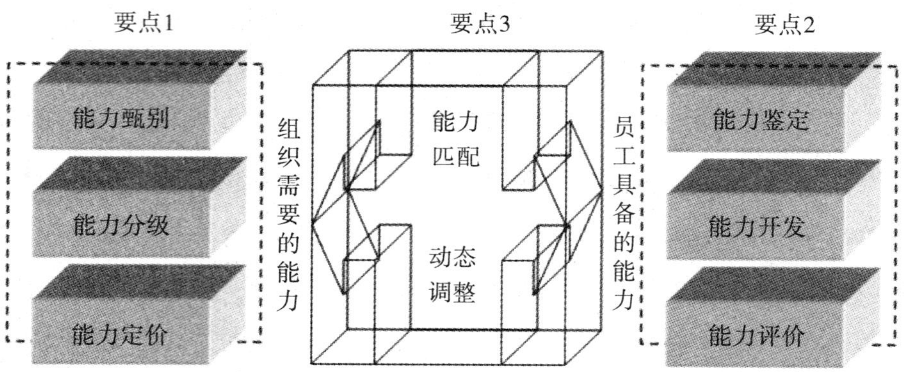


图7-5　按能付酬基本设计思路

基本薪酬设计除了要考虑职位和能力两个基本要素外，还需统盘考虑员工年功序列、特殊岗位、区域差异等辅助性因素。相应地，在职位薪酬和能力薪酬两个主要项目之外，年资和津贴也是基本薪酬的两个重要组成部分。

**绩效薪酬设计** 绩效与薪酬是组织战略性激励的两个聚焦点。因此，基于绩效的薪酬设计，对于实现组织薪酬管理的战略性激励目标具有最直接、最关键的决定意义。

绩效薪酬（pay for performance / incentive compensation），是与员工工作绩效挂钩以激励其提高工作绩效水平的薪酬项目，它广义地包括除职位薪酬、能力薪酬及年资和津贴等基本薪酬之外所有与工作绩效有关的薪酬项目。按照具体挂钩的不同方式，绩效薪酬可以分为不同的类型。按照挂钩的时效性差异，绩效薪酬可以是临时性的，也可以是永久性的；按照挂钩的稳定性不同，绩效薪酬可以是固定性的，也可以是变动性的。这样两两组合，绩效薪酬项目可以分为四种类型，即增益分享（improshare）、成就加薪（merit pay）、业绩奖金（merit bonus）和可变薪资（variable pay）或称“激励薪资”（incentive pay），如表7-1所示。

**表7-1 绩效薪酬四种类型**

| 挂钩时效性 / 挂钩稳定性 | 临时性 | 永久性 |
|---|---|---|
| 固定性 | 增益分享 | 成就加薪 |
| 变动性 | 业绩奖金 | 可变薪资 |

为绩效薪酬实践提供理论支持的，涉及许多学科、学派和学说，其中最直接、最重要的有三：一是“效率工资理论”（efficiency wage theory）；二是“分享经济理论”（share economy theory）；三是“人力资本理论”（human capital theory）。这可以看做是绩效薪酬的三个理论支柱。

绩效薪酬可以针对组织中不同职能部门和业务类别的员工群体的特点来设计，对于生产操作人员、经营管理人员、市场营销人员和专业技术人员等不同类别有针对性地设计和实施各具特色的绩效薪酬制度体系，主要有计件工资制、年薪制、佣金分成制和奖金制等几种制度设计。

相对于不同类别员工的个人绩效薪酬设计与管理来说，基于组织群体长期绩效提升目标来进行整体绩效薪酬设计及整合管理实际上具有更为宏大而重要的战略意义，当然也更具操作难度和现实挑战性。在这方面，西方企业界和管理学家在实践基础上做了大量的探索工作，并取得了一系列丰富成熟的研究成果。实际操作中，通常有收益分享计划、利润分享计划、综合绩效薪酬激励计划和长期股权激励计划等不同运作模式。

绩效薪酬的设计和管理其实主要是从直接外在货币薪酬层面寻找组织目标与个人目标直接挂钩、相互契合的操作办法及联动机制，探索组织战略性激励管理的具体实现形式和途径。总的来说，应遵循如下一些基本原则。

——应确信业绩同薪酬相挂钩，要让员工明白组织所要求的工作目标是什么，并且相信通过自己的努力可以达到，使员工在提高生产和工作效率后可以得到他们想得到的东西，为此企业也应提供良好的工作条件，如必要的工具、设备和培训等。

——绩效薪酬方案要有可行性，必须为大家所理解和接受，收益计算方法简单易懂，便于操作，如同海尔的3E卡那样，使每个员工都能方便地计算出各绩效水平所对应的报酬或收益。

——绩效标准应公平合理，绩效考评体系应被大家所认可，要有公平性。绩效水平标准应是平均先进水平，是大多数员工经过积极努力可以达到的。标准必须明确具体，不能含糊其辞、模棱两可。

——要具有确保计划执行的具体措施，应将绩效薪酬计划制度化、契约化，一旦订立并开始运作就要严格执行，并有相应的配套措施保证计划能够顺利实施。

——要注意与基本薪酬配合进行，绩效薪酬计划的设计与管理要以基本薪酬为基础，并与之在操作层面相衔接。

**员工福利计划** 员工福利是组织支付给员工的外在间接薪酬项目，员工福利制度是现代组织薪酬管理制度及社会保障制度的重要组成部分，员工福利计划是现代薪酬战略规划与管理体系中不可或缺而且越来越重要的内容。

员工法定福利计划，即根据国家法律规定必须强制实施的福利项目，除法定休假（包括公休假日、法定假日、带薪休假和病假）和住房公积金类福利项目外，还包括法定的养老、医疗、工伤和失业等社会保险项目。

员工福利计划，除法定社会保险项目外，用人单位往往还根据实际需要和情况自行设置一系列补充福利项目，诸如：以企业年金、团体养老保险为主要内容的员工老年保障计划；以补充医疗保险及团体人寿、意外伤害和健康保险为主要内容的员工健康保障计划；以生活服务、心理辅导和家庭援助为主要内容的员工帮助计划；以住房补助等为主要内容的员工基金补助计划；以带薪休假为主要内容的休闲娱乐福利计划；以教育培训为主要内容的员工职业发展计划，等等。

在实际中，成功导入和推行员工福利计划是一项具有挑战性的HR管理工作，不仅要在整体设计上有战略针对性，而且要在实施环节上讲究策略艺术性。其中，要特别注意的一个问题就是福利的基础保健性功能及“向下刚性”问题。如果管理者不顾组织实际状况，轻率许诺，随意即兴改善福利待遇，不仅可能会使自己遇到“下不来台”的尴尬局面，更严重的还会给组织的稳定发展带来不必要的震荡。

其实，这里涉及到一个普遍性的人生道理和思想方法。福利之所以具有“向下刚性”，这是人性使然。就如同金钱一样，所有外在的物质福利条件对人性都是有“腐蚀”作用的，人们往往自觉不自觉、或多或少地患上各种“外在物质条件依赖症”。这样，以工资福利为支撑的外在物质生活条件越来越好一般没有太大问题，但如果稍有变差的迹象，人们就会非常“敏感”，感到“恐慌”，于是建立在物质福利待遇基础上的“幸福感”马上就变成了“痛苦感”。常言道“从苦到甜甜又甜，从甜到苦苦中苦”，说的就是这个道理。

**薪酬整合设计** 内外在薪酬整合规划设计在传统薪酬管理研究领域少有涉及，这也是现代薪酬战略管理中一项最为超前、极具挑战性的工作。在整个薪酬体系中，相对于内在薪酬项目来说，外在薪酬项目往往具有显性、可度量性和权重敏感性。因此，根据组织薪酬战略目标定位和薪酬政策要求对各项外在薪酬项目进行整合规划与管理具有奠基性和主导性的重要意义。

工作对于员工来说，不仅是“谋生”的手段，而且具有内在价值和直接激励意义。在赫茨伯格等人激励因素论的基础上，一些行为科学家提出了一系列关于工作激励特性的理论描述模型。他们认为，工作的任务特性，如复杂性、挑战性等，以及人们对这些特性的主观评价是褒扬还是针砭，对于员工的激励效应关系极大。所谓内在直接薪酬，就是指基于工作内在激励性特征而获得的满足感，大致说来，工作内在激励性特征有四个层面的意义：（1）工作内涵性意义；（2）工作主体性意义；（3）工作职业性意义；（4）工作社会性意义。而内在间接薪酬，则是指与工作内在激励性特征关系不大，但与工作潜在隐含性条件密切相关的一系列报偿性因素，诸如：组织环境适宜与否，办公设施及条件的好坏，交通与通信的便利程度，作息时间安排是否具有弹性以及职位及头衔是否具有吸引力，等等。这些工作潜在隐含性条件方面的因素与外在间接薪酬（员工福利）极为相似，对于员工来说也具有非常重要的间接激励性功能。

应该看到，基于“广义薪酬”概念和“战略性激励”理念，将内在薪酬与外在薪酬统筹起来进行平衡设计、整合规划与协同管理，在战略管理总体思路上具有“革命性”的拓展创新意义。在薪酬设计层面，可以借鉴卡普兰和诺顿“平衡记分卡”的思想方法，相应地提出一个叫做“平衡计酬卡”（Balanced Compensation Card，简称BCC）的四维薪酬战略整合管理框架。其基本设计和规划思路是：基于“广义薪酬”概念、“战略性激励”理念和“综合平衡”战略思想，从内在薪酬、外在薪酬、直接薪酬和间接薪酬四个基本维度，分别将基于共同愿景的组织薪酬战略目标明晰化、具体化，从而构建一种“四维标度盘”，如图7-6所示。

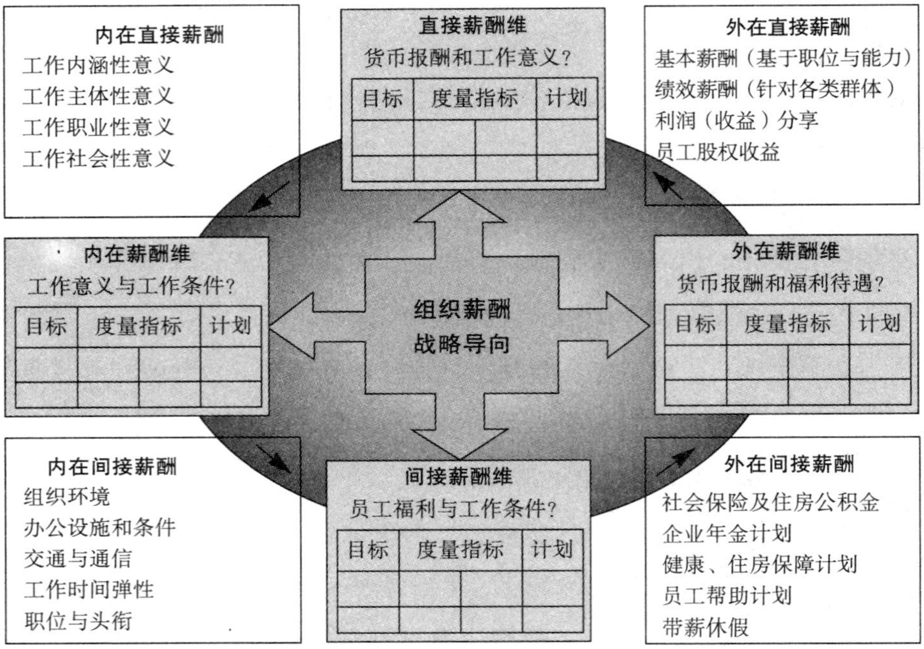


图7-6　“平衡计酬卡”四维标度盘

这样，在实际操作中，薪酬管理工作者就可以以平衡计酬卡的四维标度盘为基架——选择和设置相应的薪酬项目指标体系，在内在与外在薪酬、直接与间接薪酬项目综合平衡的基础上，对组织薪酬体系总体状态进行统筹规划、平衡设计和整合监控。但应该承认，在实际操作层面，这种内外在薪酬整合设计存在着相当大的难度。

## 公平感与激励效应

公平感是一个与社会文化环境相关的价值判断问题。“贡献律”是市场经济社会中的基本公平原则，但其运用是有条件的。

有经济学家说：“经济科学在分配法则上的错误对生产的有害影响，比生产理论本身的有害影响还要大。”这话可以换成：管理者在收入分配原则上的失误对于员工激励所带来的负面影响要远远大于直接生产经营过程中管理不当所带来的损失。这恐怕也是一个符合实际情况的判断。与金钱财富有关的收入分配关系，作为人际关系的一种重要载体和表现形式，对于一个组织或社会的实际有效运作来说是至关重要的。

如果一个人如同孤岛上的鲁滨逊是独立存在的，那么一般说来，其期望获得的金钱财富绝对数值越高，激励效应就越大。但人是一种社会性存在，人们在组织中获得收入多或少的关键往往不在“绝对水平”的高低，而在于相互比较中的“相对水平”，这就涉及到了所谓的“公平感”问题。

关于公平感的正规经典研究是由美国心理学家亚当斯（J.S. Adams）等人于20世纪60年代完成的。1963年，亚当斯等人发表《工人关于工资公司的内心冲突同其生产率的关系》、《工资不公平对工作质量的影响》和《社会交换中的不公平》等系列论著，提出了一套系统化的公平理论。所谓“公平感”，其实是一种主观价值判断，在不同的社会文化背景和意识形态下，其标准也会有很大差别，在市场经济条件下一般奉行的是“贡献律”，这正是亚当斯“公平论”（equity theory）的立论基础。

亚当斯认为，当一个人努力工作获得报酬时，他不仅关心所得报酬的绝对量，而且关心所得的相对量，他要进行“社会比较”以确定自己是否受到公平待遇。所以，亚当斯的公平论又被称作“社会比较理论”。所谓“公平”，就是员工把自己的工作绩效和所得报酬拿去与他人的工作绩效及所得报酬进行主观比较，由此产生的一种积极的心理平衡状态。相反，若比较时产生的是一种消极的、不平衡的心理状态，就是“不公平”。这里，比较的参照对象既可以是组织内的也可以是组织外的，还可以是员工过去的或者现在组织内外其他工作职位。

现设$Q_p$、$Q_x$分别表示当事人主观上认为的目前状态与比较对象状态下的任何形态的“收益”；$I_p$、$I_x$分别表示当事人主观上认为的目前状态与比较对象状态下的任

何形态的“付出”。那么，

（1）当（$Q_p/I_p$）>（$Q_x/I_x$）时，就产生歉疚性不公平感；

（2）当（$Q_p/I_p$）<（$Q_x/I_x$）时，就产生不满性不公平感；

（3）只有当（$Q_p/I_p$）=（$Q_x/I_x$）时，才有公平感。

一般说来，由于心理判断的主观性和内外不对称性，在第一种情形下，人们很容易找到“理由”而“心安理得”，或通过积极的行为调整，如更加努力工作等，来使自己“问心无愧”；遇到第三种情形也不会有问题；关键是在第二种情形下，不公平感除了在心理上改变参照对象或公平价值观外，大多数情况下会导致逆向的或消极的行为，如“争好处”、“怠工”、“拆台”、“窝里斗”或“干脆走人”等等。总之，亚当斯的公平论说明，公平感是影响人们行为倾向和激励强度的一个极为重要的社会性因素。

当然，按照“贡献律”进行收入分配的结果，很可能是一种“穷者愈穷、富者愈富”的马太效应。这样也会因为“边际效用递减”、贫富差距悬殊等，造成总体低效用、宏观不合理以及社会福利水平趋下等一系列矛盾和问题。因此，需要政府适当实行救济性、福利性的社会保障制度，采取一定的“均贫富”政策，来化解矛盾、避免冲突，以保证组织运作和社会发展的和谐和稳定。

同样1美元的效用因人而异。对于百万富翁来说，其效用几乎等于零；而对于一个穷光蛋而言，其效用近乎无穷大。百万富翁将1美元给穷光蛋，前者不少什么，而后者却保住了性命，整个社会福利总水平由此提高。所以，无论从个人还是从社会来看，适度的“均贫富”政策都是善举。这就是为什么西方发达国家普遍采取累进所得税法和遗产税法等法规政策“逼迫”富人救济穷人、进行慈善捐助的经济学道理。这样，所谓“市场经济加教堂”的社会经济模式，即在微观市场活动中奉行的自利主义和效率原则，与社会宏观层面的利他主义和公平原则，就可以在制度逻辑上和现实历史中得到内在有机的统一。

总之，树立“战略性广义薪酬整合激励”观点有利于管理者开阔视野，超越物本主义的狭隘工作思路，在广阔的人本主义战略性激励层次上去开拓管理思路，注意内外在薪酬平衡关系，恰当确定薪酬支付时机和方式，特别是能恰到好处地利用组织特有的内在薪酬优势和支付手法。这样，就可以在“务实”中不忘“精神”关怀，在追求事业成功中实现人生终极价值目标。

关于“内在薪酬”方面的问题，要说的话还有很多，我们将在后文中一一道来。就外在薪酬方面来看，仅有短期奖酬是远远不够的，还需要在长期股权安排方面建立长期激励机制。

## 参阅文献


[1] 泰德·克罗福德．金钱传．珠海：珠海大学出版社，1997

[2] 乔治·米尔科维奇，杰里·纽曼．薪酬管理．北京：中国人民大学出版社，2002

[3] 约瑟夫·马尔托奇奥．战略薪酬管理．北京：中国人民大学出版社，2005

[4] 詹姆斯·沃克．人力资源战略．北京：中国人民大学出版社，2001

[5] 韦恩·蒙迪，罗伯特·诺埃．人力资源管理．北京：经济科学出版社，1998

[6] 曾湘泉．薪酬：宏观、微观与趋势．北京：中国人民大学出版社，2006

[7] 曾湘泉，宋洪峰．薪酬理论的新发展：总报酬模型及其在中国的运用．劳动工资动态，2006（6）

[8] 董克用．中国转轨时期薪酬问题研究．北京：中国劳动社会保障出版社，2003

[9] 李宝元．薪酬管理：原理·方法·实践．北京：清华大学出版社，北京交通大学出版社，2009

# 8

# 长期股权　持续发展

劳动者变成资本家并非传说中因为公司股份所有权扩散所致，而是由于他们获得具有经济价值的知识和技能的结果。

西奥多·舒尔茨

# 企业理论缘起

> 企业产权问题的实质不是技术经济关系，而是人与人的关系，是制度安排问题。

亚圣孟子（公元前372—前289年）说："夫仁政必自经界始。"用专业术语来说，就是界定产权关系是有效经济制度安排的前提条件。孟子还说道："无恒产而有恒心者，惟士为能。若民，则无恒产，因无恒心。"这就是说，拥有稳定产权对于人们形成长期预期具有决定性作用。

对于一般人来说，有恒产者有恒心，无恒产者无恒心。这是亘古不变的道理。在现代企业制度背景下，为了说清基于"恒产恒心"的股权激励原理，我们有必要回到"企业是什么？"这个最原始的问题上。

自古典学派以后，经济学发展路径大致分为两支：一支以马克思为代表，继承了古典经济学的"政治"传统，以"人与人的生产关系"为焦点，将注意力集中在资本主义社会制度的"根本矛盾"方面，深刻地揭示了一些深层次的社会经济问题；而另一支则回避了资本主义社会"人与人之间的根本矛盾"，去掉"政治"二字，演变为只注重分析"人与物一般关系"的新古典主义学派，所以被马克思斥为"庸俗经济学"。经济学发展路径概图如图8-1所示。

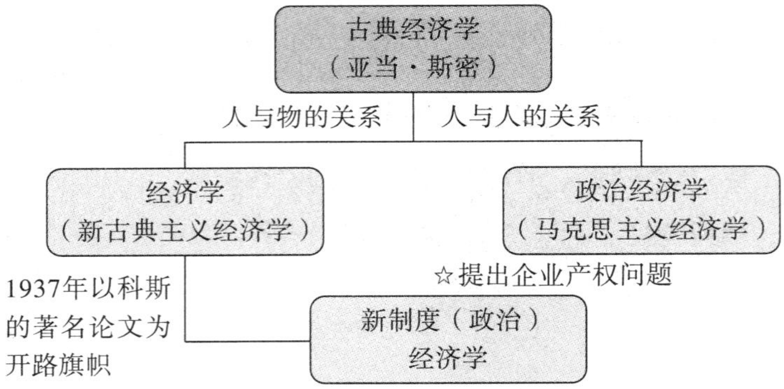


图8-1　经济学发展路径概图

马克思批评得有道理吗？确实有道理。正是因为回避了"人与人的关系"这一问题，传统新古典理论没有办法回答"企业"这种由人组成的特殊组织形式，也没有办法回答其制度性质究竟是什么及其规则如何形成这样本源性的问题。

在新古典经济学范式中，所谓的"厂商理论"只是把企业简单描述为一种承担投入产出技术性转换（即"生产函数"关系）职能的黑箱系统，也就是说，企业作为一种"生产函数"，其基本职能就是以"利润最大化"为目标函数，把投入要素加以技术性组合，并将之转化为产出。至于实际当中究竟是如何"转换"的，对于新古典经济学来说，那是外生的“技术问题”，而不是“经济分析”要回答的内生问题。这样，就将企业的组织性质问题一起给“回避”掉了，也似乎很“符合逻辑”地将企业排除在了其研究视野之外。

罗纳德·科斯

所以说，在新古典学派的话语体系中没有“企业理论”。现代企业理论的真正形成以及对企业所有权制度实质意义和历史变迁的深刻解说主要应归功于诺贝尔经济学奖得主罗纳德·科斯（Ronald H. Coase，1910—）所开创的新制度主义学派。

## 科斯定理与企业性质

企业是相对于市场、替代市场以降低交易费用的一种特殊（不完全）契约组织形式。

以科斯经典论文《企业的性质》为开路旗帜，在反叛新古典范式的基础上，形成和发展起来了一个新学派即“新制度经济学”，其“新意”何在？其实说穿了就是回归古典经济学的“政治”传统。

科斯是在英国上的学，我揣测他大概读过马克思的书，马克思批评新古典学派“庸俗”的事儿他八成也是知道的。所以，当他去美国实习写毕业论文的时候，就忽然“想通”了一个重要问题：原来传统新古典理论体系的根本缺陷，就是回避了“人与人的关系”。

他是这样想问题的：人与人的关系是什么？不就是某种“交易”关系吗？“市场”是一种（两人之间对等）交易方式，“企业”是什么？不也就是一种特殊的（命令—服从）交易方式吗？如果像新古典学说所说的那样，人与人之间的交易不会存在问题，要买就买要卖就卖，任何交易都不会发生摩擦成本，也就说“交易费用=0”，那么还需要企业干什么？所有的“交易”都通过市场这种方式来进行不就得了，何必要组成企业呢？

进一步反过来想，常言道“存在的就是合理的”。实际中之所以同时并存“企业”这种与“市场”不同的交易方式，总有它的“道理”，这道理是什么呢？按照新古典成本—收益分析的套路，不就是因为实际中任何交易方式都是有“摩擦”、有成本的，也就是说交易费用总是大于零的，若都通过市场交易就太麻烦、成本太高，于是需要一种替代的交易方式即企业来节省交易成本吗？

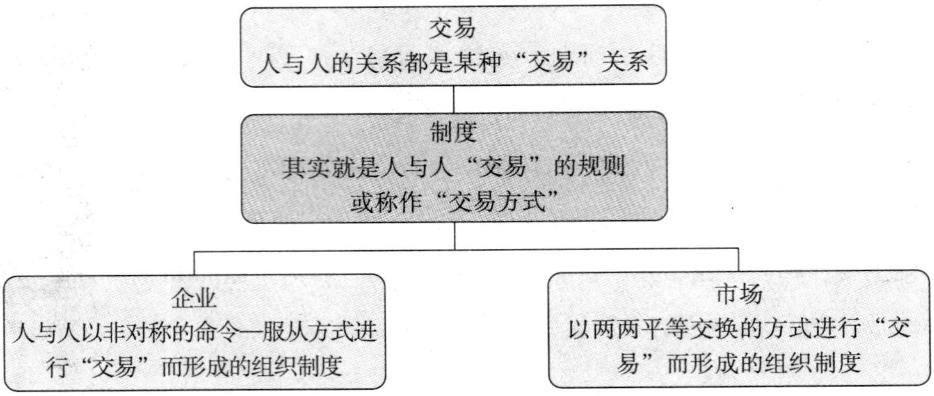
交易
人与人的关系都是某种“交易”关系
制度
其实就是人与人“交易”的规则
或称作“交易方式”
企业
人与人以非对称的命令—服从方式进行“交易”而形成的组织制度
市场
以两两平等交换的方式进行“交易”而形成的组织制度

图8-2　制度与交易方式

“科斯定理”要传达的意思是：如果不存在交易成本，企业产权这样的制度安排就不重要；而实际中企业产权这样的制度安排之所以如此重要，就是因为人与人之间的交易是要花费成本的。现实中，人与人打交道是有成本的，而且往往还很高，一旦成交“退出成本”很高甚至高到根本无法退出的地步，与谁打交道、以什么方式打交道这个问题就显得非常重要。

常言讲的“男怕入错行，女怕嫁错郎”，也是这个道理。在传统社会中，一个女人一旦嫁错了郎，一个男人一旦入错了行，可能从此便被“锁定”，一辈子都交代了，你说这事要命不要命。因此，科斯定理可以这样通俗（甚至有点庸俗）地演绎：如果不存在交易成本，那么嫁给谁都无所谓。因为不存在交易成本，或者说交易成本等于零，一婚与二婚没有任何区别，即使嫁错了再换就是了，有什么了不起的！但现实中显然不是这个样子的，至少对大多数人来说，婚姻非同儿戏，而是一个需要慎重抉择的“终身大事”。

同样道理，如果不存在交易成本，企业产权界定给当事人哪一方以及如何界定就变得无关紧要，无论你界定给哪一方，他们都会主动地、自由自在地、无障碍无摩擦地去商谈，经过无数次无成本的讨价还价，最后终会找到一个双方都满意的“均衡点”。但现实情况显然不是这样子的。由于存在大于零乃至很高很高的交易成本，你一旦将产权界定给某一方，或者做了某种不均衡的制度安排，几乎就成为不可改变的“铁定”事实，产权当事人要么因此界定而得益，要么因此界定而受损，从此不能改变。因此，产权界定及相关制度安排变得异常重要，往往成为利益相关者争议的焦点。

现在假设有一个存在二元交易方式的社会。在这个社会中，有一种交易方式是两两交换的平等方式，我们将它叫做“市场”；还有一种交易方式是命令—服从的非平等交易方式，我们将它定名为“企业”。由于存在交易成本，或者说交易成本大于零，因此这样两种交易方式必然存在一个“适度规模”或“合理边界”的问题。一种极端情况是，所有的交易都通过市场去进行，那么其交易成本就会变得无穷大，在实际中交易人觉得太“费事儿”，于是必然要选择另一种交易方式即“企业”来替代；反过来，情况和道理也是一样的。那么，这两种交易的边界在哪里？新古典主义的回答就是，边界就在“边际成本等于边际收益”的那个均衡点上。到此，就可以在理论上“逻辑自洽”地回答“企业是什么？”这个本源性问题了。科斯那篇获得诺贝尔奖的经典论文给出的答案就是：企业是在交易成本大于零的情况下替代市场交易的一种特殊契约交易方式。

现代企业理论的基本论点，简单地说，就是：相对于市场完全契约关系而言，企业本质上是要素所有者（人与人之间）缔结的一种长期性“不完全契约”。所谓“企业”，无非是一种特殊性质的市场契约，它不同于一般市场契约的特殊性质就在于，其长期合作关系具有“不完备性”，即企业利用要素所有者提供的人力与非人力要素进行生产经营活动时，要遇到各种市场不确定性风险，而这些风险在事前是无论如何都“说不清楚”并且无法预料和在保险市场上投保的。换句话说，拥有独立产权和契约自由的要素所有者，由于某种相通意识或共同目标，按照正式或非正式的规则形成特定的契约关系，共同分担责任、分配权力和分享利益，并把要素组合起来形成专业化生产经营，这样的交易方式或组织形态就是“企业”。

总之，科斯通过“交易费用”的概念革命，以“契约论”为核心和主导，对企业的组织性质和结构问题从各个角度和层面进行了严谨规范的理论界定与解析，形成了较完整的现代企业理论体系。其基本结论简单地说就是：相对于市场完全契约关系而言，企业本质上是一种长期性的“不完全契约”。这就是所谓“企业的契约理论”。具体说来，有“间接定价论”、“资产专用性论”、“团队生产论”、“委托—代理论”、“企业家—契约论”以及最新最前沿的“利益相关者论”等，各家各派，众说纷纭，但万变不离其宗，核心思想和基本套路总的来说都是“新制度主义”的。

## 企业所有权的实质意义

> 企业所有权安排的核心问题是：剩余索取权与控制权在要素所有者间如何分配、怎么对应。

假如，现在我们有三个人各出相关要素（先不要管是什么“要素”）合办一家企业，而既然是“企业”就意味着要冒“不确定性”风险，这种风险之所以是“不确定性”的，就是因为它没法在统计学意义上预期，否则的话就可以通过保险市场投保，那么经营企业就简单多了：这里办个企业，那边就到保险市场投个保，保证只赚不赔，哪有这等好事？

于是，我们三个合伙人就面临一个重要契约问题要解决：谁对经营结果负责任？各负多大责任？假若“平等协商”的结果是他们两位都不愿承担风险，而我愿意承担这个风险，那么这样就达成契约协议：他们给我干活，每天下来我保证给他们每人50元钱，剩下的无论多少都是我的，他们就甭管了。这意味着我承担着风险，也就是说，将企业的“剩余索取权”赋予了我，我就是“雇主”，而他们俩因为不承担经营风险，拿固定收入，所以就成了我的“雇员”。同时，因为我承担着风险，所以干活的时候该怎么干也得听我的，也就是说，企业的“控制权”也应属于我。否则，我承担着风险，干活的时候听他们俩的，那叫“两权不对称”，即剩余索取权与控制权不对称，这也就是我们平常所说的“责权利不统一”。一旦出现两权不对应或责权利相脱节，企业所有权制度安排就必然会出“问题”。

可见，用“理论”的语言来说，所谓“企业所有权安排”，其核心问题就是如何在企业产权主体之间分配剩余索取权和控制权，以及怎样处置和决定两权之间的对应关系。

首先，从事前的、意愿的和契约平等的原则要求来看，我们仨人都是“平等”的契约当事人，对于我们所有人来说都“天然”的或在“人权”意义上具有对企业所有权（它可以看做是“剩余索取权和控制权的简称”）的要求权，之所以我后来成了所有权主人（雇主）而他们俩成了被我雇佣的“雇员”，不是我天然的“特殊身份”使然，也不是我像歌剧《白毛女》中黄世仁那样违反契约规范强迫杨白劳按手印的结果，而是事前“平等自愿协商”的结果。换句话说，既然所有要素所有者都是企业契约平等自主的产权主体，那么对于具有“不完备性”的企业契约的执行及其所带来的不确定性风险，自然要由企业所有要素的所有者或成员来承担。

事实上，企业所有权对要素所有者之间风险责任的分配，不是绝对的有无问题，而是一个程度不同、比例大小的问题。拿上面我们仨人企业的例子来说，我作为雇主承担了企业经营风险，而他们俩人只拿固定收入即每天50元，但经营结果有可能是我破产了，原来答应给的50元现在给不起了，你能说这不是风险？

由此看来，对于每个契约当事人、要素所有者或产权主体来说，其契约收益实际上都有一个除去固定收入的剩余收益部分，所不同的仅在于不同成员之间，其收益的固定部分和剩余部分的比例会有所差别，而不是绝对的谁拿固定收入谁拿剩余收益的区别。相应地，对于每个契约主体来说，其为应对契约的“不完备性”而采取的对策，或者对于采取这样的对策所拥有的发言权或投票权，即企业的控制权，也只有形式和大小的不同，而非绝对的你有我无的问题。

因此，用严格的学术语言来说，企业所有权安排具有“状态依存性”，这种特征与其如张维迎所言表现为“在什么状态下谁拥有剩余索取权和控制权”的问题，倒不如说是一种“在正常状态下企业所有当事人各自拥有多大剩余索取权和控制权以及如何行使”的问题。经济学理论证明：一个“最优所有权安排”，即最大化企业预期总收益的所有权安排，定是一种剩余索取权和控制权在实际操作意义上实现尽可能对应的状态。谁在多大程度上拥有企业的控制权，相应地，谁就应该在多大程度上获得企业的剩余索取权，剩余索取权（控制权）跟着控制权（剩余索取权）走。

通俗地说，就是“责权利相统一”，你硬要它们“不统一”，它就硬要“出问题”。这就是科学规律。犹如重力定律，头上有压力自然要低头。责权利统一也是产权制度安排的规律，你“不服不行”！

## 凭什么当老板，为什么做雇员

> 受复杂的历史要素耦合的影响，实际中各要素所有者在企业产权制度安排中的地位很不相同，企业制度的具体历史形态也因此表现出动态多样性。

但是，理论并不等于现实，“应该”并不意味着“就是”，“事前”也毕竟不是“事后”。理论的、意愿的、事前的契约平等原则，往往是与现实的、历史的、事后的契约不平等同时并存的。

在现实中，企业所有权对应关系在利益相关者主体之间究竟如何配置，最终也要看当事人在既定历史状态和具体契约条件下所拥有的实际谈判能力究竟怎样。从最一般的意义上来看，影响这种谈判能力，也就是影响企业所有权安排在契约当事人间分布的事后均衡性因素，无外乎有两大类：一类是内在因素，即当事人自身的谈判能力，包括资产专用性、监督难易程度和风险经营才能等因素；另一类是外在因素，即契约订立的外部社会环境因素和各种约束条件。

首先要看你投入的要素是什么，是“专用性”的要素呢，还是“通用性”的要素。如果是前者，就是说，你投入的要素只能在咱们这个企业中使用，挪到别处是没用的。在这种情况下，也就意味着所有者用以缔结契约的资本要素可抵押性较大，从而其所承担的不确定性风险也较大。如果是后者，情况则正好相反，要素所有者很可能在关键时候挪走要素，而将其他专用性要素的所有者给“拿住”（hold-up）。因而，为了减少和避免资产专用性较弱的要素所有者的机会主义动机和行为，资产专用性较强的要素所有者在企业所有权安排中应拥有或较多地拥有剩余索取权和控制权。

其次，当事人行为后果的可监测性对于所有权分配也有较大影响。如同张维迎教授举例说的那样，在一个月光明媚的夜晚，一个人在树荫下干活，一个人在月亮光下干活，二人行为后果的可监测性大不相同，前者可以监督后者，但后者无法监督前者。因此，你委托责任，肯定是要给树荫下那一位，让他当工头监督管理月光下的那一位。正面地说，如果你投入要素的边际贡献较小、行为后果可监测性较强，就意味着你所承担的不确定性风险较小，你的要素投入易于通过市场定价机制取得固定性回报，所以在企业所有权安排中所占的剩余索取权和控制权配置份额就相应较小。反之，人家投入要素的边际贡献较大、行为后果可监测性较小，则应获得或较多地获得剩余索取权，以便使他们有积极性去监督其他成员的工作。同时，为了使监督工作最终得以实行并有效率，还要较多地赋予他们支配控制其他成员的管理权。

还有，契约者承担风险、进行创新的能力也是一个关键要素。张维迎先生在他的博士论文《企业的企业家—契约理论》中得出结论：最佳的企业制度安排就是“资本雇佣劳动”，即一个企业家最好也是一个资本家，就像工业化初期的业主制企业那样，资本家同时也是企业家来雇佣控制工人，这是“最优”的制度安排。为什么？实际上此结论是在“严格假定”的条件下“推”出来的。这个前提条件就是：在社会大众中，每个人的个人信息都无法知晓，但有一个信息即财产多少是可以知道的。就是说，谁是富人谁是穷人，这个我是知道的，除此之外其他信息我都一无所知。在这种情况下，有钱的、有财产的富人就占先，因为他有承担风险的能力；而穷人在谈判中就处于劣势，因为他说话没人相信。因此，在这样的假设下，自然是前者（资本家）雇佣后者（劳动者）为“最优”。

显然，随着技术和经济的发展，私人信息的价格显示机制越来越多样化、灵敏化，这样苛刻的假定条件肯定是“不符合实际”的。就信息显示机制情况来看，一方面，如果私人信息的价格显示机制比较健全，拥有私人信息者就可以此为筹码讨价还价，从而取得较大的企业所有权；另一方面看，如果私人信息的价格显示机制不太健全，拥有私人信息者就会利用其信息偏在优势采取逆向选择和败德行为，损害其他契约当事人的利益，在这种情况下，应将企业所有权较多地赋予不具有私人信息优势的一方。此外，资本要素市场的供求状况以及相对稀缺性和重要程度也是决定要素所有者是否具有能够“拿住”其他契约方而处于谈判优势地位的重要因素。

总之，企业所有权安排并不存在唯一或单一的不变程式，而是随不同的契约条件在当事人的互动博弈过程中不断变迁，且往往具有多样优化选择的方向。对应于不同的所有权依存状态，公司治理结构即企业所有权的具体实现形式也表现为各种“共同参与、相机治理”的历史状态。

## 雇员也是企业“主人”

雇员也是主人，因为他们是企业人力资本要素所有者，就如同传统雇主是企业非人力资本要素所有者一样。

如果把企业成员扩及为“利益相关者”，即签订企业这种特殊契约的各方当事人，那么就可以将其大致归并为两大类：一类是人力资本要素所有者，包括工人、经理和企业家等，当然，他们也可以同时是非人力资本所有者；另一类是纯粹提供非人力资本要素且与非人力资本的具体支配使用权相对脱离开来的，主要指股东和企业债权人，也包括重要供应商和主体客户。这样，如周其仁教授所说，企业就可以看做是人力资本所有者与非人力资本所有者所订立的一种“不完全契约”。因此，张维迎先生说，现代公司制度的实质，与其说是所有权与经营权相分离，倒不如说是在人力资本要素和非人力资本要素所有者巧妙分工的条件下，更加凸现人力资本的直接、能动和决定性作用的一种制度安排。

从理论上来看，上面所说的要素所有者在产权要求方面的多元对等意义同样适用于人力资本所有者和非人力资本所有者的情况。既然他们都是企业契约的当事人，那么对于具有“不完备性”的企业契约及其执行所带来的风险自然要由非人力资本所有者和人力资本所有者来共同承担。因此，无论企业所有权安排的最终结果如何，从契约自由平等的根本原则和事前的应然权利要求来看，人力资本与非人力资本所有者都有平等的权利要求参与剩余索取权和控制权的分配。就公司制股权的性质和要求来说，只要所有权主体将其资本要素投入公司且具有不可收回性，并能以投入数额为限承担责任和取得收益回报，那么，无论其投入的是非人力资本还是人力资本要素，都可以"股份化"为股权形式拥有剩余索取权和相应的控制权。

具体地说，对于非人力资本来说，如果其所有者不愿承担企业经营"应有"的风险，将其资本要素投入企业还要求按期收回，那么他就可以得到较固定（相对说来风险较小）的债券收入（利息），在有关债务安全的决策上也拥有一定的控制权；如果其所有者愿意承担企业"应有"的风险，将其资本要素投入企业后就不要求退还，那么他就作为股东拥有较大的企业控制权，取得较大的剩余收入即风险较大的股息红利收益。这就是说，非人力资本可以是股份资本，也可以是非股份资本；可以具有股份性，也可以是非股份性的。这似乎没有什么歧义。

那么好了，同样道理，为什么不可以贯彻应用到人力资本要素及其所有者身上呢？对于人力资本来说，如果其在企业中的重要性较小、专用性不大（即具有较强的通用性），从而具有较大的流动性即可以方便地将其从企业中抽走，那么其所有者就可以得到较固定（相对说来风险较小）的工薪收入，在有关工薪支付等决策上也拥有一定的发言权或投票权；如果其在企业中举足轻重，具有较强的专用性和团队性，以致很难将其从企业中抽走，或要流动就要付出高昂的成本或代价，甚至一旦离开企业其价值就会荡然无存，那么其所有者在企业产权制度安排中就应该拥有较大的控制权和剩余索取权，以股权形式取得风险收益。也就是说，人力资本可以是非股份性的，也可以股份化为股份资本形式。这也应该符合制度逻辑，不会存在什么问题的。

20世纪中后期是企业公司化大变革的时代，以"两权分离"为基本制度架构，逐渐形成了这样一种公司运作格局：随着企业规模扩大和高新技术迅速发展，在公司所有权广泛分散于不承担任何管理责任的外部投资者（非人力资本所有者）手中的同时，公司实际控制权转移到专业管理和技术精英层（人力资本所有者）手中。

正所谓"天下大事，合久必分，分久必合"，"两权分离"所带来的"代理成本"问题累积到一定程度，自然要求通过"两权"的适度合一来解决。到20世纪六七十年代，"两权分离"造成的矛盾越来越突出，拥有专业化人力资本的管理层往往会遇到由于受（股东财务资本）所有权掣肘而无法有效发挥控制权的尴尬局面，同时自己的专业化人力资本产权权能和权益在企业所有权结构中也常常得不到正面的认可。于是，以经理股票期权为主要内容的股权激励机制纷纷在西方很多大公司流行开来，同时在企业并购浪潮中就产生了一股"管理层收购潮流，从而出现了管理层持股控制企业所有权、两权逐渐走向合一的新趋势。

股权激励计划的实质意义在于将企业内部成员所拥有的人力资本存量直接作资入股，使之不仅从企业经营中得到补偿性回报，而且能得到增值性或剩余性收益。股权激励计划的基本实现方式有员工持股计划（Employee Stock Ownership Plans，简称ESOP）、管理层收购（Management Buy-Outs，简称MBO）和经理股票期权（Excutive Stock Option，简称ESO）等。具体股权安排形式又有干股、绩效股、优惠售股、延期股、虚拟股票和股票期权等，它们在中国转型期企业特定制度背景下，往往具有一系列特殊的内在逻辑、创新方向和演化趋势。

干股即一种无偿赠予的限制性股权。这种股权通常是在一个指定期限内免费授予特定人员，但他们不得实际拥有或支配，只享有分红权而没有表决权。一旦限制期满，受股人员没有离开公司，方可以自由处理这些股票；如果在指定期限内，持有者由于自动离职、辞退等非正常原因离开公司，则其股权由公司无偿收回。公司在一些特殊情况下，如创建时或要改变业务时，往往采用这种干股形式进行激励。另外，对某些进入公司一定时期并有突出贡献的管理人员，也常采用这种激励形式。

绩效股是在干股基础上的一种改进形式。为了获得一定数额的免费股票，受股者不仅要在公司工作满一段时间，而且期满后，在公司某个或数个业绩指标增长达到一定数额时，才能获得免费股票，或者将股票赠送给特定人员，但只有当每股净资产等指标上升到某一目标价位时，才可以转让股票以获利。

优惠售股即公司根据业绩考核将股票以相对于市场价较低的价格售于特定人员，持股者享有分红权和配股权，但没有表决权，等到规定时限以后才能转让或出售变现。具体时限规定不一，有些公司规定离退休时才能变现，有些公司规定在持股后5~10年内分期变现。公司股价上升时，持股者可以受益；反之，股价下降时则受损。

延期股是一种账面支付股票，即将特定人员的部分奖金折算为股票数量存于专门账户，由公司托管，任期内不能出售，等到其任期结束或退休时，才可以依据股份价值以现金兑现。

虚拟股票指根据考核给予经营者或技术人员的一种"虚拟的"股票，其发放不会影响公司的总资本和所有权结构，持有者没有所有权，但可以享有分红权和股票价格上升带来的收益。一般在上市公司中运用。

股票期权实际上是在产权比较清晰、公司治理结构健全和资本市场机制较完善的情况下，通过设计适当的股票期权计划或方案对那些掌握企业运营控制权的人力资本所有者，包括经营管理人员、技术开发人员和市场营销人员等，给予企业剩余索取选择权，使他们与企业结成命运共同体，以期达到对专业化人力资本的长期激励使用目标。

下面，我们先简要介绍一下员工持股计划的历史起源和美式操作原理，再结合中国企业改革和发展的实践，重点讨论关于经理层持股（MBO、ESO）的制度根源及相关实施问题。

## 员工持股计划

ESOP起源于20世纪中叶的美国，有着特殊的理论说辞和历史背景。

在西方，员工持股计划最初由美国企业金融投资律师路易斯·凯尔萨（Louis O. Kelso）于20世纪中叶提出，后在美国政府支持下很快得到推广应用，并流行于西欧及东亚各国。

1958年，凯尔萨通过自己创办的投资银行，以股票红利作抵押，给濒临破产的西海岸报社职工贷款，成功地将该公司72%的股权转让给职工。这就是ESOP的最初实践。凯尔萨极力推行ESOP有其特殊的理论背景和政治图谋，他认为ESOP应该成为他所倡导的所谓“民主资本主义”的具体行动计划，其基本理论根据就是他在同年与他人合著的《资本家宣言：怎样用借来的钱使8000万工人变成资本家》中提出的“双元因素论”。

实际上，凯氏理论并无什么新意。所谓“双元因素”即传统所说的劳动和资本。凯尔萨认为，对于资本主义生产来说，劳动和资本是同等重要的两个经济要素，但是二者的作用有所不同，劳动可以创造“物质”，而资本则可以创造“财富”，尤其在现代经济中资本的作用越来越大，因而“劳动最多只能维持生活，而资本则产生富裕”。“因为富裕通常是资本而非劳动的产物，经济的构造就必须最终使所有人的收入中越来越大的比例是通过他们个人特有的资本获得的，并在同时生成足够的购买力去消费经济的产出”。

凯氏指出，资本主义的根本矛盾在于“过度资本化”与“资本化不足”的极端分化，即90%的资本被10%的人拥有，剥夺了广大劳动者利用资本享受富裕生活的权利。因此，应根据“参与原则”和“限制原则”使资本所有权分散化，以实现使所有人既获得劳动收入又分享资本收益的"民主资本主义"。具体途径就是实施ESOP，即借助一种新的资本信贷方法使雇员持有本公司股票。他认为，推行ESOP可以充分体现自由市场经济民主，克服资本主义经济危机和劳资矛盾，有利于充分就业和社会经济稳定，因而可以使社会各界成员成为"终身就业"的资本工人，具有广阔的应用前景。

可以看出，凯氏所谓"双元因素论"在理论逻辑上显然有欠严密性。按照他的理论，我们很难了解为什么劳动只创造"物质"，而资本则可以创造"财富"，以及"劳动最多只能维持生活，而资本则产生富裕"。他的这些说法只是非常表象化的现象描述，很难谈得上是什么"理论"。他所说的资本主义的根本矛盾在于"过度资本化"与"资本化不足"的极端分化，也是如此。这与马克思早就深刻揭示的"资本主义基本矛盾"虽是相通的，但相对来说却是非常表象化或肤浅的。

但是，由此理论提出来的ESOP却是在资本主义制度框架下缓和或化解劳资矛盾、促使企业对员工实施战略性长期激励的有效途径。所以，ESOP一经提出，便得到美国政府和社会相关利益集团的认可和响应，进而很快流行于西方各国。20世纪80年代，在西欧诸国以及日本、韩国等亚洲国家，ESOP都曾在企业界大行其道。ESOP在实施之初其实主要是作为一种员工福利计划被推出，后来才逐渐演变为一种实现企业员工人力资本要素股权化的激励制度安排。具体操作可以借助信贷杠杆，也可以不用信贷杠杆。

利用信贷杠杆的ESOP基本操作套路大致是：先设定一个员工持股计划基金组织，专门负责员工股票的购买、管理和运作；然后，在公司出面作担保的情况下，该组织从金融机构借款筹措资金，并以借来的钱帮助雇员购买本公司股票，并将股票暂时放入基金组织的"悬置账户"内；接着，公司每年将一定比例的股息红利在税前划给基金组织，以此来分期偿还贷款本息并冲减账户余额，从而将股票逐步转入员工个人账户，雇员由此拥有公司股权并取得资本收益；等到员工离职或退休时，公司再将股票回购回来。利用杠杆的ESOP操作示意图如图8-3所示。

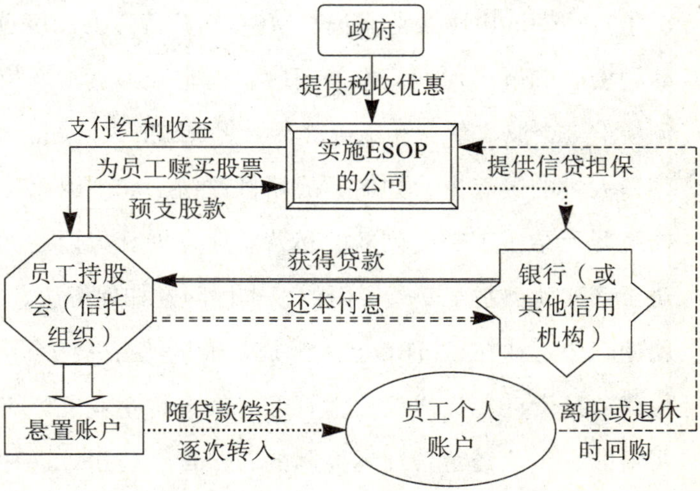

图8-3　利用杠杆的ESOP操作示意图

当然，实施ESOP也可

以不用信贷杠杆来操作。其办法是：先由公司以股票形式向员工提供借款（赊账），将股票交给员工持股会，员工按其分得的股票每年从公司利润中获得相应红利，并用这些红利归还公司以股票形式提供的借款，一旦还清借款，股票即属员工个人所有。

## 中国经理股权革命

在中国企业人力资本产权变革的三次浪潮中，经理层股权激励始终处于激荡冲锋的焦点。

人力资本股权化是现代企业产权制度变革的基本逻辑和大趋势。如何在实际操作层面解决“两权分离”悖论不仅是现代公司制度运作和发展的主题，也是中国企业人力资本产权制度变革的逻辑起点、核心问题和主要矛盾。1992年以来，中国企业人力资本产权变革经历了三次浪潮：1992—1997年，以职工持股制和股份合作制改造为主题的第一次浪潮；1998—2004年，以管理层收购为主题的第二次浪潮；2005年以来，以股权分置改革和股权激励计划为主题的第三次浪潮。在这三次变革浪潮中，经理层股权激励始终处于激荡冲锋的中心。经理层持股的具体实现形式是多种多样的，但归纳起来无外乎两大类，即管理层收购和经理股票期权。

管理层收购最初产生于欧美国家20世纪70年代泡沫经济破损下的杠杆收购浪潮。它其实是一种特殊形式的“杠杆收购”（Leverage Bug-out，简称LBO），即不是由战略投资人和金融（风险）投资人而是由公司经理层借助金融杠杆购买本公司股份，实行资产重组改变公司所有权结构，从而达到经理层持股控制企业所有权的目的。对于转型期的中国企业来说，MBO具有特殊的制度创新意义。它主要还不是一般性的融资收购解决代理成本的问题，而是人力资本产权制度变革的问题，是通过制度创新推进企业改革、实现经营者长期激励的大问题。

大量的国有企业如何“战略性改组”和“退出”？产权关系不清的集体企业怎样绕开死结实现制度创新？私营企业发展壮大以后如何在制度上保证可持续发展？对于诸如此类制度变革层面的根本性问题如何解决，人们在各种法子都使尽了以后，就把希望寄托在了MBO上。于是，很早就有一些乡镇企业，如辽宁盼盼集团有限公司就通过资产转让协议，由管理者个人将企业资产买断，从而将原企业改制为产权明晰的、企业经营管理者控制的有限责任公司。这种资产转让实际上就有了一定的MBO性质，但是真正引领MBO浪潮的首个运作案例还是1998年的四通集团。

1998年，经过内部研讨和外部专家咨询，四通集团提出了“冻结存量、界定增量”的重组方针，采用MBO方式进行产权制度变革，把重点放在新扩大部分的资产界定上，用清晰的增量来稀释不清晰的存量。经理层通过贷款买下公司或公司的大部分股权，从而达到对公司有绝对控制力的目的，通过资产重组使企业摆脱历史包袱，明晰产权，规范管理。1999年5月6日，四通的职工持股会经审批正式创立。紧接着，四通集团公司经理、员工出资搭建了一个产权清晰的新平台即“四通投资有限公司”，然后把原四通集团拉进这个平台，分期分批通过募资扩股收购四通有关IT产业的资产，以此实现该公司的产权明晰。在当时既定的政策法律框架的约束下，四通集团采用MBO方式来进行重组，委托融资顾问、财务顾问作为中介，操作也比较规范，这为转型期的中国企业改革开辟了一个广阔的前景。

在四通的带动下，MBO很快成为企业界、管理界和证券金融界的热门话题。大量非上市公司的MBO行动没法统计，仅从公布MBO方案的上市公司来看，自2000年粤美的公司打响上市公司MBO第一枪，在短短两三年时间里，就有深圳方大、宇通客车、四川全兴、恒源祥、万家乐等十余家公司陆续实施了MBO，还有大量不是在上市公司层面而是在集团层面、旗下子公司层面以及部分资产和业务层面的MBO“潜在水下”，其他中小企业也纷纷效仿，掀起了一轮MBO热潮。2002年中央政府出台了有关国有股权转让的政策规定，同年10月《上市公司收购管理办法》、《上市公司股东持股信息变动信息披露管理办法》陆续出台，这些政策法规为上市公司和非上市公司实施MBO提供了宽松的政策环境。

当时，MBO的目标企业主要是国有中小企业、各类集体企业和私有企业。早前，在政府和有关管理部门的支持和推动下，一些国有企业的经营者及职工就已开始通过职工持股会与经营者控股相结合的形式分期支付购买国有企业产权，以达到产权关系明晰化和彻底改善经营激励机制的目的。1998年下半年到1999年上半年以及2001年6月，为了解决国有企业资金问题和完善社会保障机制，国家有关部门曾先后两次进行过国有股减持的探索性尝试，可以说，MBO为国有股减持政策和建立国有企业经营者股权激励机制之间提供了一个操作契合点。一方面国有股减持为MBO提供了政策机会，另一方面MBO又是国有股减持的一条重要途径，它能够在实现国有股减持政策中的国有经济“有进有退”战略性重组和提高国有资本配置效率的宏观目标以及促进国有企业股权多元化和建立规范公司治理结构的微观目标的同时，达到建立有效的国有企业经营管理者激励约束机制和在制度上保障国有企业长期可持续发展的根本目的。而各类集体企业，特别是众多的乡镇企业，由于历史原因，其产权关系大都是一团理不清的乱麻，在经过一二十年的风雨坎坷、成长壮大后，以前不大成问题的产权问题就成为进一步发展的根本性制度障碍，因此通过MBO方式实现职工持股制和股份合作制改革就成为越来越多的集体企业制度创新的必然选择。同样，很多私有企业经过摸爬滚打终于奠定了创业根基，但当企业发展到一定规模后，具有现代经营管理知识和能力的经营者必然会实际掌管企业的运营，进而要求剩余索取权，在这种情况下业主与经营者协商通过MBO方式转让企业所有权就成为经常发生的事情。

与西方企业不同，对当时看好并尝试进行MBO的中国企业来说，其“兴奋点”大多集中在产权制度变革层面：人们试图通过MBO 来解开长期困扰公有制企业的产权死结，用清晰的增量来赎买或稀释产权模糊的存量资产；同时，也希望通过MBO有效解决长期难以解决的经营者短期行为和代理成本昂贵的问题，从根本上建立企业运营管理的长期激励和约束机制；当然，还希望MBO能够为企业家和经营管理人员提供很好的创业机会和舞台，使中国企业家队伍或经理阶层逐渐形成并发展壮大，从而成为推动中国经济发展的主力军。因此，中国企业MBO实践有自己特殊的背景、特色和问题。首先，其收购主体不像西方公司那样就是纯粹的“高层经理人”，而大都是与职工持股会制度相结合，由全体公司员工参与、由经营者主导的收购；其次，从融资系统、收购方式以及操作过程和程序来看，中国企业MBO实际运作尚缺乏必要的金融支持系统，其借贷融资手段和渠道受宏观法律和政策约束较大，采用杠杆收购的情况还不多，企业经营者多以自筹资金或私募投资为主进行公司改造来完成，例如以承包利润反购或通过定向扩股迂回逐期以资产融资收购股权来实现，因此在实际操作中步履维艰、矛盾和问题很多。

正当MBO如火如荼、轰轰烈烈地进行之际，2003年3月财政部突然叫停，并表示在相关法规未完善之前暂停受理审批上市或非上市公司的MBO；同年4月6日国资委正式成立，年底出台《关于规范国有企业改制工作的意见》；2004年1月出台《企业国有产权转让管理暂行办法》，宇通客车等10多家全国有影响的企业启动或完成MBO。2004年12月国务院高层明确指示：大型国有企业不搞MBO，中小企业可以探索。随后，国资委发布禁令、出台规范意见，对中小国有企业MBO行为进行规范约束。2005年4月14日国资委、财政部正式公布《企业国有产权向管理层转让暂行规定》，可谓“山重水复”中“柳暗又花明”。从此，受让国有产权在操作管理层上有了明确的合法依据，散布在全国各地的15万家中小国有企业的命运有可能由此改变。与此同时，资本市场上股权分置改革也在紧锣密鼓地进行着，以经理股票期权为主题的新一轮人力资本产权制度变革正在涌动。

由于复杂的历史原因，虽然相关政策法规没有明确的制度性安排或禁止性规定，但自1992年开始股份制试点以来，事实上在很大程度上限制了国有股、法人股股份的上市流通，由国有企业改制而来的上市公司其股权设置采取了“双轨制”做法，形成了具有中国特色的二元股权结构，即上市公司的一部分股份上市流通，一部分股份（国有股）暂不上市流通，这就是后来所说的“股权分置”现象。股权分置是历史遗留下来的制度操作性缺陷，在诸多方面已经制约了资本市场的规范发展和国有资产管理体制的根本性变革，并且随着新股发行上市不断积累，这种负面影响也日益突出，到了非改不可的地步。于是，在20世纪90年代末，国家有关部门曾先后两次进行过国有股减持的探索性尝试，但国有股减持的动机与股权分置改革的初衷存在错位，股份减持并不必然获得流通权，而非流通股获得了流通权也并不意味着一定会减持，因此效果不理想，很快停了下来。直到2004年初，股权分置改革才被正式提上日程，经过一系列改革举措的密集出台，到2005年底，股权分置改革已进入扫尾阶段，后股权分置时代在资产估值功能、市场有效性、大股东行为、上市公司业绩考核目标等方面将为股权激励计划的实施提供有利条件。

在股权分置改革的基础上，中国证监会于2005年底发布了《上市公司股权激励管理办法》（试行），国资委与财政部又相继于2006年1月和9月适时出台了《国有控股上市公司（境外）实施股权激励试行办法》、《国有控股上市公司（境内）实施股权激励试行办法》。在这样一系列政策法规的指引下，上市公司股权激励计划本着“规范起步、循序渐进、总结完善、逐步到位”十六字方针，在实施策略上“着眼增量、慎用存量”，在实施步骤上“先境外后境内；先上市后非上市；先多元化后全资；先试点再推开”，就这样在中国大地上如火如荼地广泛开展了起来。2006年12月19日，“宝钢股份”正式公告了其限制性股票的激励计划，作为国资委《境内办法》出台后实施计划的“央企第一家”，“宝钢股份”的这一做法具有重要的标杆意义，这意味着国有控股上市公司股权激励计划正式启动。截至2007年2月底，实施股权分置改革的上市公司中已有22家上市公司获得了证监会备案无异议，这些已经获得权威监管部门书面放行的股权激励计划方案构成未来上市公司股权激励实践的主要样板，成为新一轮彻底的、立体化的公司治理革命浪潮的领头浪。

经理股票期权，简单地说，就是特别赋予公司高层经理人员或技术骨干的一种购股选择权利，即持有者可以在特定时期以事先确定的行权价（一般是授予期权时的公平股市价）购买本公司的股票。显然，这种选择权制度安排要具有长期激励效应，须具备如下两个隐含假定条件：一是经理人努力程度与企业经营业绩正相关，二是企业经营业绩与企业股票价格走势正相关。这样，如果经理人努力经营企业，企业业绩提升，股价就会往上走（如图8-4中股市走势Ⅰ），肯定会高于事先约定的价格水平，在这种情况下，期权持有者就会选择行权，每股就可以获得相当可观的差价收益；否则，股价就会往下走（如图8-4中股市走势Ⅱ），很可能跌到约定价格水平之下，这时股票期权就失去价值，期权持有者自然会放弃行权，不能获得任何收益，但也不会有净损失。可见，ESO是一种正向奖赏性的制度安排和激励机制。

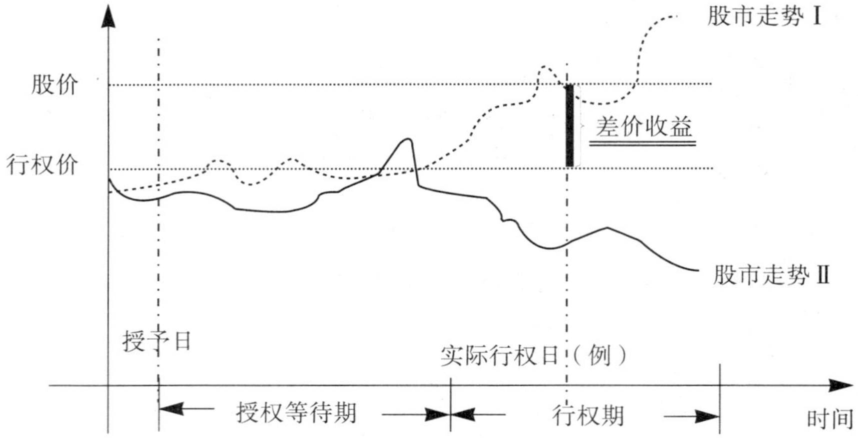


图8-4　股市走势图

在实际操作层面，ESO是一项很复杂、难度极大的制度设计，需要权衡许多因素和利益关系。一个完整的股票期权激励计划涉及授予对象、行权价格、授权数量、股票来源、执行期限和考核指标等诸多设计要素。实行股票期权计划的企业也需要具备一些必要条件，诸如：具有良好的以人为本、民主参与的软环境；企业家人力资本在企业运营管理过程中的主导作用明显且其未来潜在价值和提升空间也较大；企业属于竞争性的或非政策性、制度性的垄断行业，企业生产要素，包括人力资本要素的市场化程度较高；企业发展前景好，具有较大的潜在管理效率提升空间，一般属于电子计算机、网络通信、生物医药等高科技企业。

目前，对于中国企业来说，实现人力资本股权化、推行股权激励计划，已经不是什么“理论”问题，而是如何实际“行动”的问题。基于人力资本产权制度变革积极推行股权激励计划是未来中国企业必然而明智的战略选择，具有广阔的制度创新和应用前景。当然，这也是一个渐进的、艰难的制度变迁和社会利益互动过程，需要时间和耐心。

经理层持股的重大意义不仅在于“长期激励”层面，而且是关系到企业能否实现长程可持续发展的根本性问题。让我们循此线索走向前沿！

## 参阅文献

[1] 罗纳德·科斯．论生产的制度结构．上海：上海三联书店，1994
[2] 张维迎．企业的企业家—契约理论．上海：上海三联书店，1995
[3] 张维迎．所有制、治理结构及委托—代理关系．经济研究，1996（9）
[4] 张维迎．企业理论与中国企业改革．北京：北京大学出版社，1999
[5] 周其仁．市场里的企业：一个人力资本与非人力资本的特别合约．经济研究，1996（6）
[6] 周其仁．真实世界的经济学．北京：中国发展出版社，2002
[7] 杨瑞龙，周业安．企业的利益相关者理论及其应用．北京：经济科学出版社，2000
[8] 路易斯·凯尔萨．民主与经济力量：通过双元因素经济开展雇员持股计划革命．南京：南京大学出版社，1996
[9] 弗雷德里克·李普曼．员工持股计划：实施指南．北京：电子工业出版社，2002
[10] 吴晓求．股权分置改革后的中国资本市场．北京：中国人民大学出版社，2006
[11] 李宝元．中国企业人力资本产权变革三次浪潮评析．财经问题研究，2007（7）
[12] 李宝元．人力资本论．北京：北京师范大学出版社．2009

# 前沿篇

# 9

# 没有规矩　不成方圆

离娄之明，公输子之巧，不以规矩，不能成方圆；师旷之聪，不以六律，不能正五音；尧舜之道，不以仁政，不能平治天下。

孟子

## “圣人”与“规矩”

> 规矩，方圆之至也；圣人，人伦之至也。

让我们暂时从现代企业中的是是非非中脱开身来，回到2 300多年前的亚圣孟子那里，聆听这位老夫子有关“规矩方圆”的儒家理想主义高论。《孟子·离娄》开篇即说：

离娄之明，公输子之巧，不以规矩，不能成方圆；师旷之聪，不以六律，不能正五音；尧舜之道，不以仁政，不能平治天下。

圣人既竭目力焉，继之以规矩准绳，以为方圆平直，不可胜用也；既竭耳力焉，继之以六律正五音，不可胜用也；既竭心思焉，继之以不忍人之政，而仁覆天下矣。故曰：为高必因丘陵，为下必因川泽，为政不因先王之道，可谓智乎？是以惟仁者宜在高位。

规矩，方圆之至也；圣人，人伦之至也。欲为君，尽君道；欲为臣，尽臣道。二者皆法尧、舜而已矣。不以舜之所以事尧事君，不敬其君者也；不以尧之所以治民治民，贼其民者也。

孟子认为，就如同“方圆”是根据“规矩”而形成的一样，“人伦”关系的形成需要依靠大家成为“圣人”。“规矩”是成“方圆”的标准尺度，工匠虽巧如公输、眼睛明亮如离娄，如果没有规矩尺度，也是无法制造好器具的。“为政”即管理也是如此，虽有善心好意但没有制度章法是没有办法达到“平治天下”的管理目标的。

较早于孟子的墨家学派创始人，战国时期著名思想家、教育家和军事家墨子（约公元前468—前376年）从“人不分幼长贵贱，皆天之臣也”的天赋人权民主思想出发，以“兼爱”为核心提出了类似的观点。他在《墨子》卷一法仪第四、卷七天志上第二十六中论道：

墨子

天下从事者，不可以无法仪。无法仪而其事能成者，无有也。虽至士之为将相者皆有法，虽至百工从事者亦皆有法。百工为方以矩，为圆以规，直以绳，正以县。无巧工不巧工，皆以此五者为法。巧者能中之，不巧者虽不能中，放依以从事，犹逾已。故百工从事，皆有法所度。今大者治天下，其次治大国，而无法所度，此不若百工辩也。

我有天志，譬若轮人之有规，匠人之有矩。轮匠执其规矩，以度天下之方圆，曰："中者是也，不中者非也。"今天下之士君子之书，不可胜载，言语不可尽计，上说诸侯，下说列士，其于仁义则大相远也。何以知之？曰：我得天下之明法以度之。

孟子、墨子在这里所讲的"规矩方圆"法理实际上都是现代制度经济学的基本原理。当然，现代制度经济学所基于的"人性论"与中国诸子百家特别是儒家所说的"圣人论"有所不同。孟子的"圣人"，更多的是指与"小人"相对的"大人"或曰"君子"，他老夫子满脑子"精英治国"思想，认为要行"仁政"必须依靠这些高人一等的圣贤精英来引导治理，与一般老百姓无关。而"经济人"则是指所有的人，在经济学家那里没有什么"小人"、"大人"之分，他们认为人们在追求自利方面没有智商差别，全都是"理性人"，只要给定"规矩"他就会按照自己的意思造"方圆"。

但是，无论是叫"圣人"也好、"经济人"也罢，共同之处就是都认为人伦关系"方圆"（非正式制度）的形成需要有行为规范即"规矩"（正式制度）作基础，在这一点上，现代制度经济学原理与孟子圣言大理是完全相通的。要理解现代制度经济学关于"制度"（规矩方圆）的理论解说，首先应该追溯一下"经济学原本是什么"这个德鲁克式的问题，以及长期以来国人是怎么误会甚至歪解经济学的"本真思想方法"的。

## 走出对经济学的误会

> 萧伯纳说：经济是充分利用人生的艺术。经济学是解析"人生艺术"的一门好学问。

"经济"在中国古汉语中的意思是非常广泛的，涉及"经邦济世"、"经国济民"等所有与人民大众的生存和发展有关的事情。在西方古典经济学那里也是如此，亚当·斯密的名著《国富论》就是明证。只是后来一些新古典追随者"剑走偏锋"，一些号称"马克思主义"的学者歪解马克思，才弄得经济学"面目全非"，搞得人们思想混乱、是非不明。

就如同"管理百年，人性渐已醒"一样，百年来经济学的发展也日益人本化。发展到今天，经济学在"世界观"和"方法论"上确已发生了一系列"革命性"的变化，其研究领域业已囊括整个人类行为，以致走进了所谓"经济学帝国主义"新时代。现在，人们已经不能再把它与什么"物质生产"、"物质利益"相提并论了，也似乎不会在狭隘的意义上理解它的"经济人假定"进而大加批判了。经济学已经真正成为从正面研究人类行为的科学新思维。

加里・贝克尔

美国芝加哥大学教授加里・贝克尔（Gary S. Becker，1930—）一直奉行新自由主义经济学说，以微观经济分析方法构建理论体系，坚持用“经济人假设”逻辑解析全部人类经济行为，并取得举世公认的研究成就。

贝克尔著作甚多，其中具有代表性的论著有《歧视经济学》（1957年）、《生育率的经济分析》（1960年）、《人力资本：特别是关于教育的理论与经济分析》（1964年）、《时间配置论》（1965年）、《人力资本与个人收入分配：一种分析方法》（1967年）、《人类行为的经济分析》（1976年）、《婚姻理论》（1973、1974年）、《家庭论》（1981年）。其中，《人力资本》一书是贝克尔的成名之作，已成为西方人力资本论的经典之作。

1992年，贝克尔因为“把微观经济分析的领域推广到包括非市场行为的人类行为和相互作用的广阔领域”而获得诺贝尔经济学奖。贝克尔在家庭、婚姻、歧视、犯罪等诸多社会领域坚守新古典主义经济学精神和方法论哲学，成为“经济学帝国主义”的开拓者。

1976年，贝克尔在《人类行为的经济学分析》一书中指出：经济学以其独特的角度和方法，在与其他社会科学的“分工协作”中共同对人类行为进行研究。经济学的“独特”之处就在于，它把所有人类行为都看做是“在稀缺环境下来追求自身预期收益最大化的理性行为”。

人类社会活动是丰富多彩的，具有多重属性和层面。所谓“经济行为”、“经济活动”、“经济领域”、“经济关系”等，指的是全部人类社会“行为”、“活动”、“领域”、“关系”等的“经济层面”，而并非是指现实社会过程中有“一块”是经济的，而另“一块”则是非经济的。任何人类“活动”都是一种“投入产出”活动，任何人类活动的“领域”都是进行稀缺资源有效利用和配置的领域，任何社会关系都可以看做是一种追求自身利益最大化的经济行为主体相互之间的关系。

所以，经济是人类行为的一个基本属性或基础层面，或用萧伯纳的话说，“经济是充分利用人生的艺术”。经济学就是从“人都是正当的自利者”这样一种角度，利用成本—收益分析等特有的方法来研究“人生艺术”、解说所有人类行为的一门普适性学问。

## 人人都是自利的圣人

> 自利是人的天然本性，“圣人”是在这个本性基础上长成的。

经济学认一个“死理”，那就是：在既定的环境约束下，人们总是追求自身利益达到最大。预期收益“最大化”是经济人行为的“理性”所在，是经济行为的基本规定性。那么，究竟应如何理解关于经济人最大化行为的公理性和普遍性呢？经济学认为，所谓“圣人”就在老百姓中，人人都是“自利的圣人”。没有自利作基础，或者不敢承认自身利益的所谓圣人，肯定是伪善的“假圣人”。

为什么要认定人具有“自利”本性呢？其基本依据是：追求自身利益是人的天然本性，这种自利本性最深刻地根源于任何开放系统（耗散结构）所具有的自组织功能和生物遗传基因的自控原理，它是一种生命体性质最稳定的生成元素，因而具有普遍适用性。其实，关于人的自利本性，马克思主义经典作家也曾明确承认：对于每个人来说，出发点总是他们自己，个人总是并且也不可能不是从自己本身出发的。

利益与需要有关。人的行为是受需要引起的利益而驱动的，人总是在为追逐需要满足的不同层次的个人利益目标而奋斗。在生理和心理学意义上，所谓“需要”（need），是指生命个体在其生存和发展所必须具备的内在要素或外在条件得不到满足时，大脑神经中枢所感知的生理失衡或心理紧张状态。

例如，食物能量缺乏，会使体内血糖浓度降低、血液成分失衡，从而通过神经系统刺激大脑皮层产生“饿”的感觉和进食的“需要”；物质生活条件缺乏，会使人感到生存环境“紧张”而痛苦，从而产生“挣钱”改善物质条件获得幸福生活的“需要”；在一个不安全、无友爱、互相敌视的社会环境中，人们会感觉不安、孤独和紧张，从而产生对于安全、社交和自尊的需要；在被控制、无思想自由和创新激励的条件下，人会感觉没有成就感、价值目标，从而在内在精神的驱动下产生自我价值实现的需要，等等。

简言之，“需要”就是个人在特定的自然和社会环境中，由于赖以生存、成长和发展的要素、手段或条件缺乏而产生的生理、心理及精神紧张状态。而“利益”表达的则是需要满足的状态，消除了这种紧张状态，就可以说人们的“利益”得到了实现；没有消除或不能完全消除这种紧张状态，我们就认为对自己“不利”或者说是“利益”受损。无论如何都会引起人们强烈的身体生理反应、情绪情感激动和行为动机调整。“趋利避害”是古今中外所有人都具有的普遍行为倾向，甚至可以说是所有生命体的本能反应。

西方经济学鼻祖亚当·斯密将此道理视作无需实证而自明的基本假设，从而建立起庞大的经济学理论大厦。其实，翻看国学经典，你会发现，我们的老祖宗也早就明白这个“通理”。

司马迁

中国伟大的历史哲学家司马迁（公元前145—约公元前90年）在《史记》中专门为“货殖”（工商业经济发展）树碑立传，著就《货殖列传》，可以说这是一部中国式的“国富论”经典著作。不信，你可以将它拿来与亚当·斯密的大作对照读一读，你会不由地升腾起一股“民族自豪感”或“民族自信心”，惊叹原来我们的老祖宗并不比西洋人差。

至若诗书所述虞夏以来，耳目欲极声色之好，口欲穷刍豢之味，身安逸乐而心夸矜势能之荣。使俗之渐民久矣，虽户说以眇论，终不能化。故善者因之，其次利道之，其次教诲之，其次整齐之，最下者与之争。

故待农而食之，虞而出之，工而成之，商而通之。此宁有政教发徵期会哉？人各任其能，竭其力，以得所欲。故物贱之徵贵，贵之徵贱，各劝其业，乐其事，若水之趋下，日夜无休时，不召而自来，不求而民出之。岂非道之所符，而自然之验邪？

故曰：“仓廪实而知礼节，衣食足而知荣辱。”礼生于有而废于无。故君子富，好行其德；小人富，以适其力。渊深而鱼生之，山深而兽往之，人富而仁义附焉。……故曰：“天下熙熙，皆为利来；天下攘攘，皆为利往。”夫千乘之王，万家之侯，百室之君，尚犹患贫，而况匹夫编户之民乎！

春秋时期齐国政治家、大思想家管仲（公元前723—前645年），其所著《管子》一书共24卷85篇，今存76篇，内容极其丰富，涉及道、法诸家思想，以及天文、地理、政治、经济等诸多领域，可以说是一部先秦诸子时代的百科全书。管子的政治经济思想以“顺民心、利民生”为原则，在历史上最早提出了“以人为本”的民本管理思想，指出“夫霸王之所始也，以人为本，本治则国固，本乱则国危”，主张以内在道德伦理和外在制度规范并重为原则来治理国家。关

管仲

于人的“自利本性”，在《管子·禁藏》中也有如下精彩论述。

夫凡人之情，见利没能勿就，见害没能勿避。其商人通贾，倍道兼行，夜以继日，千里而不远者，利在前也。渔人之入海，海深万仞，就鄗逆流，乘危百里，宿夜不出者，利在水也。故利之所在，虽千仞之山，无所不上，深源之下，无所不入焉。故善者势利之在，而民之美安。不推不往，不引而来，不烦不扰，而民自富。如鸟之复卵，无形无声，而唯见其成。

关于人们“趋利避害”的行为倾向，在《墨子》卷十一大取第四十四中，描述得更为直白、形象和生动。

断指以存腕，利之中取大，害之中取小也。害之中取小也，非取害也，取利也。其所取者，人之所执也。遇盗人，而断指以免身，利也。其遇盗人，害也。断指与断腕，利于天下相若，无择也。死生利若，一无择也。杀一人以存天下，非杀一人以利天下也。杀己以存天下，是杀己以利天下。于事为之中，而权轻重之谓求。求为之，非也。害之中取小，求为义，非为义也。

可能有人会说，人是社会中存在的高级动物，怎么能完全服从哺乳动物的生物学限制，而不去“反抗自利的复制基因的暴政”，从而实现利他主义的真正人化呢？对此，贝克尔认为，“利他主义的真正人化”，也必须建立在“人是自利的”这一“坚硬内核”的基础上才能得以逻辑自洽地解说。

实际上，在“个人自利内核”基础上衍生的人类利己或利他行为方式用生物学基因遗传原理可以得到“统一”的解释。从根本上来说，任何有机体的个体行为，诸如“殊死搏斗”、“互惠合作”或“自我牺牲”等，都无不取决于“自私的基因”复制自身的对策性机制。其一般原理是：通过拥有相同基因的生命个体互相拯救，使少数具有生命力的基因复制，以获得整体基因遗传和保持。这就是普遍存在利他行为的基本生物学根由。

同样，人类社会中的利他主义也具有这样深刻的生物进化根由。因而，利用现实中存在的“利他主义”行为也是无法否定人们客观存在的“自利”动机的。如果说“利他主义”是真正的“人化”特征，那么，人类正是在“自利人性”的基础上实现“利他主义的真正人化”的。

其实，正如著名经济学家茅于轼先生在《中国人的道德前景》一书中所说，“以自利为目的的谈判具有双方同意的均衡点，而以利他为目的的谈判则不存在能使双方都同意的均衡点。”因此，“人是自利的生物实在是人类社会的大幸。由此，人类才有了最终的大同世界的理想。如果人是利他的，则任何理想都不可能建立起来。”为此，茅先生还举了清朝文学家李汝珍小说《镜花缘》中“君子国”的故事来说明这个道理。

君子国里的人，个个都以自己吃亏让人得利为乐事。

一名隶卒在买东西时，手里拿着货物道：“老兄如此高货，却讨恁般低价，教小弟买去，如何能安！务求将价加增，方好遵教。若再过谦，那是有意不肯赏光交易了。”

卖货人答道：“既承照顾，敢不仰体！但适才妄讨大价，已觉厚颜，不意老兄反说货高价贱，岂不更教小弟惭愧？况货并非‘言无二价’，其中颇有虚头。俗云‘漫天要价，就地还钱’。今老兄不但不减，反而增加，如此克己，只好请到别家交易，小弟实难遵命。”

只听隶卒又道：“老兄以高货讨贱价，反说小弟克己，岂不失了‘忠恕之道’？凡事都要彼此无欺，方为公允。试问哪个腹中无算盘，小弟又安能受人之愚哩。”

谈了许久，卖货人执意不增。隶卒赌气，照数讨价，拿了一半货物。刚要举步，卖货人哪里肯依，只说“价多货少”拦住不放，路旁走过两个老翁，作好作歹，从公评定，令隶卒照价拿了八折货物，这才交易而去。

如果不是老翁强行调解，这纠纷永无了结。

## 自利、自主与民主要义

> 民主制度和人本管理建立在人人平等“自主”地追求“自利”目标的基础之上。

之所以不厌其烦地强调人与生俱来的自利本性，一来是因为这个基本事实长期以来确实被人们回避、误解和扭曲，并在意识形态上造成严重的“思想混乱”；二来是由于这个基本观点重要到如此程度，以至于它不仅成为经济学、管理学乃至所有人文社会科学的理论基石，而且是所有现实的社会秩序——正义还是邪恶、善政还是恶政、民主还是独裁的试金石。从这个意义上看，“人不为己，天诛地灭”这句历来备受诟病的大实话，其实是千真万确、颠扑不破的“通理”。

认可和尊重人的自利动因同样在管理学上具有重要意义。如果将自利人性及个人行为放在群体、组织和社会环境中来考察，那么所得出的一个自然推论就是：要给每一个人以充分、自主地决定其行为的“自由”。就是说，承认个人“自利”的存在，也就必须承认每个人天生就是他们自身利益的判断者。什么是“自主”？就是个人“自由”（独立）地作出关于个人利益的判断，以此为导向决定该做什么、不该做什么，并对自己的行为后果而负责。我的利益在什么地方，这样行为对我有利还是那样行为对我有好处，谁最清楚？回答是：我自己！除了我之外的任何一个“外人”，不管这个外人是谁，是我的亲朋好友还是智者伟人，都没有我自己清楚！

在这个问题上，正如亚当·斯密所言，“哲学家”和“街上的挑夫”没有太大差别，他们对自己想要什么、不想要什么最为清楚，把个人的选择权交给一个外人（不管他是政治家或是立法者），“是再危险不过的了”。这实际上已经不是什么“实证”问题，而是一个关于管理理念的“规范性”价值判断问题。认可这个判断，就会选择开明的、人性化和法制化的民主管理；如果否定它，那么逻辑推演的结果自然就倒向精英政治、独裁体制和人治化管理。

实际中，可能有些人净做些对自己没有好处的“蠢事”；而另一些人就比别人“聪明”些，不仅知道自己的利益在哪儿，还知道怎么才对别人有好处。如果基于这样的观点去建立人际规则，那么自然的结论肯定是让“聪明人”去为“愚笨者”作打算。在这种人性论或价值观基础上建立起来的体制，肯定是少数人统治多数人的独裁体制，或是由行政首脑决策并进行集中控制的计划体制。而民主制度、市场体制的人性假定恰恰相反，它是在人人都能够自由地、平等地自主行为、自由决策、自负其责的基础上建立起来的。

一个人有了“自主性”或“自主权”，不仅意味着有选择的“自由”，更意味着承担着“责任”，意味着自己要为自己的行为后果负责，意味着“积极性”和“主观能动性”，意味着创造性地“工作”。

在传统社会，父母包办子女婚姻的“家长式管理”作风，其思想实质也在这里。在父母眼里，孩子永远是孩子，所以在婚姻大事上不把他们当“成人”，认为他娶谁最合适、她嫁谁最幸福，他们或她们全都无知，只有做爹妈的最清楚，采取“计划命令”的粗暴态度无端干涉儿女个人自由，由此酿造了多少人间悲剧？可惜这样的悲剧直至今天还在以各种形式、在各个方面一再重演，而大多数人却没有自觉自悟。

需要特别明确的是，从“社会”角度来看，认可人们追求“自利”的正当性并非就只是倡导“自私自利”或“个人主义”，提倡人人追求自身利益就“不管别人死活”。正如汪丁丁所言：“自利”（se1f-interested）不同于“自私”（selfish），它强调的是基于人的理性，虽强调自己的利益，但却是从“理性”出发，遵循“己所不欲、勿施于人”的道德律，时刻准备为改善个人与他人的利益关系作某种妥协。在群体、组织和社会中，互相承认“自主”也就意味着彼此互相“理解”和“尊重”，无论是“己所欲”还是“己所不欲”都不会轻易“施于人”，遇到矛盾冲突采取“达观”的态度和“沟通、协商”的办法化解，这恰是建立“和谐社会”、“大同世界”的必要条件。

在管理中，认可自利人性，承认无论是被管理者还是管理者，作为“人”，概莫能外地都是具有自利本性和个人欲求的，追求个人利益是人与生俱来的天性，每个人天生就是他们自身利益的判断者，每个人都是他自己行为的主人。这种人性观，对于人本管理来说，具有特殊重要的意义。

## 制度应运而生，体制互动而变

> 制度者，规矩也。它是公共选择的结果，其变迁是一个长期互动的自然历史过程。

当然，人们的自利行为不是“无法无天”的，而是有制度约束的。人们自主追求自身预期利益最大化的理性行为不是无条件的，而是在一定的客观环境中受各种约束条件限制的。这些约束条件中，除物质资源的稀缺性限制外，最重要的就是来自社会方面的“制度性”约束。

“制度”者，“规矩”也。通俗地说，制度就是“游戏规则”。如果严格地说，制度就是某时期在特定社会层次上通行或被大家认可和采纳的一套规则，包括习惯、道德、戒律、法律、规章等等。制度约束着每个人的行为，调节着人与人之间的社会交往关系，也关系到社会中每个人、群体或集团的切身利益。因此，从经济学性质上看，可以说制度是一种“公共品”（public goods），只有得到大家的认同和遵守，才能真正形成并得以有效执行。

关于制度，一个最重要的分类，就是将其分为“正式制度”与“非正式制度”两大类。其实，纵观中外历史，几乎所有人设计的“正式制度”最初都来自于某种自发形成的“非正式制度”，包括风俗、习惯或惯例等，都是约定俗成的某种“自然扩展秩序”。而且，即使在正式制度形成以后，非正式制度也并不是马上生效，而是与正式制度相辅相成地起作用。这是因为：其一，再完善的正式制度安排都存在它“鞭长莫及”的微观行为空间，要有非正式制度来填补；其二，一刀切、无弹性的正式制度安排需要“弹性、迂回和人性化的非正式制度来补充；其三，所有正式制度的存在和实施都离不开非正式习俗秩序的阐释、修正、支撑、配合和拓展。总之，基于历史经验累积形成的习俗秩序或非正式制度是正式制度形成、存在和维持的“自然基础”。

著名新制度经济学家道格拉斯·诺斯

对于非正式制度在实际维持社会秩序、支配人们行为中的重要作用，吴思先生通过“读史”有深刻的体验和感悟，并发明了“潜规则”一词，这也已成为目前妇孺皆知的流行语。在《潜规则：中国历史中的真实游戏》这部读史随笔集最新修订版中，吴思专门给出了他对“潜规则”的定义：

1. 潜规则是人们私下认可的行为约束；

2. 这种行为约束，依据当事各方的造福或损害能力，在社会行为主体的互动中自发形成，可以使互动各方的冲突减少，交易成本降低；

3. 所谓约束，就是行为越界必将招致报复，对这种利害后果的共识强化了互动各方对彼此行为预期的稳定性；

4. 这种在实际上得到遵从的规矩，背离了正义观念或正式制度的规定，侵犯了主流意识形态或正式制度所维护的利益，因此不得不以隐蔽的形式存在，当事人对隐蔽形式本身也有明确的认可；

5. 通过这种隐蔽，当事人将正式规则的代表屏蔽于局部互动之外，或者，将代表拉入私下交易之中，凭借这种私下的规则替换，获得正式规则所不能提供的利益。

6. 在潜规则的生成过程中，当事人实际并不是两方而是三方，即交易双方再加上更高层次的正式制度代表。双方进行私下交易的时候确实是两个主体，但是，当他们隐蔽这种交易的时候，就变成以正式制度为对手的一个联盟。隐蔽本身就是一种策略，这种策略的存在，反映了更高层次的正式制度代表的存在。

吴思先生所描述的正是制度变迁在现实历史过程中的真实图景。利益主体在“显规则”之外，按照“潜规则”博弈互动，随时寻找“制度性红利”。在这个过程中存在两种方向相反、对立较量的博弈格局：一方面，好的、符合正义的“显规则”

逐渐消解并替代坏的、不符合正义的“显规则”；同时，也存在坏的、不符合正义的“潜规则”瓦解并彻底破坏好的、符合正义的“显规则”的巨大潜流。这两种博弈较量的结果决定着一个群体、组织和社会制度变迁的基本方向是逐步优化还是最终走向没落。吴思先生关注的其实主要是后一种情况。

一个社会的制度体系或制度结构即我们通常所说的“体制”，是由大大小小、各种各样的具体“制度安排”构成的。这些不同的制度安排，在一个国家的体制中，其地位和作用是有差别的：有些是根本性的“大法”，如党章、宪法等，它们决定着其他制度安排的性质、选择空间、变革形式和方向，这在很大程度上由人民代表或政府说了算；而其他一些具体的制度安排，如交易规则、买卖合约、公司章程、习惯习俗、道德规范等，大多是社会成员长期互动的结果，一般是利益集团或个人根据自利动机自发选择和长期博弈妥协的结果。其实，任何制度，包括党章、宪法等，其确立和变革，无论具体形式和过程如何，说到底，也并不是某个集团或某些人绝对地说了算，而都是大家在互动中共同选择和推动的。

总之，制度是博弈内生的，其形成是一个民主互动的公共选择过程，制度变迁是一个长期的自然历史过程。古今中外，任何一项制度的制定者或改革者都需树立“群众观点”，积极培养自己的“历史感”，有了历史感才会有“方向感”。在实际变革过程中，千万不可“一厢情愿”、“自以为是”，万万不可“个人主义”、“英雄主义”，更不可有任何“急功近利”、“短期行为”的浮躁表现；要懂得“循序渐进”，知道“老人老办法、新人想办法”的道理，更要有“人民是历史创造者”的广阔眼界。

## 制度激励与管理激励

> 组织激励有两个层面，对于国人来说，制度激励相对于管理激励具有更为重要的意义。

管理学实质上是一门“运动人”的社会力学。“管理”一词，最简洁且最具实质性的定义就是：“激励别人去干事”，换句话说，“通过管人去理事”。可以这么说，一切组织管理工作的实质，都是以对人的“激励”为核心的。有一个说法可能有些道理：世上最容易的事是就是自己去干事，而最难的事是支配别人去干事。洞悉人性，省察人事，感悟人生，以更好地待人处事，激励他人去干事，这是一个管理者的必修课目、必备素质和技能，也是一切管理工作的核心和基本任务。

曾几何时，“激励”已成为人们日常生活中使用频率极高的习语，其表达的基本意思，简单地说就是“调动积极性”。从组织角度来看，所谓“激励”（motivation），就是强化那些与组织目标相契合的个人行为，换句话说，就是引导个人最大限度地开发和运用其人力资源去实现组织目标。如果进一步解析，我们可以发现激励问题所内隐的核心矛盾，以及组织中的激励行为存在两个基本层面，即“制度激励”与“管理激励”。

任何组织都是由人组成的。一些各有目标和行为动机的个人，最初可能“来自五湖四海”，但可能是“为了一个共同目标走到一起来了”。人们之所以要加入组织，成为组织中的一员去干事，就是因为想干那些他们自己单个干不了的事情，这种事情就构成了他们的“共同目标”，也就是在根本上决定一个组织可以存在并进一步发展下去的使命、愿景及战略目标。

但是，加入组织的每个成员，其最初的动机和最终目标，可能并直接就是要为达成“组织目标”而工作。他们可能各有各的“打算”，各有各的特殊利益和目的，因此在实际工作的过程中，可能表现出种种不同的个人倾向，或个性化的行为方式。这些行为有些与组织目标相一致，有些可能与组织目标不一致、不协调，有的甚至相矛盾、相对立甚至相冲突。

针对组织目标与个人行为这种错综复杂的关系，组织激励的核心问题和基本任务就是，要不断强化、鼓励、奖励那些与组织目标相契合的行为，弱化、调和、协同那些与组织目标不一致的行为，矫正、规制、惩戒那些与组织目标相矛盾、相对立的行为，使每个组织成员的个人行为与组织目标契合在一起。简而言之，组织目标与个人目标就是组织激励问题的基本矛盾，解决处理这个矛盾就构成日常人事管理工作的基本任务和核心内容。

要完成这件事，实际上需解决两个层面的问题：一是组织制度规则问题；二是在此规则下的管理策略问题。一群人在一起干事必须有规则，对于各怀动机、各有利益追求的“组织成员”，按照什么样的“组织规则”将他们集聚在一起是组织激励首先要解决的。组织规则问题解决了，然后还有一个根据不同组织成员的个人需要在日常管理中有针对性地调动他们积极性的问题。为了便于说明问题，我将前者称作“制度激励”，而将后者称作“管理激励”。

所谓“制度激励”，简单地说，就是按照“一视同仁”的公平原则，设计和建立统一、规范、有效的激励制度来影响组织成员的行为。既然人人都是“在既定的制度环境约束下追求自身利益最大化”的经济人，那么，组织制度规则的设计和建立就不要直接去泯灭、违背而是尊重、遵从这种天然本性。制度激励不要求管理者去一个一个地“做思想工作”，说服他“应该”或“不应该”，告诉他是这样行为还是那样行为，而是利用、尊重和遵循人们的逐利本性，通过在整个组织或社会范围内设计或调整制度规则，借助“利益引导”来间接达成影响人们行为的目的。比如，我想让你朝东走，我不做任何劝说工作，我通过制度规则设计，让你朝东走就可以获利很大，不朝东走就会损失很大，你为了自己的利益最大化，自然而然、自觉主动地就朝东走了。这就是“制度激励”。

而所谓“管理激励”说的是，在日常管理中，从满足人的多层次、多元化“需要”出发，针对不同员工设定绩效标准和奖酬值，以最大限度地激发员工的工作“动机”，使他们按照组织所要求的“行为”方式去积极、能动和创造性地运用其人力资源，从而最大化地实现企业的预期目标。如果说制度激励要求建立一种长期稳定的根本性激励机制，它是管理激励的基础或前提，那么，管理激励则是一种动态权变的日常性管理策略，它是制度激励的具体实现形式。制度激励强调“一视同仁”，要求有统一性、公平性和相对稳定性；而管理激励则强调“看人下菜碟”，要求有弹性、策略性和动态权变性。

实际上，这又是一个“阴阳二元动态互动统一”的哲学问题。可以说，制度激励与管理激励的区分、互动和统一就是这个普适性哲学命题在组织激励问题上的具体体现或活学活用。对于我国来说，制度激励与管理激励的区分以及强调管理激励的有效实现必须具备制度前提、组织保障和人文环境，无论是在理论归纳上还是实践模式上都具有重要的意义。

## 慎用“优惠政策”

> 政策，作为一种制度规则，不能轻言“优惠”，否则必然造成“歧视”，反过来颠覆正常秩序。

改革开放以来，各个地区、各级政府运用频率最大的政策词语之一，就是“优惠政策”。

当初，优惠政策的形成是有特殊历史背景的。在改革开放初期，为了吸引“外资”、“特区特办”、“特事特办”，在开放政策上对外“网开一面”，实行特殊“优惠政策”，使我们的特区、沿海开放城市“先走一步”、“一部分人先富起来”，由此带动“新生力量”从原来被旧体制“锁定”的僵化局面中走出来，从而找到改革开放的突破口，开创了“社会主义现代化建设的新局面”。可以说，这种“优惠政策”，在当时改革开放初期特殊的历史背景下，确实发挥了积极作用。

但是，随着改革开放在广度和深度上的推进，被普遍推广应用的“优惠政策”越来越多，到了后来逐渐有“泛滥成灾”的倾向。结果，原本有正面作用的“优惠政策”，到后来就越来越显现出非常严重的负面效应来。

例如，一方面，国家花费很大的成本和气力引进外资，另一方面，我们的内资却大量外流。一些民营企业家本来就是在国内做生意，但却辗转到国外注册，然后以“外商”的身份来国内做生意。

在高考竞争中，从“高考移民”到“高中移民”，后来又演绎出“留学移民”的新花样来。2006年11月，上海、山西、湖北、北京、广州、浙江、江西等地警方查获数起由中介组织“批量”进行的非法高考移民案，涉案高考落榜生上百人通过“曲线留学”走进国内名校。

对于这些现象，我们不能仅停留在“思想道德教育”的层面就事论事，而要认真反思我们的制度规则本身是不是就犯了“不合规矩”的错误。

所谓“政策”，其实就是一种制度规则，就应该在其所及的特定社会群体范围内体现“一视同仁”的原则。而一项政策要对其中的某群体“优惠”，就意味着对其他群体的“不优惠”即“歧视”，对外资、外商、外人“优惠”就是对内资、内商、内人的“歧视”。这样，针对特殊身份者的“优惠政策”，一旦“泛滥”开来必然“成灾”。其结果自然就会人为制造“不公平”，造成竞争行为扭曲，各群体利益矛盾激化，导致寻租腐败行为泛滥，最终必然从根本上颠覆正常的运作秩序，损害组织效率、破坏社会和谐或影响协调发展。

因此，我们要走“法治”道路，首先要懂得“法理”，制度规则本身一定要“合法理”——那就是“制度面前人人平等”，制度本身必须对制度规则约束下的人们“一视同仁”，绝对不能搞“身份制”，“看人下菜碟”，否则非乱套不行。“解铃还须系铃人”。要杜绝“曲线经商”、“曲线留学”这种异常现象，惟有改变不合理的歧视制度规则本身。尤其是在引进人才方面更是如此。

首先，“公平”与“效率”原则是相对的，这是一个需要权衡利弊作取舍的事情。

为了“效率”在很多情况下需要牺牲“公平”，为了吸引和留住急需的“特殊人才”，有必要在“公平”方面作些让步，给予他们“特别照顾”，这样出台一些“优惠政策”无可厚非。但是，这种“特殊照顾”或“优惠政策”的制定和执行，一定要注意淡化“身份色彩”，要针对其“特殊贡献”给予特殊激励，而不能因为某种特殊“身份”资格来制定规则。

其次，一定要将这种“优惠政策”损害公平的程度限制在“帕累托最优”的限度内，即对一部分人的“优惠”所造成的“不公平”后果不应该直接损害另一部分人在原规则下的既得利益。也就是说，对于“特殊人才”的特别待遇不能直接造成其他人才在原有制度规则下应得的机会和待遇的丧失，如果造成“损害”，则规则应该给予一定“补偿”。

其三，“优惠政策”的制定和实施还应该尽量避免在代际之间形成机会得失的“马太效应”，即不至于导致优惠政策在非当事人之间的“基因”传递，使得享有优惠政策的与不享有优惠政策的相关人因亲缘关系而“坐享其成”或“无辜受害”，由此带来“不公平性”不断强化的动态传递。

此外，还要知道，在吸引和留住高素质人才方面，工作本身的内在激励因素比物质福利待遇的保健因素更根本、更重要。如果所谓的“优惠政策”将重心主要放在外在的“保健因素”或特定的“身份资格”方面，是不可能真正吸引和留住人才的，或者由此吸引来的很可能大都不是真正的人才。如果是这样的话，不仅在效率上“得不偿失”，而且在公平上也失去了“道义”。

## 从“规矩”到“方圆”

> 从外在到内在、由正式到非正式，在潜移默化中，“规矩”就逐渐“方圆”了。

实际上，如果辩证地看问题，“规矩”与“方圆”不是泾渭分明的，从外在的“规矩”（正式制度）到内在的“方圆”（非正式制度），其间是一个由量变累积而渐生质变的过程。

我们可以将“规矩”与“方圆”看做是一个组织或社会行为准则的两极，前者是一种外在的、正式的、明晰性的、标尺性的“法治”规则，而后者则属于一种内在的、非正式的、隐含性的、伦理性的“人治”规范。组织建设或社会发展的基本过程就是一个由前者逐渐走向后者的循序演进的过程。

在既定的制度环境约束下追求自身利益最大化乃整个人类行为最基本、最普遍、最具主导性因而也是最重要的表现形态。因此，组织管理面临的首要任务，就是遵从这种“人性”，按照“一视（都是经济人）同仁（同样的制度约束）”的公平原则设计和建立统一的、规范的、具有可操作性的正式制度，并在整个组织范围内贯彻实施。制度经济学的基本思想方法就是，如何行为不是一种个人道德修养问题，而在根本上是外在制度约束的结果。要改变调整人们的行为，关键不在基于个人修养的“思想教育”，而在于检核和调整约束人们行为的外在制度规范或文化环境。

正如樊纲先生所说，（制度）经济学家其实不是不“讲道德”、不“讲意识形态”的，而是其讲法有所不同。他们不是把道德或意识形态看做是个人内在修养的结果，而是看做自利人互动博弈的结果，是在个人品性既定不变（因为大家都是“经济人”）的前提下，互动作用的社会性后果，这就是所谓的“交易先于制度”。例如，组织或社会成员的良好“声誉”不是外部设计强加给他们的，而是大家长期动态重复博弈的结果。当只进行一次性交易时，理性的交易参与者往往会采取“机会主义”行为，通过欺诈等“非名誉”手段来追求自身收益最大化，其结果只能是一种“非合作”（投机倒把）博弈均衡。但在多次重复博弈的情况下，交易关系即使没有正式的契约维系，当事人仅仅出于自己长期利益的考虑，也会看重并追求“声誉”等信用道德伦理。

总之，制度建设是一种长期持续不断、循序渐进的“经营”活动，要求有健全的民主互动机制作基础。这样，一个组织或社会成员经过长期的互动以及管理者的积极推动、建设和修炼，从外在到内在、由正式到非正式、自明晰到隐含，在不知不觉、潜移默化中，“规矩”就逐渐“方圆”了。

那么，在大家互动和公共选择中，一个组织或社会的主管如何担起“领导”角色，以便引导组织不断进取、学习创新，“从胜利走向胜利”呢？且往下看。

**参阅文献**

[1] 加里·贝克尔．人类行为的经济分析．上海：上海三联书店，1993
[2] 道格拉斯·诺斯．制度、制度变迁与经济绩效．上海：上海人民出版社，1994
[3] 柯武刚、史曼飞．制度经济学．北京：商务印书馆，2002
[4] 青木昌彦．比较制度分析．上海：上海远东出版社，2001
[5] 茅于轼．中国人的道德前景（第二版）．广州：暨南大学出版社，2003

[6] 樊纲．论经济学的五个基本要素．天津社会科学，1989（5、6）
[7] 樊纲．渐进之路：对经济改革的经济学分析．北京：中国社会科学出版社，1993
[8] 樊纲．两种改革成本与两种改革方式．经济研究，1993（1）
[9] 汪丁丁．经济发展与制度创新．上海：上海人民出版社，1995
[10] 汪丁丁．制度分析基础讲义．上海：世纪出版集团，上海人民出版社，2005
[11] 赵德志．关于人的经济科学抽象．学习与探索，1987（1）
[12] 赵德志．论人本主义经济学．学习与探索，1988（5、6）
[13] 杨春学．经济人与社会秩序分析．上海：上海三联书店，1998
[14] 吴思．潜规则：中国历史中的真实游戏（修订版）．上海：复旦大学出版社，2009

# 10

# 市场竞争　创新制胜

一个人，不管属于哪种类型，只有当他实际上做的是“实现新组合”的事情时，才算作是企业家。

约瑟夫·熊彼特

## 创新不是无中生有

> 创新是对旧要素的新组合。从旧问题中寻找新方法，或将旧方法运用于新问题，如此而已。

什么是创新？正面不好回答，但从反面提问“创新不是什么？”却比较容易触及到问题的实质。创新不是什么呢？它“最不是”的就是“无中生有”！

当然，这里所说的“有”和“无”，不是老子所说的“无，名天地之始；有，名万物之母”，或“天下万物生于有，有生于无”中所说的意思。老子是在本体论的意义上，辩证地说明宇宙万物（有）乃由“道”（无）的孕育而生成，而道的孕育又来自宇宙混沌未开的状态。而我们说创新不是“无中生有”，则是在认识论的意义上强调科学文化知识的历史传承和持续发展需要“老老实实”遵循的基本准则。

一说到“创新”，人们最自然、最直接的反应和关注点就是“新”，而忘了“新”是相对于“旧”、从“旧”中来的。没有“旧”就无所谓的“新”、也无从生“新”。“旧”是创新的源泉和基础，一切创新都是在已有的“旧”（旧事物、旧材料、旧方法、旧思路、旧问题等）中生出来的。在这个意义上，一切创新都不是“无中生有”，很多号称具有“原创性”的创新，其实也并非真正无中生有的“原创”。

那么创新究竟“新意”何在？我们说，“创新”之新不在内容成分，而在内容成分的组合方式或结构上。这犹如，万般美妙、变幻莫测、有无穷创造空间的音乐无非是由Do、Re、Mi、Fa、So、La、Xi七个音阶排列组合而成。创新就是“对旧要素进行新组合”。任何“创新”，无非都是旧成分新组合而已，没有“新的成分”，只有“新的组合”、“新的法子”，除此之外别无“新”意。

大家知道，好莱坞是影视明星显示高超“创新”技艺的乐园，华尔街是金融家冒险创新的乐园。而在广告界，最富有创意的广告大师都集中在了纽约的麦迪逊大街上。广告专家樊志育在其《广告学原理》教科书中讲了一个“广告人帮乞丐做创意”的故事，这里我给读者再转述一下，可能会对深刻理解创新的实质意义有些启发。

话说，在这条闻名遐尔的广告大街上，有一位广告人早上跑步锻炼身体，每天都看到街道旁趴着一位行乞者，面前放置一个牌子，上书“我是瞎子”（I'm blind），但没发现他讨到什么钱，很是可怜。

于是，出于怜悯，也是出于职业习惯，这位广告人就对乞丐面前的牌子做了一点改动。第二天早上他又去跑步，路上遇到行乞者，发现他面前盒子里满当当的全是钱。

你猜这位广告人是如何改动乞讨牌子的？他其实只在原来的“我是瞎子”（I’m blind）前面，加了同样简短的一句话，把它改为“春天来了，我是瞎子”（It’s spring, I’m blind），这样，意外的“广告效果”就出来了：你看春天的景色多迷人啊？我是瞎子什么也看不见，多可怜！从而赢得众多路人的同情，乞数大增。

你看，在旧句上添加一句，立马就出来新感觉、新效果。什么是创新？这就是创新！

大家知道，德国大学者马克斯·韦伯有一部享誉学术界的名著《新教伦理与资本主义精神》。翻看这部经典著作，你会发现，其正文部分与注释部分存在严重的比例失调，正文篇幅只有三分之一，而注释篇幅几乎占到三分之二，似有喧宾夺主之嫌。早年读它，觉得很纳闷：正文中的观点大部分来自前人的东西，算什么名著？后来才真正明白：这样的著作才是真正的大师之作！什么是“大师”？“大师”就是学者中将前人的东西尊崇得最到位、搞得最清楚、转述得最明白的那些少数人。由此逻辑，你就可以推断出什么是“小师”了，也可以知道当今国人看不到“大师”的关键原由了。

科学研究也是这样。大科学家爱因斯坦就曾清清楚楚地说过：科学的全部仅仅是对日常思考的提炼。科学、学术创新尚且如此，更何况一般的工作创新、管理创新呢。创新，并不是个别专家才能做的专业，而是人人在日常生活和工作中都可以做的事情。美国耶鲁大学教授纳勒布夫（B. Nalebuff）和艾尔斯（I.Ayres）在《创新DIY》中说：“有人认为，只有专家才能为现实生活中的问题找到具体的解决方案，一般人没有这种创新的技巧。这简直是一派胡言！创新是一项人人都可以学会的技术，而且每个人都有创新的潜能。”其实，创新不仅是个“技术”问题，更是一种“生活态度”和“生活方式”。只要你是个“有心人”，你就可以创新，随时随地、时时处处创新。

创新既简单容易又难上加难。说它简单是因为：创新无外乎“旧”中生“新”，只要有“旧”的地方就有可能出“新”。说它困难是因为这里存在有三重“不容易”：旧事物是人人都可以看得到的，但不是人人都能从中“看出问题”的；能从旧事物中看出“问题”的并不一定能找到解决问题的“新思路”、“新方法”；“新思路”、“新方法”有了马上就成为“旧的”了，从中再找出“新问题”来也不是件容易的事情。

一个事物，你看到了，别人也看到了，对大家来说都没有“创新”。你在看到的基础上比别人更进一步，“想”到了别人没有想的东西，这时，相对于别人来说你就有了“创新”。一个问题摆在面前，大家都想“为什么会这样”，而唯独你在思考“为什么不这样呢”，你就有可能“创新”。一个新方法出来了，别人都为之欣喜若狂，陶醉在“欢乐的海洋”中，而你则更进一步，思考“换个场合此方法还管用吗？”结果将这个新方法成功地推广应用到其他新领域，你就有了新的“创新”。

“会做事”与“做好事”不是一回事。在实际工作和生活中，很多时候，人们并不是不会做事而是做不好事。一般情况下，会做一件事情往往不是问题，但事半功倍地做好它，却不是谁都能做到的。能够比别人更有效率、更巧妙地做事，就是“创新”。

总之，创新不是“无中生有”，而是“推陈出新”，是从特定的实用目的出发，将已有的东西以新的方式或结构重新进行“组合”，从而获得一种新价值、新效应或新成果。创新实际上就是旧材料的新组合，组合是创新的本质特征，无穷的创新来自巧妙的组合。对此一定要有一个清醒的认识。

## 创新需要勤奋

创新者应是热爱生活的有心人，脚踏实地、日积月累、厚积薄发，是创新活动的基本写照。

既然创新是“旧要素新组合”，没有“旧材料”，就没有“新组合”，也就没有创新可言。因此，创新的关键就不在于“苦思冥想”的努力，而在于“旧材料”的积累。而学习知识、积累经验不是一蹴而就的事情，要经过一定过程的“煎熬”及长期的“苦行修炼”才能完成。

“巧妇难为无米之炊”，而素材就是创新的“食粮”。任何创新，无论是学术创新、文学创作，还是商业创新、管理创新等，都是建立在广泛占有资料、充分把握相关信息的基础上的。

事实上，素材的得来往往主要靠的是日常积累，而不是临时“搜集”。有创造力的人大都是生活中的有心人，随时随地观察和体验生活并把观察、体验的东西随时记录下来，才能“厚积薄发”。

一切从事创造性活动的人，从广告人到小说家，从影视演员到学术大师，其“天才创意”无不产生于日常的生活积累。一个绝妙的创新成果实际上是一个综合调动创作者一生的知识、经验及记忆印象并将此按特定意图加以重新组合的结果。

为了创新，不仅需要付出辛劳、汗水、时间和精力，甚至还需要付出生命的代价。在日常生活中，大家往往看到的是创新成果的辉煌，却很少看到创新者在创新过程中的艰辛和付出。

例如，现在，广告成为人们日常生活不可或缺的组成部分，大家天天看“广告”，有谁会看“广告人”？人们看到创意高超绝妙的广告，往往为之惊羡不已。但你要知道：据人口寿命统计，麦迪逊大街上的广告人，他们的平均寿命要比美国人的平均寿命短十岁。繁重的脑力劳动透支了他们的健康。

对搜集积累来的材料进行分析、归纳和整理，依据特定问题导向目标，列出有关事物的共性、优势或劣势，通过比较分析寻求创意的突破口。这样的过程就是一种“信息咀嚼”或“吃资料”的过程，是“用心智的触角到处加以触试”的过程。在这个阶段，由“问题”引导而积极思考，把积累的形象、言语、片断等在脑海中进行各种排列组合，绞尽脑汁、苦思冥想。这时，创意者往往处于焦躁、激动不安、煎熬和痛苦之中。

经过长期的思考酝酿，一旦得到外在的触发或刺激，脑子中已形成的、尚不清晰的思维模式就会如同电路接通那样灵光闪现，其观感犹如看到“寒冷清晨过后的曙光”。在百思不得其解的状态下，如果创意者暂时离开他所思考的问题，松弛一下紧绷的神经，去做一些轻松愉快的事情，如睡觉、听音乐、沐浴、散步等，这时往往会发生“尤里卡效应”，意外结果忽然展现在眼前，不由地令人惊叹“踏破铁鞋无觅处，得来全不费工夫”！

“尤里卡”（Eureka）为希腊语，意思是“我想出来了”。据说，当年古希腊科学家阿基米德接到国王命令，要求他既不能损伤皇冠又要鉴定出其含金量。他对此难题百思不得其解，结果在疲惫之极，想去洗个热水澡，进入浴池时突然顿悟，于是兴奋地赤裸着身子跑出浴室，高喊“尤里卡！尤里卡！”后来，人们将这种创新现象称作“尤里卡效应”。

新点子形成后，需要对闪露智慧光芒的创意在构思上作进一步推敲。应联系实际，进行认真检核和验证，仔细推敲，征求意见，使之不断成熟和完善。如果有必要，可以将创意构想与相关专家、同事或公众共享，请他们批评修正，集思广益、反复验证是获得完美创意的重要途径和方式。

有人将创意流程或创新过程作了如下诗意的表达，我觉得很有意思，转述于此与大家共享：

准备阶段犹如："昨夜西风凋碧树，独上高楼，望尽天涯路"；

酝酿阶段好似："衣带渐宽终不悔，为伊消得人憔悴"；

顿悟阶段比作："众里寻他千百度，蓦然回首，那人却在灯火阑珊处"；

验证阶段则要："大胆假设，小心求证"。

所以，创新不是一件说着玩的事情，而是要经过一个艰难困苦、百折不挠的磨砺过程才能完成的事情。套用马克思的话说，只有那些在困难面前无所畏惧而敢于攀登的人，才有希望达到创新的光辉顶点。

## 创新"智障"及思维训练

> 大多数所谓原创性的点子，都无外是循序排除"智障"，在从旧问题中找新答案或把旧方法用到新领域的试错过程中产生的。

人们在应对实际工作和生活当中遇到的情景问题时，往往不像学生在课堂上解题那么简单：只要按部就班地遵循老师给出的演绎推理程序和方法就可以找到答案了。大多数情景问题往往是，目的要求明确但途径方法犹如迷宫乱麻，需要综合运用多种思维方式依情势而随机应变，当事人很难在特定的时空条件下理出思路来。特别是对于超出自己经验和知识的陌生的情景问题，当事人往往无所适从，既形不成一定的逻辑架构去推理，也无从凭借经验去思考。

令人更为不堪的是，即便习得了一定的思维能力，积累了一定的经验知识，人们又往往陷于"聪明反被聪明误"的困境，已有的知识和经验不仅无助于解决新问题，同时也成为创造性地思考和解决问题的"智障"或不利条件。创造性地解决问题的过程，往往受很复杂因素的影响，可能有问题性质方面的，能力动机方面的，还会有经验知识方面的。对此，心理学家归纳出三种类型的创新"智障"，即思维定势、功能锁定和认知结构。

思维定势影响是指这样一种现象：在某种情景下，当事人常用同一种思路和方法去应对和解决问题，并获得成功，于是以后每当反复出现相同的情景时，往往为经验形成的"心理定势"（mental set）所驱使，不假思索地采用习惯了的做事方式去应对实际上已经变化了的情景问题。

在心理学上，有个著名的卢钦斯心理定势试验题：有四个容积不同的水桶，要求将A、B、C桶中的水，颠三倒四倒剩下，正好盛在D桶中。这其实就是一个简单的算术题，结果由于受套公式的思维定势影响，很多学生做到最后一道题就“愣住”了，死活做不出来了。

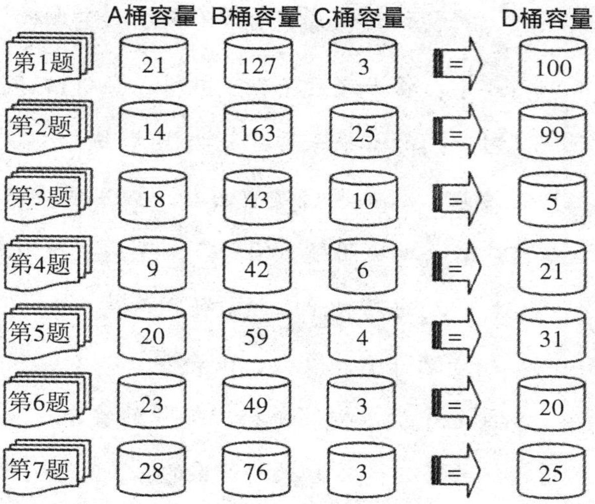
A桶容量
B桶容量
C桶容量
D桶容量
第1题
21
127
3
100
第2题
14
163
25
99
第3题
18
43
10
5
第4题
9
42
6
21
第5题
20
59
4
31
第6题
23
49
3
20
第7题
28
76
3
25
卢钦斯心理定势试验题

人们在日常实践中，往往把特定事物限定在特定的功能范围内，例如，钥匙就是开锁用的，笔纸就是用来写字的，老师就是教书的，驾驶员就是开车的，等等。但是在实际情景中，解决问题所用工具或材料往往不是一应俱全的，也并不能“一把钥匙开一把锁”那样宽松地予以运用，我们要将一种工具或材料用作其他功能，将一种人物看做多重角色。这时，如果受平日形成的功能概念的影响，就会发生“功能锁定”（functional fixedness），使人们不能充分自如、随机应变地依照目前的情景和条件去创造性地解决问题。

面对具体情景问题，人们思考问题的方式还深受其特定的“认知结构”（cognitive structure）的影响。一个人的认知结构代表其在生活经历中所习得的关于人、事、物的基本看法。求解问题时，人们会不自觉地运用自己特有的认知结构去框定和试探：如果情景状态与自己的认知结构相吻合，那么就会很快地解决问题；如果情景状态超出自己的认知结构，他就会感到无所适从。

例如，右图方框中有九个点，要求一笔下来不能重复，只许画四条直线将九个点全连起来，如果你受自己“认知结构”的影响，自己框定自己，就很难完成这个任务了。

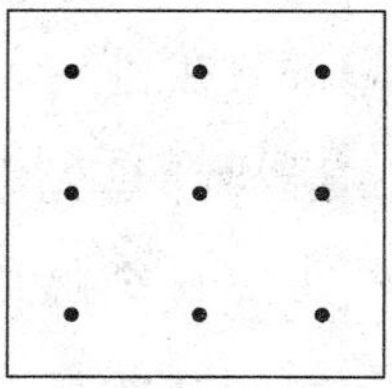

为了排除创新“智障”，一种简单的思维训练方法就是在平时多玩玩“脑筋急转弯”游戏，注意逆向思维、横向思维、开放思维。但要知道，逆向、横向或开放思维不是“瞎猜想”、“胡乱”思维。在解决问题的时候，首先要尽量找出解决问题必须遵循的原则是什么，有哪些不可或缺的属性或要求，然后采取排除法逐渐过滤对策思路，避免走进死胡同、钻牛角尖，以便尽快找出解决问题的办法。为说明这个道理，纳勒布夫和艾尔斯举了关于“十颗种子”的谜题。

要求：将十颗种子种成五排，每排四颗，该怎么种?

对此问题如果采取“框内思考法”，就是首先找出任何解决方案都必须符合的规则。为此，从要求出发想问题，按常理，四排种五颗需要20颗，现在只有10颗，那么意味着要解决问题必须符合如下两条原则或要求：

1. 平均每颗种子必须被使用两次；

2. 每颗种子必须出现在多排上。

再进一步根据“每排四颗”的要求，先试着排出一排四颗来，按照上述两个原则，你最终会很容易找到答案的。

当然，这样的答案不是唯一的，最精美的答案就是五角星（☆）排列法。

更重要的是注重创新实践，养成在“生活中学习”、“在干中创新”的好习惯。纳勒布夫和艾尔斯在他们的书中以“为什么不？”（why not？）为核心，提出在现实社会经济活动中寻找创新点子的四大思路。

从消费者角度看，如果不受资源稀缺性约束，这个事情该怎么做?

从相关者角度看，如果不产生外部负效应，这个问题该怎么解决?

从类似者角度看，如果放到其他场合，这个点子还能同样有用吗?

从对立者角度看，如果把事情倒过来，这个办法还能够行得通吗?

前两个问题属于“从问题出发寻找解决方案”的思路，后两个问题属于“从解决方案出发寻找问题”的思路。他们认为，许多所谓“原创性”问题其实并不完全具有原创性，不过是由这样两个思路出发产生的“新点子”罢了。

在科技和工业革命史上，一些具有商业价值的发明创造，如汽车、电话机等，最初都是先由“科学家的头脑”设想出来，后来逐渐考虑消费者的负担能力，逐步寻找到降低成本的办法而变成现实的。例如，无声隐匿警报器就是考虑到不把盗贼吓跑到其他人那里以减少外部负效应而创新出来的；旋转牙刷是从旋转棒棒糖得到启发，迁移沿用过来的一种“创新”。反向创新的例子就更普遍了，如荷兰式拍卖是英式（提价）拍卖的倒转，有奖参与咨询调查电话是通常付费电话的倒转，360°绩效评估是将平常上司评估下属的做法以反向对称性思路“创新”出来的，等等。

总之，所有创新，包括很多所谓“原创性”的创新，都不过是循序排除思维定势、功能锁定和认知结构的心理“智障”，在实践中从旧问题中找出新答案或将旧方法运用到新领域的结果。

## 企业家就是市场创新家

> 企业家就是在不确定的市场环境中如鱼得水，勇于承担风险、善于创新的勇士。

什么是企业家和企业家精神？关于这个本源性问题，经济学说史上有一个逐渐演化的过程和各种各样的理论说道。

“企业家”一词最初的法语意思是特指武装探险者，尤指开拓非洲殖民事业的冒险家。18世纪中叶，法国有一个叫康替龙的经济学家，首次将“企业家”与经济活动中不确定性的和承担风险的行为联系起来，转意指从事商业活动、承担价格风险的群体或个人。

后来，被马克思斥为“庸俗”的法国经济学家让·巴蒂斯特·萨伊（1767—1832），在他所谓的“生产三要素”理论框架下，把企业家看做是“以资本家身份从事生产经营管理的人”，实际上他所说的企业家就是古典工商企业主。

19世纪末，新古典主义集大成者阿弗里德·马歇尔（1842—1924）发表名著《经济学原理》(1890)，在萨伊三要素论基础上把“企业家才能”看做是“第四要素”，认为“在某种意义上说，企业家属于具有高度技能的职业阶层”。看来，他所说的企业家其实主要是指专门从事企业经营活动的职业经理人员。

约瑟夫·熊彼特（Joseph Alois Schumpeter，1883—1950）是现代企业家理论的集大成者。他在1911年发表的《经济发展理论》中明确提出：“经济发展的根本现象”就是“生产手段的新组合”，实现新组合的组织就是“企业”，而所谓“企业家”就是承担实现新组合的人。他认为，企业家的天职就是实现“创新”，即进行“创造性破坏”（creative destruction），“建立一种新的生产函数”，也就是将一种从来没有过的生产要素及条件“新组合”引入到生产体系中来。具体包括：

——引进新产品；

——运用新技术，即新的生产方法；

——开辟新市场；

——开拓和控制原材料供应的新来源和新途径；

——实现企业组织的新变革。

熊彼特认为，一个人只有当他承担“实现新组合”的职能时才是一个企业家，而当他建立起来企业进行正常经营时就失去了这个资格，变成一般经理人。企业家是一种特殊类型的人——他们“更加以自我为中心”，以“打破旧传统，创造新传统”为己任，有创造“私人王国”的梦想、“征服的意志”和“战斗的冲动”，并且“存在创造的欢乐”。由此可见，熊彼特实际上是把企业家看做是处于经济发展前沿、进行市场创新的实业领袖。但在熊彼特那里，企业家与企业家精神被赋予了更多的天然禀赋、神秘色彩和人格个性特征。

那么，究竟什么是企业家？说白了，就是简单的一句话：企业家就是市场经济中的创新家。

## 人人都能成为企业家

只要你敢于面对不确定性风险，学会系统检核和追踪七项创新机遇，你也可以成为企业家。

现在，“企业家”一词越来越成为具有广泛普适性的一般术语，它不限于我们平常所说的企业“大老板”，而是泛指市场经济社会环境中能够带领组织进行开拓创新的领导者，甚至超越工商企业领域，延伸到政府公共组织和非营利性组织的领导者，有所谓“政治企业家”、“社会企业家”等说法。如果更广泛地说，企业家就是在现代组织中具有创新能力和开拓精神的每个团队成员。这样说来，在现代市场经济社会，人人都能成为企业家，而且人人都应该能够胜任企业家角色，具有企业家精神并承担企业家责任。

彼得·德鲁克

1995年，当代管理学大师彼得·德鲁克（Peter F. Druker）在《创新与企业家精神》一书中对于企业家创新精神进行了明确界定，并对企业家创新训练作了精彩而系统的描述分析。德鲁克也认定企业家就是市场经济中的创新家，也承认企业家的创新精神和才能受个人天然禀赋因素的影响。但与熊彼特不同的是，他认为企业家及企业家精神绝对不是“灵光乍现”那样神秘莫测的东西，也不是某些特定天赋的人所独有的个性特征，而是一种广泛存在于社会各个领域之中，任何有勇气面对不确定性决策的人经由实践和学习训练均可获得的行为倾向或技能。

德鲁克的理由是：放眼观察，实际中许许多多个性、性格迥异的人都具有同样出色的企业家才能和成就，而且无论在哪个领域，这种企业家创新都没有什么显著的不同。同时，这种创新行为或精神也不必然与高风险相联系。事实上，在很多领域，正确而有利可图的途径就是创新，企业家创新风险应该是最低或至少不是最高的。

德鲁克指出，在实际中，企业家创新之所以表现出神秘莫测的个性特征和高失败率的冒险现象，主要原因就是“只有少数几个所谓的企业家知道他们在做些什么，大多数人缺乏方法，违反了基本且妇孺皆知的法则”。总之，企业家和企业家精神既不是“自然的”，也不是“创造性”的，而是企业管理者在实践中自觉“培养”出来的。

德鲁克认为，创新的机会存在于变化之中，除个别外，绝大多数成功的创新都很“平凡”，都只不过是巧妙地利用了变化而已。从这个意义上说，所谓企业家精神或才能就是有目的、有组织地寻找变化并对这些变化可能提供的创新机遇进行系统分析和全面把握的能力。这种能力需要通过进行“创新科目”的修炼来获得，具体地说，就是学会系统地检查和追踪七大变化领域所提供的创新机遇：

——利用意外事件；

——应对不协调；

——满足程序需要；

——适应产业和市场结构变化；

——把握人口状况；

——敏锐察觉民众认知态度的变化；

——关注新知识。

这些创新机会可以来自于组织内部，也可能涉及外部环境的变化，无所谓哪些更重要或哪些可以看轻点，但其可靠性和可预测性大致是按上述排列顺序依次递减的。

总之，人人都能成为企业家，只要他或她勇于面对市场不确定性风险，并勤于在这种环境中进行创新实践，经过系统化的修炼，就会成为优秀的创新者并最终获得成功。

## 📖 企业家创新训练要领

> 利用意外应对不协调，抓住薄弱环节，敏锐捕捉市场、人口和时尚变化所带来的机遇。

创新的机会存在于“变化”之中。除个别外，绝大多数成功的创新都很“平凡”，都只是利用日常“意外”的变化达成的。利用意外事件进行创新是最普遍、最易成功、最易求索因而也是最容易被人们忽视的创新实践。

“不协调”是指事物的实际状态与人们认为“应该”的状态之间存在不一致、不合拍的情形。它往往是“旧规则或习俗”存在于一个业已变化的新程序之中，形成影响整个程序效率的“薄弱环节”。尽管每个组织成员都知道，但要么习以为常，要么熟视无睹，所以见怪不怪，通常没有人对此作出反应。在这种情况下，这种“不协调”一旦被提领出来，很容易引起大家的“共鸣”，如果能给出清晰、明确的解决方案，创新便容易成功。下面转述这样一个段子，可能有助于我们理解这个方面的创新特点。

话说，一位年轻炮兵军官，上任伊始，到下属部队视察工作。他发现一个奇怪的情况：每一单元训练组合，总有一个士兵什么也不干，站在大炮炮座旁边纹丝不动。

军官不解，问其原因，说是训练规则一直就是这么规定的。回去查阅有关文献，军官才发现：原来这个角色是负责牵马缰绳的，现行训练条例是因循非机械化时代遗留下来的老规则。现在已经是全机械化操作了，大家仍然还不假思索地按老规则来进行训练。

于是，这位军官重新检核既有训练规则，提出了一套适应机械化时代新情况的炮兵训练方案，受到上级军功嘉奖。

再者，熟练地利用统计数据，及时把握和准确分析发生变化的信息，敏锐地察觉和把握产业和市场结构的变化以及人口状况的变化，包括人口规模、年龄构成、教育结构、健康水平、就业情况和收入分配等方面的变动情况，随时抓住商机进行创新，所有这些也都是企业家创新训练的基本要求和重要内容。

此外，民众认知态度或心态的改变也往往蕴涵着无限商机。什么是“时尚”？简单点说，就是民众普遍看好的东西。因为大家普遍看好，所以它肯定是“有市场”的。时尚的东西往往令人捉摸不定，但不一定都是“新东西”，往往在历史轮换中、在新与旧乃至旧与旧间轮回变化。这里并没有什么道理可讲，甚至不必去探问究竟为什么，只要敏锐地把握住人们时尚消费的状态和趋向就可以了。

所谓“时装”，无外乎就是民众一定时期普遍偏好和你穿我也穿的服装。鲁迅说过：“世上本无路，走的人多了便成了路。”同样道理，世上本没有时装，穿的人多了便成了时装。时装并不一定都是“新的”，关键是穿的人规模大小，只要流行，旧的同样会成为“时装”。

例如，20世纪30年代的上海女子将中国满族妇女穿的旧式服装加以改装，便成了当时上海滩最前卫流行的旗袍。现在，在全世界青年男女中流行的牛仔裤实际上就是当年美国西部淘金工和放牛娃穿的粗布裤，我们过去把它叫做“劳动裤”。现在很多少男少女们从不“劳动”，也故意把腿面、裤腿和臀部磨得毛草草的，显得前卫时髦。

再如，中国青年人近20多年来裤装的变化也大概是这么个轮回状况。改革开放初期，在我们“80年代新一代”中，先是流行大腿细、裤口粗的喇叭裤，后来变为上下一般粗的筒裤，再后来，由于生活水平提高，肚大腰圆的老板式人物多了起来，这些人穿筒裤“筒”不上来，于是就只能穿上粗下细的裤子，这样“老板裤”逐渐成为流行时装。

有创新意识和创新精神修炼基础的企业家往往能够及时敏锐地察觉这些“莫名其妙”的时尚变幻，抓住商机、大赚其钱。

至于科学技术知识方面的创新，一般说来，是周期最长、成本最高、风险最大的创新活动。所以，没有充分准备、充足实力，不宜轻易问津。

## 企业家创新禁忌

> 企业家不要太聪明，也不要花样过多，要把创新作为辛苦、专注和有目的的工作。

在德鲁克看来，企业家精神既不是“自然的”，也不是“创造性”的，而是企业管理者在实践中自觉“培养”出来的。

无论成功的故事多么动听诱人，德鲁克还是建议企业家们放弃“基于聪明点子的创新”，回到现实的生活中来，在实践中积极进行“创新科目”的系统训练，老老实实地遵循如下基本程序进行创新：从分析七种创新机遇开始，经由大量深入实际的调查研究，进而选择“不起眼”的、“简单而专一”的创新方案，为了在市场竞争中处于“领先地位”，脚踏实地地立足于“现在”而进行创新。企业家创新要切记以下三个“禁忌”：

首先，“不要太聪明”；

其次，“不要过多花样，不要分心，不要一次做过多事情”；

最后，“不要为未来而创新”。

无论做何事情，“过于聪明”都是大忌。正如老子所说：“大成若缺，其用不弊。大盈若冲，其用不穷。大直若屈，大巧若拙，大辩若讷。静胜躁，寒胜热。清静为天下正。”在设计或操作上过于聪明往往导致失败，尤其是企业家的创新活动需要的是大智若愚、大巧若拙，而不是过多的小聪明。要记住：“创新是工作”，“创新需要勤奋、恒心和责任”，要把创新变成“辛苦、专注和有目的的工作”。

企业家要集中统一，不要偏离核心，分心和一心多用往往使得什么事情也干不好，企业家创新更是如此。创新最好不要搞“多元化”，更不要盲目搞无关联的多元化。德鲁克强调，无论多元化经营有多么诱人，都不能与企业家创新混为一谈。要记住：“要想成功，创新者必须立足自己的长项”。

千里之行，始于足下。企业家要立足现在而创新，不要老梦想“未来”会怎么样，展望未来是为了立足脚下。除非现在能够立即投入和运用，否则创新充其量只是个“聪明的点子”。要记住：“创新必须与市场紧密相连，专注于市场，而且由市场来推动”。

总之，企业家创新要具备三个基本条件：（1）创新需要勤奋、有恒心和责任，企业家要把创新变成辛苦、专注和有目的的工作；（2）创新者必须立足自己的长项；（3）创新必须与市场紧密相连，专注于市场，而且由市场来推动。反观我们的现实，德鲁克这些关于创新实践训练的金玉良言对转型期的中国企业和企业家来说具有现实指导意义。

## 我们是否犯忌

> 对于中国来说，市场经济中最稀缺、最宝贵的就是企业家和企业家创新精神。

对于中国来说，最稀缺、最宝贵的资本要素就是企业家，最稀缺、最宝贵的精神就是企业家精神。

对照近年来中国一些著名企业成功与失败的故事，以及曾经出人意料地成功而后又同样令人惊奇地失败的案例，无不证明了德鲁克的创新实践理论具有真理性的指导意义。

从正面来看，业绩卓著、稳步发展的成功企业及其企业家，如联想集团及柳传志、海尔集团及张瑞敏等，无不是脚踏实地、老老实实地遵循创新实践法则，本本分分地“做人”，老老实实地“做企业”，一步一个脚印地去实施德鲁克所讲的企业家创新训练科目，才获得了长久、持续的真正成功。

与此同时，也有不少企业和企业家，曾一度取得了辉煌的成功，但紧接着走向令人叹惋的大败局。例如，从“大陆首富”到“大陆首骗”的南德集团和牟其中；从“永远的绿色，永远的秦池”到“短命的标王”的山东秦池酒厂和姬长飞；从“浪漫腾起”到“诗意失落”的沈阳飞龙和姜伟，此外还有三株实业和吴炳新，激情燃尽的“太阳神”，走上连锁经营不归路的“亚细亚”，等等。所有这些失败的案例无不是触犯了德鲁克所指出的“太聪明”、“过多花样”、“为未来而创新”等创新禁忌。

当年，南德集团总裁、“大陆首富”牟其中可以说是叱咤风云、意气风发。他在实现了“日用品换飞机”壮举之后，一会儿要建“北国香港”，一会儿又要“炸喜马拉雅山”，不仅要“玩”遍全中国，还要到美国华尔街当金融家。最后“玩”出了什么结果?

可见，对于转型期的中国企业经营者们来说，当务之急是如何潜下心来，在创新实践中进行基础性创新训练。其实，企业家不仅要创新，还须有更高的追求和精神境界。

### 参阅文献

[1] 樊志育．广告学原理．上海：上海人民出版社，1999
[2] 张春兴．现代心理学：现代人研究自身问题的科学．上海：上海人民出版社，1994
[3] 巴里·纳布勒夫，伊恩·尔斯．创新DIY：利用日常生活中的创意解决身边的问题．北京：商务印书馆，2005
[4] 阿弗里德·马歇尔．经济学原理．北京：商务印书馆，1964
[5] 约瑟夫·熊彼特．经济发展原理．北京：商务印书馆，1990
[6] 彼得·德鲁克．创新与企业家精神．北京：机械工业出版社，2007

# 11

# 创造未来　追求永远

第五级领导人是雄心勃勃的，他们最为看重的是组织及其长期发展成就，而不是他们自己的个人成就。

吉姆·柯林斯

## 从管理到领导

> 相对于管理，领导更需要情商而不是智商，要影响多数人而非控制少数人，注重价值导向而不是工具理性。

从一般意义上说，关于“领导”与“管理”的历史渊源关系，可以这样来看：“领导”是人类社会群体普遍存在的导向行为，“领导学”实际上是一门很古老的学问，其学术源头最早可以追溯到2 400年前的亚里士多德时代；而“管理”及“管理学”作为一种典型的组织控制行为和专门的学术研究领域，则显得相当“年轻”，它主要是工业化社会，特别是20世纪工业组织规模化运作的思想产物。

但是，这样的“现代”组织在专业化经理人的“管理”下运作到一定程度，却越来越失去了原始纯朴的“人性”和“激情”——也就是我们在第5章中所说的失去了“学习能力”的组织情形。于是，在这样的背景和情势下，自然就提出了一种要求：追寻组织原始的“价值”意义，使实施权威控制的“管理者”改换角色、转变职能，回归到“满腔激情”、“众望所归”的领导者角色上，去引领组织“返璞归真”，再造学习和创新机能。

这样，相对于运作型组织进行层级控制式“管理”来说，学习型组织进行自主激发的“领导”表现出一系列不同的特性：

——领导是在战略层面上激发人们学习和创新以适应变化的领袖式人物，而不是教导人们循规蹈矩、按部就班干事的管家或工头；

——领导是自己在前面冲锋陷阵号召队员“跟我上！”的英雄，而不是跟在后面踹你的屁股高喊“给我上！”的军官；

——领导是在工作团队中通过自己的满腔热情和身体力行激发、鼓舞、凝聚和带动全体成员朝着共同愿景目标努力奋斗的，而不是在官僚组织中依托层级结构和操作规程按部就班地控制约束人们行动以完成上级命令所要求的特定任务的；

——领导善于授权，让人们都能独当一面自主地、创造性地干事，而不需事必躬亲，通过集权控制强制所有人按部就班地执行命令。

但是，有些管理学家（如德鲁克），对于区别“管理”和“领导”的做法却不以为然。

在德鲁克看来，管理与领导如果说有区别的话，那也如同左手与右手或鼻子和嘴巴的区别一样，在理论上将它们割裂开来加以区别是没有意义的。“领导就是责任，就是肩负职责，就是‘做事’。”不负责任的具有个人魅力的所谓“领导”不可避免地会形成误导，甚至会像希特勒那样给人类带来灾难。“对于一个领导者的考验不在于其有多大成就，而在于他离去后会发生什么样的事情。继承才是最大的考验。如果那些了不起的、富有魅力的领导人刚一离去，整个事业就毁于一旦，那就不叫领导，那属于——毫不客气地说——骗子。”

德鲁克其实是要强调：一些学者对于管理与领导的区分只是相对意义上的，它们是整个组织导向行为的两个不可分割的层面，只是在组织生命周期的不同阶段上各有侧重罢了。说管理侧重运作控制方面并不能将它与因循守旧划等号，说领导注重在战略上激发学习和创新而不是说他们就可以不负责任，如果在绝对意义上去强调两者的区别很可能会造成误导。正如我们后文将讨论到的，恰恰相反，一个卓越领导者正是要对组织未来发展高度负责任的人。

另外，关于一个组织中“当家人”（如企业CEO）的“领导”角色及其性质问题是人们特别关注的一个焦点话题。有关这方面的研究，吉姆·柯林斯（Jim Collins，2001）的最新成果具有代表性和重要的启迪意义。

## 企业家要为企业创造未来

> 企业家最重要、最为核心的任务就是要使目前已经存在特别是已取得成功的企业，在未来继续存在并取得成功。

企业家的字面意思，直白地说，就是“企业的当家人”，那么，这里自然就引申出一个德鲁克式的问题：企业家与企业（特别是最初由企业家一手创办的企业）之间的关系究竟如何去摆？对企业来说企业家的根本职责和使命究竟是什么？

关于企业家与企业的矛盾关系，实际情景是：“企业总是由并非永久存在的人创建的，一个企业必须超出一个人或一代人的生命期而继续存在，以便对经济和社会作出贡献”。因此，对于企业来说，企业家的特殊使命就是“为目前的企业创造未来”，企业家一个最重要、最为核心的任务就是：使目前已经存在特别是目前已经取得成功的企业在未来继续存在并取得成功。而遗憾的是，“实际情况往往是：管理中的大人物在他经营企业时取得了辉煌的经济成就，而他遗留在身后的却是一个乱摊子”。

中国经历了30多年的市场化制度变迁，目前在市场上运转的企业大多都是二三十年前由具有创业精神的当家人一手创办的。由于客观的历史原因，这代企业家当初创业时，除个别外，大都正值“而立”甚至“不惑”之年，目前都现实地面临老一代创业者“退出舞台”的挑战，至少是该考虑“接班人”的问题了。

近年来，越来越多、越来越频繁地发生由于“接班”而引发企业败落的案例，前赴后继地上演“成也企业家，败也企业家”这样的憾事——有些企业曾经在铁腕的当家人手中令人惊奇地获得辉煌的成功，而后又立马在这位当家人身后同样出人意料地迅速败落。

其实，对于企业家生命有限与企业长程可持续发展的矛盾，很多创业成功的民营企业家都意识到了，而且有一些人不仅意识到了还以实际行动去解决这个问题，如万科的王石、华为的任正非就是令人敬佩的榜样。王石说：

“我不培养接班人。我只建立制度，培养团队。这个团队中谁当班长应该由制度去选择。我给万科建立了一个制度，培养了一个团队，谁当一把手也差不到哪儿去。”

王石不仅是这么说的，也是这么做的。1999年初，为了不妨碍万科的可持续发展，王石辞去了总经理的职位，在辞职演讲中他解释说：

“公司选择还在发展当中，路还很长，我也正当年富力强，为什么要把总经理辞掉呢？这恰好是从长远角度考虑的。一个人再能干，他的生命年龄（也）是有限的，他的工作年龄就更有限了。但是企业可以做到超越人的生命年龄，所以它也不应该是以某一个人的能干不能干、专业不专业、有没有魅力为前提，一定要靠现代企业制度来维系。我个人认为在实现了制度化和团队化，选择好了行业并树立了品牌后，谁是接班人就不是那么重要了。”

因此，对中国企业家来说，反省自问、静心明志，真正明白企业家的特殊使命就是“为目前的企业创造未来”这一道理，具有重要的战略意义。每个企业家都应该审视和检核一下自己应担当的角色和根本使命究竟是什么，摆正自身与一手创办的企业之间的关系，明确内外在历史因素烙在自己身上的特殊印记及其局限性，并知道如何去克服那些不利于企业超越自己的生命局限而实现长程可持续发展的因素。事实上，这也是现阶段最需要中国企业管理学界研究并作出理论回应的“重大现实问题”。

只有这样的本源性、根本性问题解决了，中国企业和企业家才能纷纷从优秀走向卓越，我们才有可能拥有一大批百年老店式的卓越企业，以及一代又一代具有世界级领导风范的卓越企业家。

## 柯林斯定律

企业家的“魅力”与企业的“卓越”往往是负相关的。

管理学界的权威柯林斯等人经过长期实证研究，发现一个很普遍、带有规律性的有趣现象，即：企业家的“魅力”往往与企业的“卓越”是负相关的。我们将它称作“科林斯定律”。

关于“领导”问题的研究，西方学者近百年来大致走过了这样一个“心路”历程：在20世纪早期，人们主要侧重于对社会、政治、军事等领域“伟人”的禀赋特征进行归纳总结，形成所谓“伟人论”，认为领导是具有少数伟大人物的“特质”（trait）的；20世纪中叶，一些学者对领导具有普适性特质这一观点产生怀疑，认为在多元化背景下不可能存在一套一成不变的普适性领导特质，于是将关注点转向领导的“行为”层面，形成了一系列领导行为理论；在此基础上，学者们进一步考虑影响领导效果的情景因素，研究领导者如何通过将自己的领导风格与情景变量相匹配来权变处理领导问题，以提高领导的能力和水平，这就是所谓的“领导权变理论”；20世纪80年代以后，一些西方学者重新对“特质理论”产生了兴趣，通过调查研究证实：领导者个人因素与情景因素一样都对领导力有着重要影响。柯林斯的领导理论大致就是在这个背景下产生的“新理论”。

柯林斯清楚地认识到：在看待和研究组织中的领导行为时，如果我们将所有问题的答案都归结于领导者的“领导能力”，那就是在承认我们无知。这并不是说领导人之于组织不重要，而是怕这样的思维阻止我们更深刻、更科学地理解卓越公司的本质。因此，在柯林斯关于卓越公司的著名研究项目中，最初并未刻意寻找关于“领导能力”方面的因素，但是实证的经验数据却势不可当，它极具说服力。他意外地发现：对照卓越公司与那些优秀而不卓越的公司，或曾经优秀但终没有实现向卓越成功跨越的公司，卓越公司领导人确有不同的地方，这就是卓越企业家都是顶尖的“第五级领导人”。

柯氏调查研究发现：长期保持“冠军”级水平的世界一流公司，或成功实现从“优秀”到“卓越”的跨越并获得长程可持续发展的公司，其CEO大都不属于文艺明星式的或独裁领袖式的“魅力型”领导人，而是性情谦虚、保持低调、不愿抛头露面，同时具有坚定意志、为创造可持续业绩可以奋不顾身的实干家。即使是在西方社会，像强生、摩托罗拉、惠普、IBM和3M这样的顶尖公司，也没有几个人能够说出它们的CEO是谁。相反，那些非一流的、一度很“优秀”但不能长久的公司，其CEO大都如文艺明星一样“光彩照人”，往往给人的印象是“他就是公司，公司就是他”，其知名度甚至比公司还高。

为什么企业家的“魅力”与企业的“卓越”会呈现负相关关系呢？根据柯林斯的论述，其内在的逻辑根源可以归纳为如下五点。

其一，那些注重“个人魅力”的企业领导人往往以自我为中心，常常把自己的功名而非公司的利益放在首位，关键时候必然不怕牺牲公司的根本利益和长远发展而维护自己的权威和利益。

其二，为了使自己显得更有“魅力”，魅力型领导往往使自己的下属或继任者成为无所作为的笨蛋，或者说愿意以这样的“笨蛋”作为下属或继承人，实际上他们根本不关心培养接班人而为身后公司持续发展做铺垫，甚至在一定意义上可以说，后继者的“无能”、公司的“短命”，恰是他们有意为之。

其三，魅力型CEO的“强硬”和“权威”必然导致公司大事小事、时时处处以他个人的意志为转移，完全依赖他的“英明领导”才能运作，一旦离开他便立马陷于瘫痪状态，土崩瓦解、烟消云散。

其四，魅力型的企业家往往喜欢“作秀”，就像闺阁中作态的女子，成功时照着镜子自我欣赏、居功自傲，业绩不佳时站在窗前怨天忧人、唉声叹气，这样一来就成了马戏团“只会表演的马”，而失去了“拉车”的天职和能力。

其五，魅力型CEO可能也很“优秀”、很“成功”，但他们只是守夜打更的“报时人”，因为他们没有将企业缔造成滴答作响、自动运转的“时钟”，其“优秀”和“成功”必然随着他自然生命的消亡而成为过眼云烟。所以，长盛不衰的“卓越”企业不需要而且往往是排斥“魅力”型企业家的。

为了更全面地说明领导人在层次、境界方面的差异，柯氏提出了“五级领导人”理论模型。他将公司领导人的能力划分为从低到高五个级别，如图11-1所示。

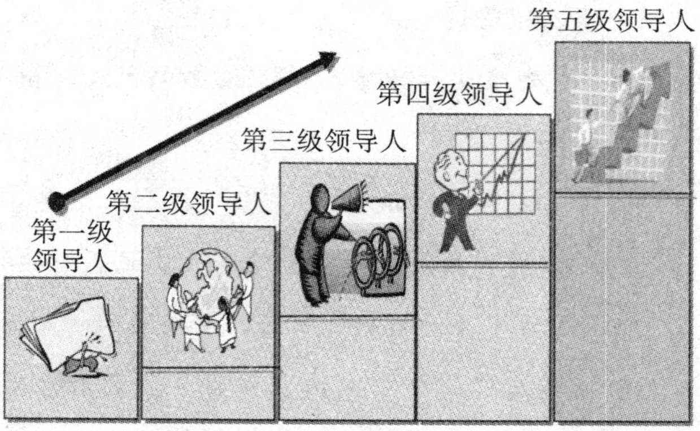

图11-1　柯林斯五级领导人模型

**第一级领导人**，即“能力突出的个人”，他们用自己的智慧、知识、技能和良好的工作作风作出巨大贡献；

**第二级领导人**，即“乐于奉献的团队成员”，他们为实现集体目标贡献个人才智，并能够与团队成员通力合作；

**第三级领导人**，即“富有实力的经理人”，他们组织人力和非人力资源，高效地朝组织的既定目标前进；

**第四级领导人**，即“坚强有力的领导人”，他们能够全身心地投入和执著追求清晰可见、催人奋发的战略远景目标，并不断向更高的业绩目标努力；

**第五级领导人**，即最高的顶尖级领导人，他们不仅能够根据既定目标有效配置组织资源，能够全身心地投入和执著追求清晰可见、催人奋发的远景目标并不断创造更高的业绩，还能够将自己的谦虚品质与职业化的决定意志相结合，持续不断地创造卓越业绩。

柯林斯将主要精力放在后两级领导人的比较上，即“优秀但不卓越“的第四级领导人与“优秀且卓越”的第五级领导人的比较，他们在“特质”上究竟有什么根本性的不同？经过比较研究，他发现第五级领导人相对于第四级领导人有如下一些“特质”。

✧ **组织使命为先**　第五级领导人具有谦逊的个性和坚定的意志，他们个个都有雄心壮志，但不是为了自己的个人利益，而是把组织的利益放在第一位。

✧ **注意代际接续**　第五级领导人培养接班人，为组织以后取得更大的成功作好铺垫，而以自我为中心的第四级领导人物色的接班人却往往导致组织的失败。

✧ **谦虚谨慎低调**　第五级领导人表现出一种令人折服的谦虚，他们都不爱抛头露面，保持低调；相反，对照组织的第四级领导人，他们都有很强的自我意识，这往往导致身后组织的毁灭或持续平庸。

✧ **卓越业绩导向**　第五级领导人的领导并不等同于“公仆式的领导”，他们都被创造可持续业绩的内在需要所驱动和感染，为了使组织走向卓越，他们有决心做任何事，不管这些决定有多么重大，多么困难。

✧ **脚踏实地干事** 第五级领导人表现出一种“工人式的勤劳”，他们不是“表演的马”，而更像“拉犁的马”。

✧ **注重机制设计** 第五级领导人不是“报时”而是“造钟”，不是自己创造“英雄业绩”，而是为组织持续发展建立高绩效的工作系统和激励机制。

✧ **绝不居功自傲** 第五级领导人在成功时往往朝窗外看，把成功归于别的因素而非他们自己，但当业绩不佳时，他们看着镜子，责备自己，要求自己承担起所有的责任。而第四级领导人则相反，成功时他们看着镜子居功自傲，业绩不佳时则向窗外看，埋怨别人。

实际上，按照我们“人事无新事，古今中外通”的一贯观点，柯林斯所谓的“五级领导人”理论也只是历史背景和表述形式上的某种变换，而无实质内容和思想方法上的真正突破。它只不过是将古人已经阐明的经典领导哲理，在当今新时代背景下用不同的话语和方式作了一个重新表述。其实，老子《道德经》的第十七章不就是一篇言简意赅的领导论嘛！

老子像

太上，不知有之；其次，亲而誉之；其次，畏之；其次，侮之。信不足焉，有不信焉。悠兮其贵言，功成事遂。百姓皆谓：我自然。

在这里，老子将领导人分为四级：最高级的组织领导人，他们能够行无言之教，处无为事，做到无为而治，平日里深居简出、做事低调，所以，下属及其他成员似乎感觉不到他的存在，但一切却能有序运作；次一级的领导人，他们能够做到以身作则，亲自处理相关事宜，鞠躬尽瘁，任劳任怨，以道德教化、仁义恩典施与下属成员，所以，部下臣属往往感恩戴德、赞不绝口；第三级领导人，他们强调按规则办事，通过行政或刑法等手段控制约束人们的行为，所以大家都很怕他，弄得组织成员人人心惊、个个胆战，空气十分紧张；最低级的领导人，他们往往不讲诚信，却善于耍弄权术，欺上瞒下，人们互相对掐、彼此内耗，最后导致纠纷冲突不断，搞得组织环境乌烟瘴气。最高级与最低级的领导人的根本差别何在？老子认为关键在诚信、在境界，如果能够尊重人们，不轻易发号施令，取信于民，使他们各安其生，领导者就可以悠闲自得，做起事来功到自然成，组织运作起来一切自然顺畅。由此看来，老子经典与科林斯理论谁高谁低？

回首中国数十年来的发展，真正成功“活”过来的“著名企业”可以说是凤毛麟角，但“著名的企业家”却是层出不穷。而那些没能成功地“活”过来的企业大都“死”在了魅力型当家人手中。这些成功或是失败的企业之所以“著名”，不是因为“著名”当家人的“英明”决策，就是由于他们翻身落马、身败名裂的“退出”而来的。

当然，应该承认，作为在具有“不确定性”的市场经济舞台上唱主角的企业和企业家，其兴与亡、成与败，都是再正常不过的事。人有生老病死，企业也有它的生命周期，在市场经济的汪洋中行船，任何时期的任何企业或企业家随时都有“翻船”的可能。就是在美国那样成熟的市场经济环境中，据报道，仅2001年就有257家上市公司破产倒闭，涉及金额达2 580亿美元。企业生生死死，企业家来来去去，这本来就无须大惊小怪。

而关键的问题在于，我们的企业和企业家，如此多的“短命”、如此频繁地衰败，从根本上说，主要不是由市场经济本身的“不确定性”风险带来的，而是没有把最基本的德鲁克式问题弄明白，是在企业家本职角色没有摆正、企业家特殊使命没搞明白的情况下发生的一系列不该发生的人为悲剧。因此，我们必须有勇气检视转型期中国企业家“骨子”里的问题。

## 呼唤企业家社会

> 中国企业家行为的长期化以及企业的长程可持续发展，除了有外在的制度安排外，还有一个内在修炼的问题。

“卓越”企业的企业家形成和成长，除了外在的社会环境外，关键还在于企业家自身的内在修炼和自觉学习。正如德鲁克所说，企业家精神既不是“自然的”，也不是“创造性”的，而是企业管理者在实践中自觉“培养”出来的。

遗憾的是，商学院MBA教育所能“培养”的只是潜在的“职业经理人”而不是现实的“企业家”，顶多是企业家的“毛坯”。其他企业，包括世界一流企业的卓越企业家，那是人家自己的，不是你的，你无法像物什那样“拿来就用”，要知道企业家不是“现成的东西”！中外很多实证案例都表明：在企业家形成这件事情上，指望什么“优惠政策”、“引进人才”或“猎头公司”是万万靠不住的。因此，要内练苦功夫，即使从外部引进的，也最好不要将他作为现成的人才“拿来”

了事，而应作为企业家的“毛坯”来看待，以便使企业家从自家土地上茁壮成长出来。但愿经过系统的内在修炼，中国的企业家都能成为打造“卓越”企业的非“魅力型”领导人：

✧ 他们专注于企业的长治久安，而不是个人的名利得失；

✧ 他们能够激发广大员工的群体创造精神，而不是人人盼望他早些去职；

✧ 他们以自己的核心价值观专注于企业的长项，脚踏实地“为人民服务”，为了民众的利益和企业的稳定和成功能够牺牲自我、勇往直前，而不是急功近利、利欲熏心地将目光游移于所有能够赚钱的事情上；

✧ 他们能够为企业的长程可持续发展制定“基本法”，而不是只做一时守夜的报时人，将企业与自身“血肉相连”、同生共亡……

德鲁克曾大声疾呼：“我们需要一个企业家社会，在这种社会中，创新和企业家精神是一种正常、稳定和持续的行为。恰如管理已经成为当代所有机构的特定工具，成为社会进行组织工作的整合工具，创新与企业家精神也应该成为社会、经济和组织维持生命活力的基本行为。”现在我们须比德鲁克更迫切、更大声地呼唤——

“我们需要一个企业家社会！”

## 追求永远

> 但愿中国的企业家经过代代延续，可以将我们民族企业铸成世界级的百年老店。

借鉴德鲁克、柯林斯等世界管理大师的权威研究成果和精髓理论思想，我曾在《追求永远》一书中，对华为、联想、红塔、海尔和四通等中国著名品牌公司的发展历程和经营成就进行了梳理剖析，特别是对企业创业者的战略眼光、卓越行为及其所处的特殊时代的局限性进行了典型案例的研究。

通过这些典型案例我们发现：对于转型期中国的企业来说，是成功还是失败，是健康发展还是遭受波折，是能够“永放光芒”还是仅仅“昙花一现”，其最关键、最根本的一点不在于是否可以幸运地遇上“能干的当家人”，而在于能否制度化地选择真正“为企业创造未来”的企业家。

愿我们的中国企业家经过一代又一代延续，经年累月，能够将我们的民族企业铸成像强生、摩托罗拉、惠普、IBM、可口可乐那样的世界级百年老店！从转型期中国企业和企业家修炼的角度，提出如下几点忠告。

✧ **在个人修养上**，企业家要能够“志存高远”，将自己存在的价值定位在“为企业创造未来”上，像“造钟人”那样通过设置机制使企业的“警钟长鸣”，专注于企业的长治久安，而不是个人的名利得失。

✧ **在人本观念上**，企业家要树立“群众观点”，能够将主要精力放在激发广大员工的群体创造精神方面，而不是积极借助媒体炒作“宣传个人”，极力塑造王者风范，个人魅力。

✧ **在战略管理上**，企业家要使企业能够以核心价值观为指路明灯，始终专注于企业的长项和优势，脚踏实地地“为人民服务”，为了民众的利益、企业的稳定和成功，能够奋不顾身、牺牲自我、勇往直前。

✧ **在机制创新上**，企业家，特别是初次创业成功的企业家，要努力借助外在的、有形的制度或机制，自觉地、有意识地淡化和约束自己的人治行为，必要的话，可以像任正非那样专门为企业制定一个“基本法”，以保证企业长程可持续发展。

✧ **在产权安排上**，企业家要主动地推动制度变迁，积极争取自己人力资本产权的正当权益，同时策略性地“拐大弯”，选择适当的途径如ESOP、MBO、ESO等，艺术地解决“剩余索取权与控制权不对称”给企业长程发展带来的制度隐患。

✧ **在应对环境上**，企业家不应该一味地迎合媒体炒作，有意识地抵挡“有问题”的个人宣传风气，一切以打造企业“老字号”品牌为宗旨，花大力气脚踏实地地进行企业品牌的塑造和建设。

✧ **在主权关系上**，企业家要能够摆正与所有者的关系，在不能进行大的制度变革的情况下，该是自己职责和权限的要做到“寸土不让”，在企业接班人选任机制上尽量不被外在的任命机制所左右，争取做到企业领导人内在制度化接续。

最后，祝愿中国企业经过企业家个人的内在修炼而能够获得永续发展。在一百年后，“华为”仍然有为，“联想”还同样富有想象，“红塔”更红，“海尔”还像大海般深远博大，“四通”照样四通八达……

但是，基业常青树，大家来培育。这需要在充分的人际沟通基础上，经过长期不懈的组织文化的建设和修炼才能实现。于是，我们将行进到人本管理的最高境界即“精神整合”阶段。

## 参阅文献

[1] 彼得·德鲁克. 管理：任务、责任和实践. 北京：中国社会科学出版社，1987
[2] 吉姆·柯林斯. 从优秀到卓越. 北京：中信出版社，2002
[3] 詹姆斯·柯林斯，杰里·波勒斯. 基业长青. 北京：中信出版社，2002
[4] 梅瑞狄斯·艾什比，斯蒂芬·迈尔斯. 领导：全球顶级CEO的领导智慧. 沈阳：辽海出版社，2003
[5] 加里·尤克尔. 组织领导学. 北京：中国人民大学出版社，2003
[6] 任伟. 王石如是说. 北京：中国经济出版社，2009
[7] 吴晓波. 大败局. 杭州：浙江人民出版社，2001
[8] 刘韧. 柳倪之争：为了忘却的记录. 中国企业家. 2000（2）
[9] 李宝元. 追求永远：中国企业家谋求长程发展行为案例研究. 北京：经济科学出版社，2004
[10] 李宝元. 组织行为学通论. 北京：机械工业出版社，2008

# 整合篇

# 12

# 合适的人　可塑的才

你可以接收我的工厂，烧掉我的厂房，然而只要留下这些人，我就可以重新建起IBM。

托马斯·沃森

## 相亲选人很重要

> 科斯定理从反面证明了相亲选人的特殊重要性，“选人先于做事”是追求卓越的前提条件。

俗话说：“女人怕嫁错郎，男人怕入错行”。这句话不仅是经验之谈，是古今中外千百万人生活体验的高度概括，也是“科斯定理”在制度经济学理论上证明了的一条真理。

我在第8章曾讲到“科斯定理”的实质含义其实就是要告诉我们这样一个简单的道理：相亲选人很重要。如果人与人打交道不存在“交易费用”的话，那么你想娶谁就娶谁、想嫁谁都可以，因为没有交易费用，娶错了嫁错了再换就是了。但是，现实中不是这样的，因为人与人之间不仅存在交易费用，而且交易费用还非常高。

至于“男人怕入错行”，则直接与选择职业、找工作有关。当今社会，不仅男人怕找不到好工作，女人当然也怕，因为一旦选错了职业、进错了单位，要再换职业、换单位都是有相当大沉淀成本的。

同样道理，一个组织在选人问题上也是这种情形。如果招聘引进的人不合适，就要浪费掉很多时间、金钱，这些直接成本还只是一方面，更重要的是引发长期的、总体的负面效应。

所以，引进人的事情，是企业的头等大事，管理者一定要将它当作一回事亲自来抓。对此，著名管理学家托马斯·彼得斯在《乱中求胜》（1987）一书中特别强调：“员工招聘工作是一线管理者的责任，它太重要了，千万不能授权给‘专家’去干”，企业一线管理人员要舍得花时间和精力于人员招聘工作上，在人员引进上“要像躲避瘟疫一样避免使用人事心理学家的心理测试和面谈方法”；而且，“了不起的文凭说明不了什么”，很多著名的制造企业，如本田汽车公司等，在招聘人员时从不脱离实际去“奢谈”什么人才素质，更不看重MBA或博士头衔。彼得斯的说法虽然有些极端，但也说明了一个重要道理：招聘选人本质上不是“技术”问题，而是一种重大战略决策和管理责任问题。

美国著名管理学家吉姆·柯林斯在《从优秀到卓越》中也特别强调：一个公司从优秀到卓越的第一步，关键不在确定战略远景，而在于找到合适的人，“选人先于做事”成为大多数卓越公司的一条基本原则。有了人就有了一切，只要找到合适的人上车，不管车开向何处，在路上会遇到什么麻烦，以及到目的地干什么、如何干，等等，一切都好说，否则，如果不合适的人在车上吵吵嚷嚷，那么说什么都无济于事，弄不好还会翻车的。当然，选人是个“知易行难”的问题，想要做好更是难上加难。

## 📖 谁是适合你的人

> 有“人”就有“才（财）”，选人重在选德，内德是本、外才是末，关键是你与他是否是同路人，是否彼此认同对方的价值观。

什么才是“合适的人”？这是一个价值判断问题，所以没有“标准答案”。这里可能有很多标准，关键是你看重什么标准，应看重什么标准。

说到相亲，传统上有大家公认的一个标准，那就是“门当户对”。这个标准之所以会得到大家的认同，是因为那些门当户对的人，由于家庭出身相同，成长经历相近，有的是“从小光着屁股长大”，有的则比较高雅，叫做“从小青梅竹马，两小无猜”，但共同点都是，在人生价值观、生活习惯和社会交往层次上很接近，这样的人走到一起自然很容易相处，美满和谐的几率要大一些。

但是，如果将“门当户对”的涵义物质外在化、标识化和虚荣化，将之曲解为你有多少钱、我也应该有多少钱，你有房子我也至少应该有车子，你多高学历我也要多高学历，你有什么文凭我也要拿什么证书，机械教条地对应，将内在涵养与外在条件颠倒过来考虑，那么这样的人走到一起结婚成家，将来的结局很可能是没有什么美满和谐可言的。

相亲要看重“人品”，有了人品将来过什么日子很好说。有了“合适的人”，就有了“可塑的才”，也自然会有“可得的财”。

企业选人同样是这个道理。日本人在这方面似乎很精明，他们很懂得人身上哪些是短期可塑的，哪些是需要一生长期修炼才能获得的，在选人的时候很能掂量轻重缓急，拿捏得非常好。日本企业在招聘员工的时候大都不太看重专业技术，关键看应聘者做人处世的态度和道德价值的修养。在他们看来，专业技术这种明晰性知识很好学，隐含性技术技能要在做事的过程中才能真正学到，在知识更新这么快的时代拥有什么具体的专业知识不重要，有没有具体的操作技能也无关紧要，最重要的是要有正确的价值观和人生态度，有了为人处世的学习能力、团队合作精神和认真做事的工作态度，这些东西就都不在话下。所以，招人不是“选才”而是“选材”，选择具有价值和道德素养的“毛坯”，即“可塑的材料”。这里给大家转述下面这样一个故事。

日本一位名牌大学毕业生找工作，到一家大公司应聘时，社长像拉家常似的问他的家庭情况，他一一作了介绍。

这个青年人从小没有了父亲，是母亲一个人把他拉扯大的。母亲帮佣拼命赚钱供他上学，直到今天他大学毕业了，母亲每天还依然在外帮佣挣钱。社长对他审视了一会儿，突然问：

“你帮母亲洗过脚吗？”

“从来没有过。”青年如实回答。

“那么帮她捶过背吗？”

青年想了想：“有过一次，那是在我读小学的时候，母亲高兴得还给我买了糖果。”

谈话结束后，社长鼓励他别灰心，会有希望的。临走时，社长突然对他说“你明天再来一次吧。不过来之前你要想想给母亲做点什么。”

这个青年在回家的路上，想到母亲这些年含辛茹苦，自己竟没有想到给她做过什么，实在是缺乏孝心。回家后我定要替妈妈洗洗脚。

母亲回来后，听儿子冷不丁说要给自己洗脚，感到很奇怪：“我还没有老到洗不动脚的地步，哪要你来替我洗？”青年说明了原委，母亲表示理解，于是按儿子的要求坐下，将脚伸进水盆。青年在给母亲洗脚时，才平生第一次注意到母亲像木棒般僵硬的脚，想到这些年来母亲为自己上学挣钱，不禁心里发酸，抱着母亲干枯的双脚潸然泪下。

第二天，青年如约来到那家公司，对社长说：“谢谢社长！现在我才知道母亲为我付出了多大的辛苦，如果不是您，我还从来不曾想到替母亲洗脚。母亲只有我一个亲人，我一定要好好工作，做出成就，来报答她的养育大恩！谢谢社长，是您让我明白了在学校里没有学到的做人道理，太感谢了！”

社长点点头，说：“你明天就来上班吧！”

其实，所有优秀和卓越的公司，一切卓有成效的组织，也都明白这个道理。美国海军陆战队的管理成效是有口皆碑的，他们在招收队员时，只招收那些与其核心价值观一致的人，然后才进行完成组织分派任务所必需的训练。这里的“核心价值观”本身没有绝对的好坏对错，完全是一个对不对口的问题，只要双方对口、相互认可，就是“好”的、“对”的、“合适”的。

例如，世界著名的四大军校之一美国西点军校（West Point，原名‘美国陆军军官学校’，其他三家分别为英国桑赫斯皇家军校、俄罗斯伏龙芝军校和中国黄埔军校）奉行的核心价值观是“没有任何借口”。

据说，在西点军校，学员遇到长官问话时，除了回答“Yes，Sir”、“No，Sir”和“I don’t know，Sir”外，就只能回答“No excuse，Sir”（没有任何借口，长官）。他们以这种戒令培养学员绝对服从、不达目的决不罢休的信念和毅力。《没有任何借口》一书中曾记述有“二战名将”巴顿将军在其回忆录中写到的一个选人细节，很能够反映西点风格。

巴顿要提拔人时，常常把所有候选人排到一起，给他们提出一个他想要解决的问题。例如，他说：“伙计们，我要在仓库后面挖一条战壕，要求8英尺长、3英尺宽、6英寸深。”于是，巴顿就溜进一个带后窗的仓库观察他们的言行。大家七嘴八舌，有的说：“6英寸还不够当火炮掩体。”有的说：“我们军官怎么能干挖战壕的体力活？”……最后有个伙计对大家下命令似的说：“让我们把战壕挖好后离开这里吧，那个老畜牲想用战壕干什么就干什么，关我们屁事！”结果，最后说话的那个伙计得到了提拔。“我必须挑选不找任何借口去完成任务的人。”巴顿解释说。

据《美国商业年鉴》统计，二次世界大战后，在世界500强企业中，西点军校培养出来的董事长有1000多名，副董事长有2000多名，总经理、董事一级的有5000多名。美国任何一家商学院都没能培养出这么多经营管理人才。

根据柯林斯的实证研究，许多“从优秀到卓越”的公司都是将“选人先于做事”、“品格素质重于专业技能”作为选拔人员的基本准则。他归纳总结出以下三条非常实用的选人原则。

**原则1：宁缺毋滥**。选人时如果无法确定其品格，宁可等待观望，也不草率作出选择。

**原则2：刚柔并济**。一旦发现无论如何也“不合适”的人，应当机立断，但在执行环节要艺术地处理每个具体的裁员事宜。

**原则3：大才大用**。将最杰出的人用于决定公司命运的重大战略决策方面，让他们寻找天赐良机以图发展，而不是解决具体的操作难题。

杰克·韦尔奇在人员选择上，特别强调员工对公司价值观和使命的认同。他将员工按照是否认同公司价值观和业绩水平高低分为以下四大类，分别对待。

1. 对于认同价值观业绩也优秀的人：大加褒奖并予以重用；

2. 对于认同价值观而业绩较差的人：积极提供培训机会，开发使用；

3. 对于不认同价值观而业绩优秀的人：暂时分场合有限度使用；

4. 对于不认同价值观且业绩又差的人：坚决不使用。

对于那些不合适的员工，一般来说，管理者开掉他们是不会有什么为难的，但在策略上要讲艺术，否则会招致大麻烦。但是，对于那些对公司极有认同感、归属感和事业热情的员工，经过培训开发和反复使用，证明其确实不是在本公司干事情的材料，怎么处理往往就让人为难不已了，如果让他们走人，似乎有些“不近人情”甚至“伤感情”。但是，如韦尔奇所说，如果从另一方面想问题可能是另外一种情景：他不适合在你公司干事，不一定在其他地方就不能干，你老是让人家呆在你这里反倒可能是“误人”甚至是“不人道”的，让他趁年轻早些离开，去寻找适合自己的事业，说不定是很有利于他人生价值实现和职业生涯发展的明智选择，这样看来，辞去他们又可以说是一种很“人性化”的管理决策。

## 相面识人有技法

实际中可以借助心理性格测验和各种情景压力面试来相人。

对于专业技术能力，因为大多是明晰性的，往往容易客观度量，如借助文凭、笔试等，所以，其考核选拔较好把握。但选人的关键不在这里，而在于难以琢磨的“品德修养”方面，这些东西往往是内隐在人心里的，人们常说“知人知面不知心”，我们怎样才可以在有限的时间和特定的场景中将人（内在心理和品性）看清楚呢？

这正是管理工作“知易行难”特点的具体体现：能够度量、说清楚的，往往不是那么重要的；而很重要的事情，却往往是很难说清楚的。其实，很多内隐的性格倾向，如品质、气质、态度、情绪、兴趣等，也不是完全没有外在表现的，比如，血型在很大程度上可以反映一个人的性格特征。心理学常用性格问卷量表和个性投射测验来鉴定识别一个人的性格特征，前者如著名的卡特尔16种人格特征问卷量表，后者如罗夏墨迹测验、主题统觉测验等。下面是卡特尔16种人格特征问卷量表的一个简要介绍。

**卡特尔16种人格特征问卷量表**

**来由**：美国伊利诺伊州立大学人格及能力研究所卡特尔教授采用系统观察法、科学实验法及因素分析统计法，经数十年研究，确定出16种人格特质，据此编成问卷量表。

**特点**：该测验为自陈量表。优点是高度结构化，实施简便易行，记分解析较客观；缺点是定义困难、情景误差及反应定势和风格影响大。

**功能**：有普遍的应用性。可以用来了解应试者环境适应、专业成就和心理素质等表现，预测应试者工作稳定性、工作效率及承受力等个性特质。

**构成**：量表共由16个分量表（每个因素一个）187道题（每量表10~13题）组成。量表试题以对应16因素的16题为一组轮流排序，每题有三个备选答案。16个因素的符号及名称为：A. 乐群性，B. 聪慧性，C. 稳定性，E. 恃强性，F. 兴奋性，G. 有恒性，H. 敢为性，I. 敏感性，L. 怀疑性，M. 幻想性，N. 世故性，O. 忧虑性，Q1. 实验性，Q2. 独立性，Q3. 自律性，Q4. 紧张性。

**样题**：指导语（略）

（1）我喜欢看团体球赛：A. 是的；B. 偶然的；C. 不是的

（2）我所喜欢的人大都：A. 拘谨缄默；B. 介于A、C之间；C. 善于交际

（3）金钱不能带来快乐：A. 是的；B. 介于A、C之间；C. 不是的

**报告**：正文是结论性评语，后面附16PF量表（测量结果），包括16量表（因素）的原始得分和16种人格因素剖面图。此外，报告往往还给出被测试者双重个性因素（如内向—外向型）的估算分值以及依据有关量表标准分推算的综合个性应用评价分。

在实践中，人们也摸索出很多“相人”的技巧，以及各种各样的“压力面试”。《史记》中有个“圯桥进履”的故事，大家可能都很熟悉，那其实就是一个经典的压力面试情景案例。张良是韩国宰相的后代，秦灭韩后，张良立志复仇，他结交力士，在博浪沙曾狙击过秦始皇。此后，为躲避搜捕，隐姓埋名藏匿下邳（今江苏睢宁古邳镇）。公元前209年，陈胜、吴广起义，张良也在下邳起事。后来，他辅佐刘邦建立汉朝。传说，张良之所以可以“运筹帷幄之中，决胜千里之外”，就是因为早年在下邳得到黄石公仙人的真传。要当宰相需要很高的素质，但最重要的一个情商素质就是：你的肚里必须能撑船，要有海量，能忍辱负重、委曲求全、顾全大局。圯上老人黄石公很明白这一点，因此当年欲收张良作徒弟时，就先对他做了一个压力面试，包括初次面试（捡鞋测验）和录用面试（约见测验）两个基本环节。

# 要想沟通不容易

"知易行难"的管理特性在沟通方面表现得最突出。

德鲁克说，归根结底，管理是一种实践，其本质不在于"知"而在于"行"。此话一点不假，在人际沟通方面尤其如此。

所谓"沟通"，用老百姓的话说，就是俩人很投缘，能够"说的上话"，聊得很投机。如果遇到"话不投机半句多"的情况，那就无从"沟通"了。可是，人们时常感到，在这大千世界、茫茫人海之中，有时想找一个说得上知心话的人，真是很难！

2009年初，大名鼎鼎的河南作家刘震云以"一句顶一万句"为书名出了一本小说。据说，这本小说是刘用了三年时间酝酿创作的"迄今最成熟最大气"的作品。受书名的吸引，我也买了本认真拜读，虽有障碍很难读，但作家想传达的意念却是值得品味的。

在这部大作中，作者围绕"找人说话"这个主题，以老家延津平民生活百态为基调，记述了中国人令人心酸的"百年孤独"。从孤独无助的主人翁吴摩西到其养女儿子牛建国，祖祖辈辈为了摆脱孤独找一个"能说得上话"的人，像幽魂般千里奔波、四处游走。

有多少夫妻就如同电视剧《激情燃烧的岁月》中那对石光荣夫妇根本不是一路子人，在一起生活了一辈子，一直吵吵闹闹，可见沟通不容易。反过来，一些人本属陌路，但就因一个眼神，一句客套招呼，一个点头示意，一个举手投足的小动作，却似有灵犀之通，谈起话来毫无障碍，甚至难解难分。

我在乡下和城里的胡同，都遇到过人情事理无所不通、说起话来头头是道的人；同时我在大都市也常常碰见说什么都解释不清楚的人。其实，能不能沟通与识字不识字、有学历没学历没有什么必然联系，但与有什么知识、有没有人文修养却很有关系。

长期以来，人们对中国应试教育体系诟病最多。的确，由于缺乏"干中学"中才能得到的隐含性知识，特别是像人际沟通这样的社会实践经验，我们很多教授们、博士们确实在面对现实生活时往往束手无策、到处碰壁。

你自己很可能也有亲身体验，也有很多困惑：为什么沟通有时很容易有时就那么难？有时沟通不好还会酿成很大的人事风波和危机，对于很多应该怎样沟通的道理你并不是不知道，但为什么自己一遇到事上立马就不行了呢？沟通之道何以这么不可琢磨呢？是我们“知”未能“行”，还是没有“真知”所以难以循道修炼？……

对于这样一系列问题，我们会在本章“理论联系实际”地打探研究一番，以便真正提高我们的沟通“情商”和“技艺”。

## 🕮 你以为你是谁

> 自知是做人的基点，自觉是成人的起点，自悟是实现人生价值的关键点。

说到“沟通”，从个人的角度来看，无外乎是“我”与“他人”之间的人际交往关系。那么首要的问题就是如何认识自我？也就是要搞清楚：（相对于他人来说）“我是谁？”、“我是什么人？”要回答这个问题，往往存在一个难以克服的“技术性障碍”。这个技术性难题的发现奖或说最佳描写奖，我想应该颁发给宋朝大诗人苏轼（1037—1101）。

苏轼一生，在政治上失意落魄，但这却成就了他辉煌潇洒的文学人生，他广交僧朋贤达，游山玩水，留下了很多不朽名篇。这里有一个关于苏轼的故事，我为了说明问题，再将之演绎一番，转述在此，读者权且听听，不必当真。

相传，这位东坡居士有一位法号“佛印”的和尚朋友，二人交情甚笃，常常相互开玩笑，东坡往往居于下风。有一次，他与佛印在一起打坐闲聊，就问：“你看我像什么？”

“我看你像尊佛。”佛印答道。

苏轼心中暗喜，随即问：“那你知道我看你像什么？”

“像什么？”佛印平静地问。

“像堆狗屎！”说完苏轼哈哈大笑。

苏轼

佛印没有说什么，依然神色坦然地在打坐。

回家后，苏东坡乐呵呵地对小妹说：“哈，佛印这次总算被我耍了一把！”小妹问明缘由，不屑地说道：

“你以为你把人家耍了，其实你是在耍你自己！一个人看到的其实是自我，自己是什么人看到的就是什么。人家佛印心中有佛所以看到你就像佛，而你心里很臭所以才看人家像狗屎。”

苏轼听后恍然大悟。所以，后来与长老同游庐山，才有感而发，写出那首《题西林壁》的千古绝唱：

横看成岭侧成峰，

远近高低各不同。

不识庐山真面目，

只缘身在此山中。

由于这种“不识庐山真面目”的认知障碍，人最容易犯的毛病就是：对别人的事情往往看得真真切切，而对自身的事情却常常认得糊糊涂涂。“自知”是做人的基点，“自觉”是成人的起点，“自悟”是完善人生的关键点。人有“自知”之明很重要，人要是先将自己认识透彻了，那么世上的事理人情就可以迎刃而解。但是，认识和超越自我的问题，不仅做起来难，而且分析起来也很复杂。

从人的心理发展来看，对自我有一个从“知觉”到“意识”的过程。先是作为行动者和观察者的“我”（I）感觉到“存在自我”或“**主体的**我”；然后，作为被观察的我或自我认知的对象（Me），开始表现出尴尬、自豪、害羞等情绪，建立起“类型自我”或“**客体的**我”。由此，认识和超越自我实质上就是能够理性地将“客体的我”与“主体的我”分开，就是个体试图在自我知觉之间以及自我知觉与即将获得的信息之间寻求一致性，即试图让人们了解我是谁或相信我自己将会成为什么人，或者说，就是个体试图寻找维持或提高自尊的信息，即试图让人们了解我愿意成为谁或成为什么样的人。所谓“三十而立”，说的就是在30岁左右这个人生阶段上“自我意识”得以建立并健全的心理状态。

从社会认知层面来看，“自我”是人们所有经验的中心，“自我感”其实是一种投射到社会交往这面“镜子”中的自我，正是基于我们与他人的相互作用才使“我”与“非我”划分开。随着环境和个体的变化，“社会交互作用”中投射的“自我”是多样和变化不定的，在不同的文化传统中自我的本性和重要性也往往是不同的。因此，“自我”的本质意义可以说是在社会认知过程中观察外部世界、与别人打交道并随情景而变化的独特方式。在这个意义上，认识和超越自我就是要在“社会交互作用”中对自己有一个明确的定位，在各种社会交往关系和情景中知道并理性地回答“我是谁？”这个问题。孔子所说的“四十而不惑”大概就是这个意思。

从精神分析论角度看，人格是由“**本我**”、“**自我**”和“**超我**”构成的个人行为内在动力系统。“本我”是人格结构中最原始的部分，它由人的基本需要和生存本能构成，并依据所谓“唯乐”原则内在促动个体求生活动；“自我”是个体在后天现实环境中由本我分化发展而产生的，即在现实情景约束下本我欲望和需求满足的具体形式；而“超我”则是个体由于在社会中接受文化道德规范而逐渐形成的自我理想和良心感知状态，是人格结构中居于“管制”地位的最高层次。在弗洛伊德的人格结构中，“自我”介于“本我”与“超我”之间，对“本我”的冲动与“超我”的管制具有缓冲及调节的功能。因此，认识和超越自我，克制“本我”的本能冲动，同时摆脱“超我”的负面约束和限制，使“自我”价值能够得到充分实现。孔子所说的“知天命”、“耳顺”、“随心所欲而不逾矩”可能就是这种自我价值充分实现所达到的最高境界。

总之，认识和超越自我就是要通过类似儒家道德所倡导的“内圣外贤”教育来追求一种“人我合一”、“己所不欲，勿施于人”的人际境界，使人们在人际交往关系中能够持有和固守一种超越自我中心主义的达观态度，具有随时随地与人为善、与人沟通、与人协商的现代自主精神和民主作风。实际中人际沟通存在障碍，原因非常复杂。从个体层面来看，主要有没有超越自我而导致的心理情感矛盾、信息不对称和利益冲突这样三个方面的诱因。本章先讨论前两个方面。

## 谦谦君子走天下

在任何时候都要谦和待人，坦然自若地面对所有诽谤批评，也不要求别人感激。

从自己的角度来看，如果你真正超越了自我，那么这世界上就没有你化解不了的矛盾和冲突，很多人际沟通方面的烦恼就会烟消云散，生活就会变得豁然开朗，世界就会成为和平美好的乐园。

你要知道你面对的是一个无奇不有的大千世界，这个世界上什么样的人都有，他们组成你的客观环境。面对你要打交道的人，你不可能改变他们，你只有适应他们，与其被动地、悲观地、敌对地适应，不如积极地、乐观地、友好地去适应。你要像欣赏风景一样看待每一个人，先不管这个人对你是什么态度，你对待他们应该永远是善意的、友好的、宽容的。你要坚信：

真善美是人类的原生态，
爱是世界上最强大的力量，
善良永远没错，

宽容终究会迎来友善。

如果面对的是要和你过不去的“敌人”，你也千万不要气愤和对他心存报复，因为这样对你没好处。仇恨可能有损你的健康，高血压、心脏病最主要的致病因素就是仇恨，仇恨的怒火将可能烧伤你自己。无论什么人对你进行什么样的人身攻击和批评，无论他们说出什么难听的、不堪入耳的辱骂话语，你都应该充耳不闻，不为之而烦恼。因为你可以这样想：他们这样对待你可能是因为你自身有价值，如果你是一个无足轻重的人他们不会这样对你的。

关于这一点，被誉为“20世纪最伟大的心灵导师”的戴尔·卡耐基（Dale Carnegie，1888—1955）曾举过这样一个典型例子，很值得玩味：

英国爱德华三世，在14岁时曾经就读于达特茅斯海军学院。

一天，教官发现威尔斯王子在哭泣，上前询问发生了什么事情。再三追问下，王子才吞吞吐吐地说有同学用脚踹了他。教官将大家召集起来训话，追究是谁对王子动粗。

最后，在逼问下，一位学生才不得不承认是自己干的。问他为什么踹王子？他回答说，只是想以后成为军官时好跟别人吹嘘说自己曾经踢过国王。

不合理的批评往往是一种反面的赞誉。孔子认为，“乡人皆好之”与“乡人皆恶之”一样不能说明问题，谁都说好的“好好先生”可能不是“真好人”，而“乡人之善者好之”才可能是“大好人”。卡耐基说，华盛顿曾被骂作“伪君子”、“与杀人犯差不多”，被誉为“民主先驱”的杰弗逊总统，也曾被耶鲁大学校长骂得体无完肤。如果你相信自己是对的，就不要在意别人怎么说；即使遭遇公开的批评漫骂，只要你不理睬，就不会有什么大不了的事情，如果你回应反而越描越丑把事情搞得更糟。凡事尽力尽心去做，然后避开别人的攻击。要学会坦然地进行自我批评，先把自己的不是说足了，别人也就没的说了。一般人常因别人批评而愤怒，而智者总是想办法从别人的批评中学习新东西。不要太把自己当回事，不要太自负也不要太自卑，怕别人批评往往是因为自己太自以为是或太不自信。

有哲人说过，遇到让人生气的人，不能生气的是傻瓜，经常生气的是小人，不会生气的才是君子。贾平凹主编的《美文》杂志曾刊载过这样一篇叫“慈悲与智慧”的短文，现简要转述如下。

有位白隐禅师，生活纯净自若，善德可敬，深受乡里爱戴。

邻里有位人家，女儿无婚而孕。父母闻知，震怒威逼，问究竟是何人所为。女儿被逼无奈吞吞吐吐说是白隐所为。

夫妇就怒不可遏地找白隐理论，禅师也不置可否，只是若无其事地答道："噢，是这样的吧？"

此事传出，白隐英名扫地。孩子生下后送他照看，他也不以为然，非常悉心地养育。不管是横遭白眼还是冷嘲热讽，白隐都全然不知、坦然自若。

一年过后，那位未婚妈妈终于不忍心再欺瞒下去，向父母吐露实情，说是她冤枉白隐。后与父母一起向白隐禅师道歉，领回孩子。白隐仍然淡然处之，仍然只是轻声说了句：

"是这样的吧？"

仿佛不曾发生过什么事情，将孩子送还他们，挥手道别。

当然，对于别人的赞誉，你也不要太在意。你在心理上不要老指望别人表扬你。善待他人不是为了图报，与人为善本身是你要追求的快乐，指望别人感激是你的苛求，如果这样你多半是在自寻烦恼。

做人最重要的是姿态，但凡成功人士、大师或伟人都能够真诚地将自己的姿态放低，待人处世谦虚谨慎。老子说，"强大处下，柔弱处上。"又说："善为士者不武；善战者不怒；善胜敌者不与；善用人者为之下。"一些大商人、大企业家在市场经济中待人处世更是这样：谦虚谦卑谦恭待人，大方大度大把赚钱。2008年，万通集团董事长冯伦在一次演讲中谈到他与阿里巴巴集团董事长马云、分众传媒集团董事局主席江南春一起会见李嘉诚的情景，对李谦恭周到的姿态印象深刻。

李嘉诚

我们来到长江实业集团总部，到电梯口的时候，一开电梯，李先生在那里等着我们，给我们发名片，而这时候我们很尴尬，因为没想到今天要用到名片所以都没带，没想到大人物会给我们发名片。

我们进去以后，一个服务生拿着托盘，里面放着一些数字，让我们抽取一个号码，我们当时觉得很好奇，问为什么，他说这是一会儿照相和吃饭的号码，也就是说为了不让你尴尬，你坐在哪里是你自己抽的，而不是特意安排的。

然后，我们就站在那儿等着李先生给我们讲话，李先生不讲，我们就再三要求讲，李先生说他就没有准备讲话，最后我们还是按照我们小人物的习惯热烈鼓掌，然后他就讲。但是他说："我没有什么讲的，没什么准备，我就讲一个体会，因为你们在大陆做得很成功，我给你们讲一个我的体会。"

讲了几句话就吃饭。他就坐在前面一桌，我一看到和他间隔两个人，就挺高兴，能多说点话。但是没想到，坐了不到15分钟李先生站起来，说很抱歉，他还要到那边桌子上坐一下，于是我们才发现这是安排好的，一共四桌，他在每一桌都坐15分钟，然后我们站起来鼓掌，都很感动。也就是说，他尊重我们大家，他真正做到无我，在每个细节上，让我们每一个人都感到很舒服。

吃完饭以后，他又跟每个人握手，突然发现有服务生站在墙角，就跑到那里跟服务生握手，然后把我们送到电梯口目送我们，直到电梯门关上。……通过这件事情你就会发现，李先生他之所以能够成功，就是在他没钱的时候，他也一直有这么一个信念，或者说他一直养成了这么一个做人的姿态，就是让周围人感觉到他的诚意并信任他。

你想这个东西感动的不只是我，我看到马云、江南春也讲过这个故事，显然对这个故事我们印象都非常深刻。假如我有一天要发展一个事业，要找合作伙伴，我会先找到李先生，虽然不一定能够合作成功，但是你选他就是因为这份感动。所以，一个人在创业中做人的低姿态是正确的，是应该谦逊谦虚谦卑而诚恳的。

总之，傲慢小人常戚戚，谦谦君子坦荡荡。待人处世、走向成功重要的一点就是：放低姿态，严于律己，宽以待人，诚以嘉许，不吝称道，经常竖起你的大拇指，尊重善待每一个人，以德报怨从不树敌，并且时时处处能够化敌为友。这样，你就可以走遍天下都不怕，驰骋千里无不胜！

## 注意培养你的情商

> 历史上能够成就大事业的伟人不是高智商的小聪明者，而是高情商的大智若愚者。

一个人要取得人生成功，不仅要有一定的"智商"（Intelligence Quotient，简称IQ），更关键的在于要有情商（Emotional Quotient，简称EQ）。

智商实际上是一个人拥有、理解和运用明晰性科学知识和隐含性操作技巧的能力，即平常老百姓所说的"才华"；而情商则是一个人拥有、把握和使用隐含的社会性文化知识和人际交往艺术的能力，即一个人面对社会环境处理人际关系、控制自我情绪并积极地与他人团结合作的能力。一个人只有“德才兼备”，才可以获得生活幸福和事业成功。

1995年，哈佛大学心理学教授丹尼尔·戈尔曼（Daniel Goleman）在《情商管理》中曾对121家企业的181个工作职位能力要求进行研究，发现其中67%的工作必备能力是情商方面的，如沟通能力、团队合作能力和生活管理能力等。在受访人群中最缺乏的情商能力有：

- 尊重他人；
- 主动明确上级期望的工作目标要求；
- 与客户、同事和主管进行有效的交流沟通；
- 积极应对工作变化；
- 与团队成员积极进行合作；
- 有效控制情绪激动；
- 平衡个人生活与工作的关系。

智商很高而情商很低的人大都是“小聪明”；而智商不高但有很高情商的人往往是“大智若愚”。要小聪明与大智若愚其实是两种人生态度，前者往往自以为是、目中无人，喜欢自我表现，具有急功近利的行为倾向；而后者常常能够认识和超越自我，体谅别人的感觉，有效控制自己的情绪和情感，委曲求全、顾全大局，荣辱不惊、泰然自若，最后成就大事业。在历史上能够成就大事业的人无不是大智若愚者。

在《三国演义》中，刘备集团中的两个人物最为典型，一个是诸葛孔明，一个是红脸关公。前者是手无缚鸡之力的白面书生，但因情商很高、大智若愚，终于成就伟业；后者是武艺高强的红脸大汉，但由于情商不太高，个人英雄主义，关键时刻不能顾全大局。

诸葛亮“德才兼备”，与其说是智商过人、足智多谋，倒不如说是他情商超群，善于人际沟通、眼观世象，最后帮助刘备成就了霸业。

关羽在智商方面不低，而且武艺超群，有“过五关，斩六将”的高超本领，在情商方面也以“忠义”被千秋称颂，成为“忠义仁勇”的英雄化身。可惜关羽情商终是不太高，他太自以为是、太感情用事，不能很好地驾驭自己的情感，没有处理好“忠义”的矛盾，最后关键时刻不能顾全大局，做出华容道放虎归山、外交政策上鄙夷孙权的重大失误，因小失大，致使自己也葬送在东吴小将手里。可惜可叹！

关于情商的培养，其实说到底，还是一个“诚心正意”的个人品德修养问题。首先，要认识自我，了解自己的人格特质，尽量克服自己人格特质的负面因素，弘扬人格特质的正面效应，对自己日常的情绪状况有所觉察，并随时随地进行“恰到好处”的控制、驾驭和利用。其次，要以诚信为本，只有“诚心”才能“正意”，只有“坦荡荡”才不会“常戚戚”，做到坦诚做人、坦信待人才能坦然处事，才不会一遇到大事小情就大惊小怪、不知所措，才能有效控制局面，将大事化小、小事化了。其三，要培养自信心，遇到问题不回避，大丈夫敢作敢当，敢于承担责任，这才是高情商应有的风范。

## 与人沟通，坦诚为本

坦诚人格是情商的基点，善于控制情绪、顾全大局是对高情商者最基本的素质要求。

情商最基本的要素就是坦诚。坦诚做人就是实事求是地看待自己、诚诚恳恳地对待他人，以真善美为自己的最高价值和人生追求。一个青年人要成家立业，最根本的标志就是看他是否做到了坦诚待人。正如托马斯·斯坦利在《百万富翁的智慧》一书中所指出的：

美国的富翁们几乎都相信，他们的成功，首要的一条就是坦诚做人。他们也都认可，几乎在大学时代就学会了对人的正确判断——自然，这也是跟做人相关的。

大名鼎鼎的杰克·韦尔奇在2005年出版的《赢》一书中，首章讲“使命感和价值观”，第二章紧接着专门论述“坦诚”。在他看来，“让企业的使命和价值观变得真实起来”的，正是“坦诚”的人际关系，而“缺乏坦诚是商业生活中最卑劣的秘密”。现将该章摘要转录于此，以便读者能够完整地理解这位商界奇才关于“坦诚”的总体观点。

■ 这里所说的“缺乏坦诚”，并不是指那种恶意的欺诈，而是指有太多的人、在太多的时候不能真诚地表达自己的想法。

■ 缺乏坦诚精神会从根本上扼杀敏锐创意、阻挠快速行动、妨碍优秀的人们贡献自己的所有才华。它简直是一个杀手。

■ 坦诚通过如下三条途径引导企业走向成功：首要的一点是，坦诚将把更多的人吸引到对话中；其次，坦诚可以推动速度加快；最后，坦诚可以节约成本，而且是节约大量成本。

■ 但是，缺乏坦诚的行为却渗透到了商业生活的每一个领域。

■ 坦诚会使人感到紧张，但是当你探索坦诚的含义时，你实际上是在设法了解人类的本质。实际情况就是如此。从儿童时代起，我们每个人就开始学得世故起来了，我们知道掩饰任何不好的消息，在令人尴尬的场合装得若无其事。最后你会认识到人们之所以不说出自己的想法是因为这会给自己带来更多的不便。

■ 但是，缺乏坦诚其实是最糟糕的得罪人的做法。如果为了拍别人的马屁而不坦诚做人，那将毁灭彼此的诚信，而且将由此把整个社会都腐蚀掉。

■ 没有了坦诚之后，人人都可以保住面子，公司则笨拙地向前发展。

■ 坦诚精神虽然是取胜的关键因素，但要给任何一个组织灌输这种精神，无论该组织的规模如何，都是一项艰难而费时的工作。

■ 说艰难，是因为你要同人类的本性做斗争，同公司里最根深蒂固的传统做斗争；说费时，是因为需要年复一年地坚持下去。

■ 我的老板经常告诉我不要过分直率。我被归入粗暴无理的类型，总有人警告我，坦诚直率很快就会妨碍自己的事业。现在，我在GE的生涯结束了，但我要告诉你，是坦诚精神帮助GE获得了巨大的成功，是这种精神把更多的人、更多的声音、更多的活力吸引到了GE的事业中来。

■ 是的，我们都要承认，坦诚精神与人的本性存在冲突。但日常管理准则哪一条是完全顺应人性的呢？

有了坦诚这个基本元素，还要进一步培养自己的爱心，善于“察言观色”，学会有效控制自己的情绪，严于律己、宽以待人。平常待人处事最好养成一种“谨小慎微”的习惯，这里所说的“谨小慎微”不是让你胆小怕事、斤斤计较，而是强调在待人处事方面尽量不要因为自己的“疏忽大意”而在无意中伤害了别人的情感。唐代诗人朱庆余曾形象生动地描写过旧时代大家庭刚出嫁做小媳妇的那种心态：

洞房昨夜停红烛，
待晓堂前拜舅姑；
妆罢低声问夫婿，
画眉深浅入时无。

在大家庭里做小媳妇不容易，就像韩剧《人鱼小姐》里描述的那样，如果学会察言观色、谨小慎微，善于控制自己的情绪，待人接物做到有礼有节、恰到好处，最终是会赢得敌对"公婆"或"小姑子"的谅解、理解和接纳的。当然，这种心态不能太过分，否则就异化成为"封建压迫"了。

最后，有了和谐的人际关系，我们还必须积极培养自信去应对逆境压力，敢于担当责任，做事"拿得起、放得下"，这样才能形成实现伟大功业的高情商素养，成为栋梁才俊。

## 📖 沟通，仅有情感是不够的

> 有效沟通还有一个信息技术交流问题要解决。

从信息技术层面看，沟通是组织或社会成员通过信息传递而相互理解、认可和达成默契的一种交往行为，包括信息编码、通道传递、意义解码和接收反馈等几个阶段和关键环节。沟通不仅是一个情感问题，还有一个信息交流障碍的技术问题要解决。

同样的信号，沟通当事人双方因为信息编码—通道传递—意义解码—接收反馈环节的"阴错阳差"，会闹出很大的误会来。

沟通信息技术，包括沟通所用的媒介、工具、手段和方法等，一般可以归结为（文字或口头）语言沟通和非语言沟通两大类，也可以分为直接面对面沟通和间接传媒沟通。沟通方式的选择要视沟通者所处的时间、地点、信息量的大小，沟通信息的紧急性、秘密性以及沟通成本费用等因素而定。

文字语言沟通方式，诸如书信便条、研究报告报表、备忘录、通知公告、工作手册以及定期刊物等，一般属于间接传媒沟通。书面信息可以长期保存，可以用全面、合乎逻辑且清晰的文字表达信息，但需要花费较多时间，沟通信息反馈速度相对较慢。

而口头语言沟通方式，诸如演讲报告、小组讨论、面谈、小道消息等，大多是面对面直接沟通，也可以是通过音像播放进行间接传播。其好处是可以借助身体语言声情并茂地传播信息，增强语言信息传播效果，可以进行即时互动交流、反馈信息，其缺点是信息稍纵即逝，信息内容易受人际情感等因素的干扰或歪曲。为了说明语言沟通的特点和局限性，这里再讲一个大家可能都很熟悉的寓言故事。

春秋时，有个越国人设宴请客。

临近要开宴时，还有几位宾客未到，于是，他就自言自语地说道："怎么搞的，该来的还不来？”

有几位客人听到此话，心里很别扭：“该来的”不来？噢，我们属于是“不该来的”却来了！那就知趣点，走吧！

主人见有人离席而去，喊道：“唉！怎么就走了？”那几位头也不回，愤然拂袖而去。这位宴客者非常失望，回头对剩下的客人说：“怎么不该走的都走了？”

其余客人心想：“不该走”的走了，意思是说我们是“该走的”没走，那我们赶快走吧！于是大家纷纷起身告退。

最后就剩下一位多年的好友，知道他这人老实，不会说话，就责怪他道：“你看你，真是不会说话，把客人都气走了！”

那人也意识到自己言语有失，忙解释说：“不！我说的不是他们！”

好友一听，也气不打一处来：“噢，你说的不是他们，那你说的是我了！”于是也长叹一声，甩手而去。

你说，这人冤枉不冤枉！在我们生活中这样不会说话得罪人的情形比比皆是。

非语言沟通方式，有身体语言如手势语、面部表情、身体动作等，还有借助色彩、图案、符号等介体进行的沟通。这是超越国家民族界限、进行跨文化沟通的重要方式。

此外，当今社会和组织中，电子沟通方式越来越普遍、越来越重要。“电子沟通”即通过电子媒介，如电话、公共通信系统、闭路电视、电脑网络等，进行的非面对面的沟通。借助电子媒介可以快速跨越空间障碍准确及时地传播大量信息，进行单向或互动的交流和沟通，但沟通成本一般较高，而且如果这种高科技沟通方式日益泛滥，结果很可能是，超越带来障碍，快速带来隔膜，便利带来懒惰，反而不利于人们正常的情感沟通和信息交流。

## 组织有效沟通网络建设

组织有效沟通三大要略：营造氛围、健全网络、战略统领。

在一个组织中，成员之间的信息沟通，在方向上有垂直和水平两种基本维向，纵横交织组成正式的或非正式的沟通网络。

正式沟通网络一般是垂直的，以行政权力系统为通道进行与工作相关的信息交流。垂直沟通可以是自上而下的，也可以是自下而上的。组织领导和管理者给下属宣传有关政策与工作规程、分配工作任务和指标、指出需要注意的问题和事项、反馈工作绩效评价结果都是自上而下的沟通。自下而上的沟通渠道有：工作绩效报告会、意见箱、员工态度调查、申诉程序、主管与部属之间的讨论及非正式意见座谈会等。非正式沟通即通常所说的“小道消息”传播，它可以自由地在组织成员间传递，水平方向沟通在大多数情况下都是非正式的，这主要是满足企业员工的社会交往需要，同时也是满足简化垂直交流程序、加快工作进程和促进分工合作的需要。

按照组织行为学家斯蒂芬·罗宾斯教科书中的划分，正式沟通网络一般有链式、轮式和全通道式三种类型。链式严格遵循正式权力的命令—服从系统，精确性较高；轮式把领导者作为所有群体沟通的核心，适合强权型组织；全通道式允许所有的群体成员相互之间进行积极的沟通，有利于促成员工精诚合作。在非正式网络中，消息主要通过“流言”散布，当然也可以通过非语言（行为等）的方式传递，其方向、频率和流量往往是管理层无法用权力控制的。“流言”即通常所说的“小道消息”的传播交流，其在很大程度上是以有利于传播者的方式进行的，不同的人侧重于散布传递不同类型的“小道消息”。

人们常常认为“小道消息”主要来自于搬弄是非者的好奇心，其实不然。很多非正式沟通的原因是缓解对所关心事件不明朗的心理焦虑，使某些问题在逻辑上自圆其说，或者是联络或团结群体成员，以及显示传播者的“圈内人”地位或权力。特别是在决策不透明和竞争激烈的情况下，对有关诸如新老板任命、减员重组、薪酬改革等重大事件的消息交流，非正式沟通尤其盛行。通过观察和分析“小道消息”的传播情况，管理者可以了解到哪些事情是员工所关心的，有关重大决策在程序上尚存在哪些不合民意或不民主、不公开、不公正的地方，并有效预测和控制其流向、范围及负面影响。

沟通管理不能仅仅停留在设计和选择沟通网络这样的技术层面，更主要的是如何做到从人际整合战略层次上宏观把握组织中存在的沟通问题和障碍，选择和确定沟通优化的目标和策略。

一般地说，组织中的沟通问题和障碍主要存在于以下几个方面：一是来自于沟通主体自身的障碍和问题，由于发送者和接收者在性别年龄等生理特征、个性特点、处世态度、语言习惯、知识技能及社会文化背景等方面存在差异，沟通过程中的信息编码和意义解码出现不一致、阻滞、误会或失真等问题；二是由于沟通层次较多、沟通网络混乱或沟通渠道狭窄单一，出现信息过滤、扭曲或失真，消息传递阻滞、积怨日深等问题；三是由于技术上的问题，人与人之间的沟通存在障碍。

沟通的技术障碍和问题有不发达状态和发达状态两个方面的情况。过去在技术不发达时，人们沟通遇到的是“鸡犬之声相闻，老死不相往来”的问题。随着现代网络通信技术的不断进步，员工沟通已不再局限于公告栏、企业杂志、演讲协商会议等传统介体和渠道，从电话、录音、录像、图文传真到BP机、移动电话、电子邮件、语音信箱及掌上电脑等等，人们的沟通手段和途径更加丰富多样，沟通更加便捷和快速。但这种技术性替代同时也给人们带来了新的阻滞，显而易见，电子沟通无法提供人与人直接沟通时所获得的人文意义传递、脑力激荡、身体语言（行为）沟通和必要的情感交流。

针对上述沟通问题及障碍，一个组织可以采取一系列有效的员工沟通策略。首先，要营造宽松的沟通环境和容纳多元化个人于一体的组织氛围，以保证每个员工都不会因为沟通而给自己带来不利的后果。一些日本企业在人力资源管理方面特别注意员工间的沟通以及沟通氛围的营造，例如，通过经理与职员在敞开的办公室一起办公、工作之外全员社交活动等来淡化身份等级观念，营造一种开放、和谐、平等的沟通环境和组织氛围。

其次，应最大限度地疏通沟通渠道，建立具有丰富多样的沟通方式以及对消息传递具有双向灵敏反馈能力的全通道式沟通网络。有效沟通的技术基础是建立能够及时、快速、灵敏地传递信息的通道和网络，尤其是要注意那些非正式、开放型的沟通渠道。如一些日本企业，专设“出气室”以消解员工的不满情绪，通过“质量圈”等活动让职工有机会积极参与决策过程，保证沟通渠道的畅通，在组织成员、上下级之间建立起相互信任的关系。计算机网络等现代电子通信技术更是为企业提高沟通效率奠定了技术基础，人力资源管理系统应该及时引进先进技术以改造其沟通网络。

此外，有效的沟通体系还需高层决策管理者从战略高度加以重视并在沟通操作中发挥主导作用。在沟通中，管理者应有言行一致、表里如一的沟通姿态，应把沟通视作一个基本政策和持续不断的过程，应恰当把握沟通的时机和频率，以自上而下的沟通为主导，高度重视面对面开诚布公的沟通形式和与员工的情感交流，把自上而下与自下而上的沟通紧密结合。为了避免信息拥挤和繁杂造成的扭曲、阻障，管理者应该建立有效的信息流程控制系统，分级授权处理和控制信息流量与质量及其传播的优先顺序和方向。

关于人际利益关系的纵横协调和整合问题，且往下看。

## 参阅文献

[1] 刘震云．一句顶一万句．武汉：湖北长江出版集团，长江文艺出版社，2009
[2] 李文魁．冯伦如是说．北京：中国经济出版社，2009
[3] 林语堂．老子的智慧．西安：陕西师范大学出版社，2008
[4] 贾平凹．影响当代中国人的哲理美文．北京：人民日报出版社，2005
[5] 戴尔·卡耐基．处世的艺术．北京：中国城市出版社，2005
[6] 弗朗西斯·麦奎尔，史蒂夫·威利福特．竖起拇指：你是最棒的．北京：人民邮电出版社，2004
[7] 余世雄．管理者情商．北京：北京大学出版社，2005
[8] 杰克·韦尔奇．赢．北京：中信出版社，2005
[9] 斯蒂芬·罗宾斯．组织行为学．北京：中国人民大学出版社，1997
[10] 盖伊·拉姆斯登，唐纳德·拉姆斯登．群体与团队沟通．北京：机械工业出版社，2001
[11] 苏珊娜·杰纳兹等．组织中的人际沟通技巧．中国人民大学出版社，2006
[12] 兰妮·阿里顿多．有效沟通．北京：企业管理出版社，2001

# 14

# 横向竞合　纵向授权

没有永恒的朋友，
也没有永恒的敌人，
只有永恒的利益。

本杰明·迪斯雷利

## 人际关系圆舞曲

> 日常人际交往是360度的，更多的时候，我们就像是在跳一支圆舞曲。

人际关系，即一个人在人群（组织或社会）中与他人的交往关系，是360度的，有上下左右前后不同维度，大致说来有横向与纵向两个方面。

在国家层面上，这种纵横交错的人际关系，即传统上所谓“条条”与“块块”的关系，是计划经济体制下“国民经济管理”要处理的基本矛盾，是计划者最为关注、特别要处理的“综合平衡”问题，也是伟大领袖毛主席当年在《论十大关系》中所特别阐释的重大关系。现在搞“社会主义市场经济”了，这种“条块分割”的关系及其问题依然是个大问题，仍然属于政府公共部门的“头等大事”。

同样，在工商企业等微观组织层面上，人际关系也无外乎横向和纵向两个方面，它们是描述组织结构模式的两个最重要的维度。一方面，任何组织都是由“专业化”（specialization）形成的分工合作体系，专业部门化反映的是组织中成员之间专业化分工、职能部门分化的程度，以及如果某项工作任务或生产活动在技术上可分解为几个步骤或项目，那么应该由几个人（几种工作职位）来分工完成；另一方面，任何组织都是由“命令链”（chain of command）连接起来的科层体系，控制层级化描述的是组织中成员之间是一种什么样的命令—服从关系，决策是集中还是分散的，谁对谁负责或报告传递信息，以及权威控制的跨度有多大。

一个组织受外部环境、战略目标、技术创新、文化建设和发展规模等关联性因素的影响，其具体结构架构可能采取直线式、职能式、事业部式或矩阵式等不同模式，但组织中的人际关系无外乎纵横两个方面，其中事业部式组织结构的纵横关系图如图14-1所示。

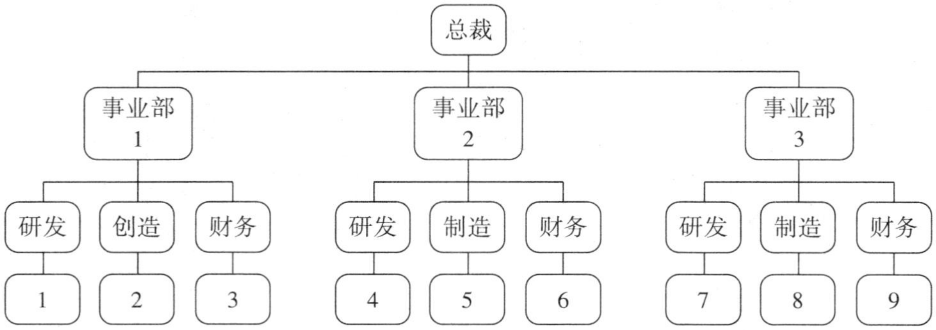


图14-1　事业部式组织结构的纵横向关系

当然，实际中的人际关系非常复杂，并不像我们理论上描述的那样泾渭分明。尤其是日常生活中的人际关系往往如同一团乱麻，难解难分。韩松落先生在《新京报》2008年5月8日13版“影像人生”专栏中曾写过一篇名叫“要怪就怪这是圆舞”的文章，以澳大利亚电影《马缨丹》(他称之为“圆舞电影”)为例，生动地描述了这种微妙而复杂的人际交往现象。我觉得很有启迪意义，将其部分转述在这里与读者分享。

影片中的主要人物，来自四个家庭和两对情侣，所有人之间都有点或明或暗的联系，而故事的要点就是这些人物的反复排列组合，A和B有婚外情，A的夫人C在D那里接受心理治疗，D搭上了E的车，E又是B的邻居，B怀疑E杀了D，向警方举报，来破案的是A。他们就像在跳一支圆舞曲，看似眼花缭乱，更换频繁，却不过就是在有限的几个人中间兜兜转转。

世界在这里缩小到只有四个家庭和两对情侣那么大，所有的人物都憋着一股劲，怀着一点暧昧的野心，要把欲望的触须伸到远一点的地方去，却总是徒劳，总是不得不和近旁的人发生一点关系，大家你挨我，我挤你，出现在同一个舞台上，脚尖碰着别人的脚后跟，舞伴换来换去，却还不过是和命运较劲。

韩先生认为，日常生活中的人际关系往往也表现为某种“圆舞关系”，一个人身处在人海茫茫的大千世界，但经常接触和交往的却只是有限的几个人，其人际关系就是由这有限几个人之间“颠三倒四”的排列组合形成的一种蜘蛛网式的关系。之所以形成这种“圆舞关系”网络就是因为，我们每个人的精力、时间和活动空间总是有限的，把交际圈的半径延伸再延伸也延伸不到哪里去，更何况还有口味脾性在作指引，你交往的人永远只是你“想”交往的人，你所以为的浩瀚宇宙不过是属性相近的星星不自觉凑成的一个最小星系。在日常中，大家可能都有亲身生活感受：两个陌生人走到一起，说不上三句话都是直接或间接的“老乡”，似乎都早已有某种“关系”作连接。

所以，“人际关系圈子不过是一支圆舞圈，虽在不断更换舞伴，但跳舞的人，就那么几个，换来换去，换不出什么新意。我卷走了你的舞伴，踩脏了你的舞鞋，或者把你的钟表提前拨到了十二点，都不要怪我。要怪，就怪这是一支圆舞。”韩先生描述得太生动了，确实是这么回事儿！但是，我们还是要话分两头，才能将错综复杂的“圆舞关系”用文字说清楚。

## 正视人际利益关系

> 经济学能够帮助人们达观地认识和处理利益关系，它主张尊重别人的利益，通过平等协商来化解利益矛盾和冲突。

人际交往的矛盾和冲突，首先是一个利益关系问题。萧伯纳的那句话“经济是充分利用人生的艺术”，按照我的理解，就是能够达观地认识和巧妙地处理日常生活中的人际利益关系，使自己在待人处事方面更顺畅甚至更圆滑，从而充分利用有限的时间、精力和资源去享受无限幸福的人生。关于人际关系的利益冲突，经济学所提供的“思想方法”可能对于人们达观地认识和处理问题很有帮助。

本杰明·迪斯雷利

说到这里，19世纪英国著名政治家、小说家本杰明·迪斯雷利（Benjamin Disraeli，1804—1881）值得一提。他出身于犹太商人家庭，成年后从政而当选下议院议员，1848年当选为保守党领袖，分别于1852年、1858年和1865年连任三届德比伯爵内阁的财政大臣，1868年、1874年至1880年两度出任首相，1876年8月维多利亚女王加封他为比肯斯菲尔德伯爵并进入上议院。在长期的政治生涯中，迪斯雷利基于自己的亲身体验和感悟，曾说过一句赤裸裸的、很容易引起歧义纷争的话：“没有永恒的朋友，也没有永恒的敌人，只有永恒的利益。”可以说，此话虽糙但理不糙，听起来很“刺耳”，却直截了当地道出了一个颠扑不破的“政治经济学”真理：人与人的政治交往关系，无论敌友善恶，背后都是利益集团或行为主体之间的利弊权衡关系。不仅在国际政治中是这样，在国内政治乃至任何组织的政治斗争中都是这样的。

我们知道，经济学把所有人类行为都看做是“在稀缺环境约束下追求自身预期收益最大化”的理性行为。在经济学（家）看来，追求自身利益是人的天然本性，并认定每个人天然是他们自身利益的判断者。但是，在实际中，人们的偏好结构千差万别，人们的自利目标变量无限多样，这些目标变量具体组成的“函数关系式”也会各不相同。而且，人们作为组织特定“社会”中的成员追求“自利”并非就只是“自私自利”的，他人利益也可能进入个人的目标函数，人们追求自身利益不意味着就“不管别人死活”，而是基于人的理性，虽强调自己的利益，但却是从理性出发，遵循“己所不欲、勿施于人”的道德律，时刻准备为改善个人与他人的利益关系作某种妥协。这是我们在第9章中已经阐释清楚了的。

我们还知道，从经济学角度来看，现实社会生活中大量存在的利他行为可能都是一种“有条件的利他主义行为”，即特定条件约束下为实现“自利”目标的利他行为。例如，面对危险或灾难等特殊变故的“同舟共济”性合作行为，遗产税、个人累进所得税等再分配政策条件下的“慈善捐献”行为，父母为自己“防老”或享受“天伦之乐”而对子女的养育行为，等等，所有这些“投桃报李”或“助人为乐”的利他行为，其实都是“千真万确”的自利行为，或者说是一种出于实现自身利益目标的“开明自利”（enlightened self-interest）行为。如果说这种行为是“利他主义”行为的话，那么人们在市场上的交换行为都是“利他主义”的，经济学所专注研究的就正是这种行为。

因此，我们应该将“自利”动机或目标与实现这种目标的行为方式区分开来，如果混为一谈，就会越说越乱、越说越糊涂。在实际生活当中，人们为了实现自己的自利目标，会“理性”地选择自以为“应该”的具体实现途径和方式，或直接地“自私自利”或“损人利己”，更多的时候是“开明自利”或“利他主义”。即使表面上看来“极端无条件的利他主义行为”归根结底也都基于文化遗传基因的亲缘选择和协同进化性质。可以说，利己动机与利他行为之间所不同的，只是“迂回”程度有差异而已。

“自私自利”的小人，其自利目标与实现目标的手段或途径之间“迂回”度太低，太“直截了当”；而“大公无私”者，并不是说他真的没有自己的“自利”动机，而是因为他看待自己的“自利”目标时站的“境界”比较高，能够很“理性”地将自己的眼前利益与长远利益作“战略性”的权衡，所以在实现自己的自利目标时能够选择较“迂回”的途径或方式，能够“放长线钓大鱼”，以便在“根本”上真正实现自己的自利目标。在现实中，这种“迂回”性往往很具有“欺骗性”，不仅外人时常被蒙蔽，就是行为者本人也似乎在主观意识或显意识层面是“不知道”或“不刻意”的。

就是说，现实中存在的“利他”行为不是没有“利己动机”，而恰恰是一种实现“利己”目标的“恰当”的甚至是“高级”的行为方式。同样，利己与满足需要的层次不相矛盾，满足生存层面的物质需要是一种利己行为，满足更高层次的社会需要和自我实现的需要也不能排除“利己”的经济学动机。

由此观点，现实生活中一切人际关系都可以看做是两个自利人之间的关系。他们的关系无外乎两种情况：一种是“无关系”，即零相关关系，即一个人的利益与另一个人的利益不相关，彼此没有任何关系，这种相互独立的关系，对于社会秩序维持来说，一般不会存在什么问题；另一种是“有关系”，这种关系又有正相关与负相关两种情况。对于正相关和负相关情况再分别进一步考虑“主观动机”因素，据此花费数十年时间画了一张自以为周延无比的“人际关系图”（如图14-2所示），将所有的人际利益关系囊括其中。

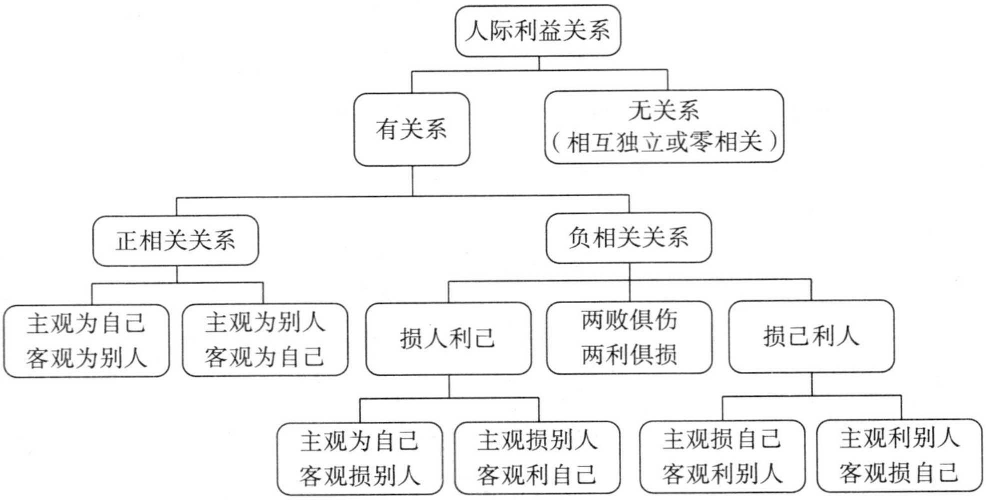


图14-2　人际关系图

**“利己利人”**，即“主观为自己，客观为别人”，这也就是我们上面所说的“有条件的利他主义行为”，用经济学的专门术语来说，就是所谓的“外部正效应”，市场、职场或日常生活中最大量、最普遍存在的，就是这种正相关关系。

**“利人利己”**，即“主观为别人，客观为自己”，这就说日常人们多加颂扬的“利他主义行为”。其实，这种行为之所以受到大家赞赏，主要是因为人们将关注的焦点放在了“主观为别人”的视点上，而没有注意“客观为自己”的事实，或者是行为人自己将“客观为自己”这个岔给“忘了”或无意识地“蒙蔽”了，但之所以能够“淡忘”不是因为真的无自利在里面，而是因为“正相关”太强烈或太不成问题了，以至于达到如此这般“忘我”的程度。

**“损人利己”**，在日常大多数场合，我们都可能遇到这种“主观为自己，客观损别人”的情形，用经济学的语言来说，就是所谓“外部负效应”。当然，日常也常有“损人（结果）不利己”或“宁可不利己也要损人”的行为发生（这种行为可能是当事人出于如嫉妒等扭曲或不合理的动机考虑，由心理上某种莫名其妙的“需求”或“收益”激发所致），这是人们平常最讨厌并在道德上大加谴责的一种行为。

**“损己利人”**，这是通常人们大加赞赏的高尚行为。但是，应该注意的是，这种行为并非绝对意义上的“毫不利己，专门利人”，而大多是权衡选择的妥协行为。还有一种可能的情况是，在利益负相关的情况下双方处于“僵持”状态，既可能因为都想“损己利人”而陷于“势均力敌”的僵局（如《镜花缘》中所描述的“君子国”情景），也可能由于看到各自的处境而主动达成互不干预的独立状态，结果或者两者谁也别想占利，或者造成“两败俱伤”或“两利俱损”的意外结局。

此外，一个人在特定时点或场合可能会面临多种需要，现实中个人追求的利益目标并不是单一的，其自利目标变量可能具有多样性、多变性。这些多元多变的目标变量不仅包括物质享受、货币收入等物质性利益，而且包括社会地位、名誉、尊重等社会性利益，以及人生价值、成就感、幸福感等精神性利益。总之，经济学的精神实质和思想方法就是教人们认知自我、尊重别人，遇到利益矛盾和冲突时不要有自我中心主义，要学会利用平等契约、互动协商的办法去“理性”地化解矛盾、解决问题。

经济学字典里写的是“平等”、“尊重”、“民主”，而不是教导人们“损人利己”、“自私自利”甚至“你死我活”。经济学提倡人与人之间的“平等”，它劝导人们在看待他人时，要把别人看做是与自己“一样”的利益主体，与别人打交道的时候要互相“尊重”，不要时时处处自以为是地替别人着想、作打算，结果却干出一系列干预别人生活、侵害别人利益、破坏别人幸福的“好心坏事情”来。经济学希望人们在面对利益冲突时不要“与人过不去”，只强调自己的利益而不顾别人“死活”，而应该通过“民主互动”、“平等协商”和“妥协忍让”的办法去解决所有的人际冲突、利益矛盾问题，这才是真正的“经济学精神”！

如果在日常交往中人人都拥有这样理性通达的人际价值观修养，人与人之间还有什么利益关系问题不能迎刃而解呢？

## 📖 竞争是为了合作

> 竞争是为了拉开张力，目的在于合作，缺乏团队合作精神和凝聚力是一个组织不能恒久维持而土崩瓦解的主因。

在人际交往中，“竞争”的涵义相当于荀子所说的“分”，其实质说的是由分工差异而形成的一种张力，没有这种张力就“不能群”，即无法进行群体合作。比如，天地因分而立，雌雄因分而合，文化因独特而存在交流价值，民族间交往“越是民族的就越是世界的”，等等，都是一个道理。竞争是合作的基础，竞争不是为了“争”，而是为了“合”。

在传统计划体制下，人们吃大锅饭、端铁饭碗，结果你偷我懒、互相搭便车，没有自主进取和竞争意识。改革开放后，引进市场竞争机制，提倡大家竞争进取、勤劳致富。然而，一些人却从一个极端走到另一个极端，以为“树立竞争意识”，就是人人心里只有“自我”，在交往中“为了一个共同目标”而相互争斗，在“零和博弈”的格局中为了自己的利益而不管别人，结果，缺少了合作概念、忍让态度和团队精神。

近年来在国民教育及职业培训系统中，一些教育工作者、培训师和家长们也“一反常态”地以宣传鼓动这种你抢我夺的所谓“竞争意识”为荣，以为这就是“前沿理念”或“前卫思潮”，就是“适应时代潮流”。记得在改革开放初期的80年代，当时很多电视娱乐节目或教育培训项目，经常做的一个典型游戏，就是“争板凳”，即：让十个人围绕一圈争坐九个板凳，一个淘汰出局后取下一个板凳，让九个人再争坐八个板凳，如此类推，看谁最后坐在板凳上谁就是“最有竞争意识的人”。试想，如果一个组织或社会的成员都是最后坐板凳的那位，都是为了自己的利益而不管别人死活的所谓“最有竞争意识的人”，那么，我们的组织还怎么运作，我们的社会又怎么能够成为“和谐社会”？

其实，竞争机制的要义不在“争利”，其精髓在于相互尊重利益，在形成分工张力的格局下去谋求合作。应该承认，在现实的横向人际交往关系方面，组织或社会成员之间往往处于一种“竞争—合作”（co-opetition）的博弈状态。由于资源的有限性，人们在交往中“为了一个共同目标而走到一起来”，相互间存在利益矛盾和冲突往往是不可避免的。这里的关键在于引导大家的“目标”是单一的还是多元的。如果“共同目标”是单一的，那么往往会使人际关系限于“有你没我”的零和博弈困境；如果目标是多元的，人际关系就不会因利益冲突而陷入僵局，但也会因为实现目标的手段或资源的有限性而陷于“囚徒困境”，即造成本来是合作“皆大欢喜”的事情，往往却以竞争“两败俱伤”的尴尬局面终结。

为此，心理学家专门设计了一系列实验来说明合作的重要意义。其中一个最浅显直观的实验就是“注水逃离”游戏，即：在不断注水的瓶子中，有两个线拴着纸鸽子，要求两人“争先恐后”地将纸鸽子从狭窄的瓶口（只能容纳一个纸鸽子）取出来，如图14-3所示。显然，如果彼此合作，一个先走一个后走，两只纸鸽子都可以顺利地逃离出来；但如果相互竞争，互不相让，最后的结局很可能是谁也出不去，同归于尽。

面对竞争带来的人际困境，首先要做的就是，我们每个人都要有把自己放在别人的位置上去想问题的良好心态和习惯，淡化自我中心意识，通过合作协商来争取双赢结局。其次，从人事管理策略层面上，应该注意多设置多元的“共同目标”而少设置单一目标，使人们有“竞”而不“争”，也就是多设置“非零和博弈”的双赢激励机制，尽量避免设置“零和博弈”的局让大家去钻，否则必然会使组织陷于“损人利己”、“你死我活”等人际关系陷阱。

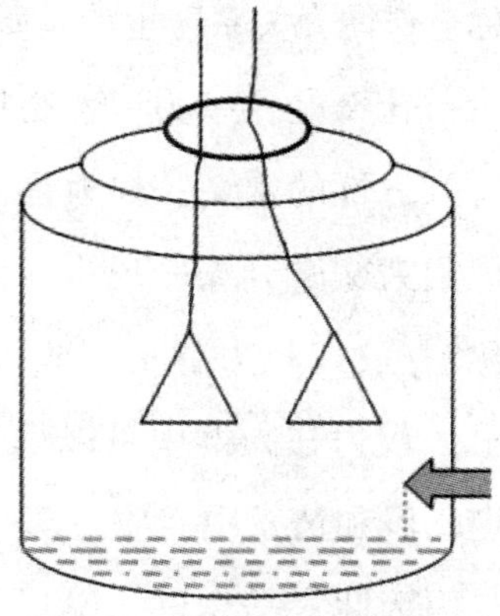

图14-3　关于竞合的心理学实验

此外，在人际关系整合管理中，还要注意不同层级上人际利益关系存在的差异性。一般说来，随着组织层级的上升，由于目标利益越来越趋同、越来越单一，横向人际关系的“零和”竞争性会越来越强，竞争带来的人际矛盾和冲突也会越来越大；但另一方面，随着职位的提高，横向合作的重要性也越来越大，同时由于博弈人数的减少，小群体比大群体更容易采取“共同”行动，这使得高职位的横向合作机会和可能性也越来越大，操作难度和成本也越来越小。因此，对于基层普通员工的横向人际关系来说，只要规则侧重于非零和博弈，一般不会引发太大的“恶性竞争”问题，即使有一些局部的零和博弈活动，也不会引发危及全局的人事灾变。但是处于较高职位的横向人际关系一旦陷于相互争斗、不可调和的“人事死结”，其影响可能是灾难性的，很可能会葬送很多组织良好的发展机遇，危及整个组织的生存和长期发展。在这个问题上，一个典型的教训就是当年联想发生的剧烈“高层震荡”。

鉴于此，组织激励机制设计应特别注意横向人际关系在层级上的差异性表现，通过营造融洽和谐的人际关系和组织氛围，以及各得其所的激励引导机制和巧妙变通的人际诱导策略，使人们“竞”而不“争”，在良性互动竞争中走向默契合作。

## 授权是一种纵向互动的艺术

> 上下级间不仅是一种非对称的互动关系，也是一种纵向分工关系。实际中往往发生相互错位，导致组织效率低下。

任何组织都是由人的横向分工关系和纵向权力关系链接形成的。如果说横向人际关系是一种平等竞争的非合作博弈关系，那么纵向人际关系则是一种命令—服从的上下级非对称合作博弈关系。这种“非对称合作博弈关系”也就是所谓的“权力”关系。

什么是“权力”？德国社会学大师马克斯·韦伯（1864—1920）给出了一个具有普适性的定义：权力是“一个人将自己的意志强加于其他人行为之上的能力”。而俄国大文豪列夫·尼古拉耶维奇·托尔斯泰（1828—1910）可能说得更广义、更到位一些：“权力就是一些人对另外一些人施加其所希望的影响的行为。”在这个意义上，权力在人群中可以说是无处不在的，所有人际影响关系，包括横向关系，在特定时段和情景中实质上都有一定的“非对称性”，因此也都可以看做是一种权力关系。正因为此，马克思才说“人是名副其实的政治动物”。只不过，在组织或社会中，纵向层级关系的“非对称性”表现得更明显一些罢了。所以，在大多数时候，一说到“权力”，人们往往立刻想到的是纵向关系。

孟德斯鸠

权力本身有扩张性和不可逆性，有了某种权力可以很方便地衍生出其他权力，要让有权的人自动放权几乎是不可能的。因此，就如同对色、钱容易形成各种“贪欲”性或“嗜瘾”性一样，“贪权”即越有权越觉得权力不够大、不够用，于是就越谋权、揽权、集权、控权、专权、强权、霸权，也容易形成某种不可遏制的追求满足“权欲”的心理病态。正如18世纪法国著名思想家、法学家查理·路易·孟德斯鸠（1689—1755）所说：“一切有权力的人都容易滥用权力，有权力的人们会无休止地使用权力，直到有界限的地方为止。”所以，在没有外在监督和限制的情况下，“绝对的权力导致绝对的腐败”。

但是，现实中，每个人在与他人打交道的时候，他人的利益、情感、思想和行为其实都对这个人的“权力”构成外在约束，因此真正完全“绝对的权力”其实是不存在的。一个至高无上的皇帝也不是在任何时候、任何场合和任何事情上都可以为所欲为、无所顾忌、想干什么就干什么。按照制度经济学的观点，在人与人之间的交往关系上，不仅“游戏”本身是一种“互动”的公共选择，而且就“游戏规则”来说，也不是由外在某权威人士“钦定”的，而是大家在互动和公共选择中反复协商、妥协、平衡和斗争的结果。

同样，在组织纵向关系中，“授权”表面上是由上级领导掌握主动权、实施选择的一种权力，我是领导，授不授权由我说了算，其实，任何权威、权力关系，包括授权本身，本质上都是一种“相互影响”的，涉及在纵向人际关系链中上级对下级鼓励、指导和要求，以及下级对上级负责、支持和监督，并对责、权、利在纵向上以“创造性”为宗旨的分配和整合。

一个基本事实是：权威是由领导掌握但是由追随者根据领导服务的能力和效能授予的。本来，权力是一种非对称的支配和影响力，往往表现为少数上级对多数下级的“发号施令”。但是，实际上，任何权力从根本上来说，都是由“人民”赋予的，领导权威是由下属认可和支持而产生并以下属的创造性工作为基础来维持的。因此，纵向人际关系的和谐有效性实际上取决于这种上下“相互影响”的合理性以及是否实施了有利于群体创造力发挥的授权。

在上下级关系上，往往发生两种错位现象：一种是向上错位，科长不干科长的事情，老想着处长的位置，认为自己要当上处长，肯定比现在管我的那位要能干得多；一种是向下错位，处长不知道自己当处长要干什么事情，从来都是事无巨细、事必躬亲，忙得不亦乐乎，最后工作效率效果却很差。向上错位的情况一般发生在年轻人身上，初生牛犊不怕虎，常干出些狂妄自大、不把上司放在眼里的事情来。但由于权力关系的非对称性、内部扩张性和不可逆性，特别是在我们这样的“老人社会”里，在实际当中更多的时候是向下错位，所以造成上上下下大家都在“忙”、结果都在“瞎忙”的尴尬状况。

## 你的下属也是人

> 领导要把下属当人，充分信任，善于“将将”，抓大放小，让其积极自主地“将兵打仗”。

实际当中，很多领导之所以不愿授权，主要是因为对下属不放心，过高估计了自己的重要性，而大大忽视了员工对工作的内在激励要求，害怕失去控制权或下属强过自己。其实这些担心都是不必要的。

一般来说，一个人在组织中职位越高，管理的事情越原则化、越务虚、越综合，反之，越具体化、越务实、越专业。所以，作为领导，你与下属的分工关系就是原则化与具体化、务虚与务实、综合与专业的关系，你不能与下属比具体、比务实、比专业，那肯定乱套。你之所以是领导、是上司，高就高在原则化、务虚和综合能力方面。作为领导你不要怕下属比你本事大，他（专业）本事大，你驾驭他（专业）的本事更大。就如同汉高祖刘邦（公元前256—前195年）不能“将兵”却善“将将”，所以能够将“能将十万兵”

汉高祖刘邦

的韩信给老老实实“将住”。

公元前202年2月，刘邦打败项羽后，在山东定陶汜水旁举行登极大典，定国号为汉，终成霸业。同年6月，刘邦在洛阳南宫庆功宴上，情不自禁地对文武大臣侃侃而谈，得意地说出了一段千古流传的经验之谈。

汉高祖曰：“夫运筹策帷帐之中，决胜于千里之外，吾不如子房；镇国家、抚百姓、给馈镶、不绝粮道，吾不如萧何；连百万之军，战必胜、攻必取，吾不如韩信。此三人者皆人杰也，吾能用之，故吾可以有天下。”

因此，凡是有效率、有竞争力的公司大都是上下级分工关系处理得恰到好处的组织，首脑“将将”，中层管理者“将大兵”，基层主管通过“将小兵”直接在前线带兵打仗，上下级分工明确、各得其所。为了保障上下级分工关系清晰，一些优秀的公司，如美国通用电气公司（GE）、深圳华为公司等，通过“360度评估机制”或“公司基本法”等正式制度安排明确界定了上下级职责范围，将培养激励下属作为考核领导干部是否称职的主要标准。

GE将培养下属作为领导的基本义务。在一些企业里，有些上司根本不把培养属下当一回事，那些晋升欲望强烈的上司总爱掠获下属的功绩为己有，总是千方百计地排挤可能成为自己竞争对手的人物。为避免这种现象发生，GE把“将属下当作未来的领导来培养”作为提拔干部的一个基本条件，并且利用“360度评估机制”来监督实施，如果某一级干部不热心于对下一代领导者的培养，就会被打上“失去领导者资格”的烙印，从此失去应有的晋升机会。

在实际中，确实也有很多经理人亲身体会到，有效授权对于上司是多么必要，对于下属有效激励又是何等重要。一位署名“白洁”的女主管曾经在《经理人》“中层手记”专栏文章中讲述了她被下属投诉到老板面前的真实经历，就很能说明问题。

看到小王的邮件，我脑子里一片空白，说不清是愤怒还是无奈，莫名其妙地号啕大哭起来。我觉得我好委屈好可怜！

邮件是小王告发老板并抄送给我的。洋洋洒洒数千字历数了我作为上司的种种不是，说我是一个无能的上司，既缺乏业务能力又不能激发下属，干事低效率，只能以疯狂加班表示勤政忠诚。看完信后，我气坏了，这小王也太放肆、太目中无人了，在她眼里我这个上季度的优秀经理简直就是一个废物。不在其位，不谋其政，你小丫头片子哪里知道做部门经理的难处。

当时很冲动，想找老板澄清是非，给予我一个公正评价。可冷静一想，我到老板那儿能说清楚吗？我能给下属争是非吗？她这样未必是最好的方式，我争辩就能解决问题？王没有打小报告，告状不忘知会于我，说明她不是阴毒小人，她之所以用这样的方式，至少说明我没有给她反映问题的机会，我们的沟通存在问题。

小王是我亲自挑选的，非常聪明、悟性很高，是块做市场的好材料。她与我的个性比较相似，所以我也很喜欢。她在很多具体业务上都有独到见解，但在对市场的总体把握上不如我。我想将她作为部门骨干来培养，但同时又对她不放心，事无巨细都要自己拿主意，不能放手让她干事。

这件事，老板迟迟没有给我回复，我也清楚他是在看我如何解决问题。于是我决定周末约小王去爬山，直接面对面做个沟通。那天我们聊得很投机，彼此交流了想法，谈话结束时，我们就已经形成了一套解决问题的初步思路和办法。

周一上班在部门例会上，我们进一步研究了有关问题，会后我综合了大家的意见，形成了一份完整的改进方案上报老板。当天上级就同意了我的想法，于是很快解决了问题，使部门工作更加顺畅，下属员工积极性高涨，而我也不像以前那么累了。

可见，一个主管要领导比自己更专业的下属，关键不是在专业上要强过他/她，而是给予他/她充分的信任和自主为你干事的权力空间。

实际上，有效授权意味着与下属和员工共担责任。通过有效授权，决策风险将成为学习创新的机会，信息分享成为增强信任感和创造力的源泉和途径。一个会“有效授权”的领导要知道自己在什么时候、什么状态下不该做什么，能够让员工自主地作出富有创造性的工作决策，并对自己所作的决策负责。共担责任的基本步骤和做法是：

1. 要让部属明白你对他们的基本要求，包括主要目标及约束规则；

2. 从小处（具体工作项目）着手，与可以承担责任者讨论决定什么时候由谁做什么；

3. 协助他们制定明确的工作计划和日程安排；

4. 在实施过程中随时跟踪工作进展，不断修正和调整计划，并进行适当的监督和控制；

5. 在工作周期结束时，要与下属回顾总结并庆祝一番。

在授权这种“相互影响”的纵向互动关系中，上司领导者无疑处于较为主导的地位，示范诱导、启动变革和宣传推广是管理者的基本职责。作为管理者，要进行有效授权，必须具备如下几个方面的能力：

- 有效传递信息，分享知识；
- 创造学习机会，能够有效进行多元沟通；
- 恰当评估、处理竞争与合作的关系；
- 在底层（后方）向上层（一线）提供支持和服务；
- 人性化地设计和塑造工作环境和氛围；
- 持续不断地开发员工的人力资本价值和潜在的工作能力。

## 学会管理你的老板

> 下属要有做“小媳妇”的素养和忠诚，要体谅呵护“夫君”，负起管理老板的重任。

对于权力，我们无须“顶礼膜拜”、做权力的奴仆，在日常工作中，我们没必要“太把领导当一回事”、见了领导点头哈腰，没有了一点做主人的尊严。但另一方面，我们也要有“将心比心”的感悟能力，要知道老板也是“人”，他也要面子，尤其是有权力的人更要面子，如果作下属的你不给他面子，他要发起“威”来是很可怕的，所谓“权威”就是这个意思！所以你得体谅领导。

网上有一个故事说，在唐僧取经百年庆典上，为了检验唐僧将领导情商修炼到了什么程度，如来佛祖问唐僧：

“在众徒弟中你现在最喜欢哪一个？”

“还是徒儿八戒可爱！”唐僧欣然答曰。

又问：“你最讨厌哪个？”

“嗨！”唐僧低沉着脸，叹口气闷声说道：“自然还是那个孙猴悟空了！”。

你看，唐僧这样的佛家大师修炼了一百年还不改初衷，“爱恨”情感依然如故，可见其人性的原生态是多么“根深蒂固”啊！你想想：作为取经团队中的领导，遇到孙悟空那样“目无领导”、“个人英雄主义”的徒弟，虽然在关键时刻能“横刀立马”挽救他于危难之中，但平时居功自傲、功高盖主也着实令人气恼，怎么能让人喜欢他呢？相反，八戒就可爱多了，他虽然贪吃好色，但这都是生活小节，关键是他实实在在、憨憨厚厚的，让人觉得心里踏实，而且，他经常打小报告让领导能够掌握决策控制必需的信息，另外，他善于拍马屁，更是让人舒服惬意极了，你说唐僧能不偏爱有加吗？

关于员工与老板之间的关系，成君忆先生打的比方也很有些意思。他认为，员工与老板之间的关系，与传统社会中女人与男人的关系很相似。虽然有性别歧视的嫌疑，但联系实际想来也不无道理！由此说来，上下级关系的和谐与否不光是“男人的问题”，也有个“女人的事情女人办”的问题，就是说，下属是否具有做好“小媳妇”的素养和“驭夫”的技巧也很关键。

作为员工或下属，你要明白你对待老板或上司的态度应该具有“妆罢低声问夫婿，画眉深浅入时无”的小媳妇心态，要有“三日入厨下，洗手作姜汤，未谙婆食性，先遣小姑偿”的高风亮节姿态。员工、下属要像黄阿丑那样“驭夫有术”，学会管理好老板和上司。在这方面我们可以从魏征身上吸取一些教训。

魏征是唐初“贞观之治”的功臣。唐太宗李世民（599—649）与“谏议大夫”魏征的上下级关系中有着复杂的政治、经济和民族文化因素，但仅就上下级关系谋略层面来看，应该推崇的是唐太宗而不是魏征。能够有“贞观之治”，与其说是由于有魏征这样刚正不阿的忠臣直谏监督，倒不如说是唐太宗宽容大度、管理有方的结果。

李世民

从史实来看，魏征“精通群书，颇明王霸之术”、“素有胆气，善得人主意”，并且深知“自古上书，不急切，不能动人主之心，所谓狂夫之语，圣人择焉”的道理。李世民对魏征的权重地位、人格特质及行为取向也极为清楚，更重要的是看到了魏征背后有庞大的利益集团作后盾，而自己又“即位日浅，国家未安”，必须注意协调平衡各种政治力量，使自己时时处于“居安思危”的状态，保持清醒头脑，因而甘愿承受巨大的心理情感压力，接受魏征的“犯颜”进谏。

魏征

他们君臣之间能够维持“善始善终”的结果相当大程度上可以说是个“例外”和“奇迹”。你可以替李世民设身处地地感受感受：一个位居“九五之尊”的帝王，不断遭到臣下“犯颜”，而且还“敢怒而敢言”，他要把不满深深地隐藏在心中，这与其“逼夫杀兄”的性格是格格不入的。

而他唯一能做的事情，就是在庙堂之后，偷偷地咬牙切齿道："我非要杀了此田舍汉不可！"

在他们为旁观者所称道的君臣关系中，当事人自己心理感觉可能根本不是那么回事，双方都很痛苦、很可怜。在每次魏征上朝进言的时候，不仅唐太宗这方面受到极大的面子和情感上的伤害，而且魏征那面也承担着巨大的心理压力和生命风险。每次魏征讲完话，唐太宗都要去花园散步消解怒气，总害怕一不小心错杀了他；而魏征呢，每次上朝根本不是去"上班"，而是去"送死"，临出门前总是与老婆孩子生离死别，他是提着脑袋进谏的，不知道还有没有机会再看到家人。

当然，在如此"紧张"的关系中，双方也都不是"武夫莽汉"，言来语去的策略还是要讲究的。例如，每当李世民责怪魏征进谏直言时，魏征也会说一些"悦耳动听"的话语："愿陛下使臣为良臣，勿使臣为忠臣……良臣使身获美名，君受显号，子孙传世，福禄无疆。忠臣身受诛夷，君陷大恶，家国并丧，空有其名。"显然，这样巧妙的言语沟通策略也是本可能发生的"人事悲剧"终没发生的一个重要因素。

毫无疑问，部属和员工要对领导和组织有一定的坦诚态度和忠诚意识，不要给上司意外，不要让他觉得你琢磨不定；永远要尊重领导，千万不要像那位白洁经理手下的小王一样自以为是，不给领导一点面子，或刚愎自用地直言贬低他们；在与上司建立良好互动关系的基础上，要敢于面对问题、勇于承担任务、担当责任，从不回避矛盾，能够在适当的场合、以适当的方式不失时机地向领导提出异议，帮助领导者善用其权、成就大业。

当然，如果你遇到的领导确实"不开眼"，那也没有必要追求什么"从一而终"，遇到这种情况可以选择离开，人们不会有人说你什么，反而会认为这是勇敢而明智之举。

## 实现组织文化整合

> 领袖主导，全员参与；全过程整合，广泛有效宣传；三层次联动，整体有机统一。

通过横向竞争合作和纵向有效授权，组织人际关系得以调整改善，在此基础上推行全面系统的文化建设必能大大增强组织的凝聚力和竞争力。

"文化"（culture），简单地说，就是一个社会群体的生活方式。一个组织应对外部环境的适应性，以及在整合内部资源要素过程中逐渐形成、创造和发展起来的某种生存方式或运作状态就是所谓的“组织文化”（organizational culture）。组织文化是一个组织的精神凝聚力之所在，是组织整合管理的精神实质，是组织行为的社会存在形式、群体心理状态和战略运营方式。

组织文化可以看做是一个系统，它是一个组织在长期发展过程中形成的，为组织成员所认可、接受、传播和遵从的，由基本信念、共同价值观、道德规范、行为准则、社会角色和人文模式等所组成的一个完整有机体系。组织文化是有层次和丰富内涵的，作为一个完整系统，其由小部分外显器物层、大部分中间制度层及内隐精神层所组成。

如果将组织文化比作一株美丽的花卉，那么组织文化的三个层次分别就是这棵有机物的种子要素、催化因素和成长因素。精神层次是组织文化最核心的“种子”要素，从根本上决定着组织文化的性质和导向；制度层次是组织文化得以形成的“催化”要素，它通过有形的规章制度、操作规程或行为规范表现出来，是组织精神凝聚和外在特征体现的行为中介；器物层次是组织文化的“生长”要素，是组织精神志向和制度规范的外化显示和动态表现。

组织文化的基本功能实质上就是实现精神整合。能够取得长期经营业绩的企业，其组织文化无论有什么样的具体形态表现，其基本功能都是有机整合各方面力量去实现组织目标。组织文化整合功能的发挥实际上是三层次有机联动的循序渐进过程，内在精神要靠长期的外在修养和制度建设才能达成。组织文化是一种无形的、隐含的、似乎不可捉摸而又理所当然或习以为常的东西，是组织中规范员工日常行为的核心理念和隐含规则，其导向、规范、凝聚和激励等整合功能是潜移默化的、由外在到内在的渐进修炼过程。从国内外优秀企业的典型案例中，我们也可以实在地感受到文化对组织成员的精神作用，这种作用就如同铁屑掉进磁场立即被磁化产生了磁力一样。

例如，惠普文化常常被人称为“惠普之道”（HP Way）。其由五个核心价值观组成：（1）相信、尊重个人，尊重员工；（2）追求最高的成就，追求最好；（3）做事情一定要非常正直，不可以欺骗用户，也不可以欺骗员工，不能做不道德的事；（4）公司的成功要靠大家的力量来完成，并不是靠某个个人的力量来完成；（5）坚持不断创新，做事情要有一定的灵活性。惠普公司从来不把“惠普之道”挂在墙壁上，也很少大张旗鼓地进行宣传，可惠普人个个心存虔诚，而且还“很厉害”，能让管理者不敢不尊重员工，让老总不敢利用职务之便搞特殊。

再如，联想以“做企业就是做人”为核心理念的文化开发和建设系统也拥有巨大的精神凝聚和整合功能。联想把做人和做事有机融合在一起，做人先于做事，做人是前提、是关键，把做人的教育融合于企业的生产与经营中，“做人的文化”成为联想最大的文化。联想早年创业时期，公司就像一个“和睦的大家庭”，不管谁有困难都会有人主动地伸出热情的双手，把你的困难看做是他们自己的困难。在联想集团，员工能够“把5%的希望变成100%的现实”，靠的就是这种精神凝聚力。所谓“入模子”，即联想如同坚硬的模子，谁进入联想都必须经由模子重塑，凝聚形成联想所要求的价值目标、精神情操和行为状态。这是联想运用心理定势规律成功进行组织文化开发和建设的法宝，强大的组织文化以及浸润其中的对于企业使命目标的深刻理解促使每一个员工真正地以主人翁态度来对待自己的岗位和职责。

基于塑造整合功能的组织文化建设是一个实实在在的修炼过程，其目标导向功能不是简单地刷在墙上、写在纸上、挂在嘴上的标语口号，其行为规范功能不是简单地订几条纪律或规章制度，其精神凝聚和内在激励功能不是简单地开展几项文体活动、走一些装模做样的过程或做一些“表面文章”，也不是组织领导人个人偏好、极端价值观或集权思想的简单表达。如果将组织文化当作标语口号、文体活动、表面文章、规章条文本身或其他什么形式主义的东西，那将会走入文化开发和建设的歧途。

组织文化建设就是在既定的社会经济文化背景下，确立组织的经营管理宗旨、目标和价值规范，并将之融入日常各种规章制度和物质载体中，变成每个员工自觉遵守的思想方式和行为规范。进行文化建设，首先要对组织及其员工的民族文化背景、社会政治经济环境和市场行业特点作出判断分析，然后根据组织的文化性状和具体情况制定组织文化的目标模式，就组织的核心价值体系、经营管理思想、道德伦理规范、团队精神、规章制度、行为准则和社交礼仪等方面的文化建设目标和措施作出规划设计，并经全体员工广泛讨论、认可后颁布推行和实施。

组织的特定文化模式并非一蹴而就，须经长期的宣传学习贯彻、规章制度强化、良好风气定势、群体互动共认、反复检验修正、人格潜移默化及礼仪情景物化的过程，才能最终形成。为此，需要强调如下三个基本整合开发和建设要点：

1. 领袖主导，全员参与；

2. 全过程整合，广泛有效宣传；

3. 三层次联动，整体有机统一。

组织文化是全体组织成员的文化，需要大家共同努力才能形成，组织文化建设必须有保证全员民主参与的制度安排和机制。同时，在组织文化的形成过程中，组织创始人和高层管理人员的精神风貌和言谈举止具有决定性的影响。例如，比尔·盖茨的创新精神和竞争个性之于微软公司文化的形成，盛田昭夫之于索尼公司文化，史蒂夫·乔布斯之于苹果公司文化，任正非之于华为文化，柳传志之于联想文化，张瑞敏之于海尔文化，等等，“当家人”对组织文化的影响是无法估量的。而且，公司在不同发展时期的文化模式和特征也会因高层管理人员的影响而有所改变。在文化建设过程中，应注意利用员工的从众心理及其定势，通过典型事件教育和树立模范人物等进行组织文化心理和行为强化训练。

组织文化建设应贯穿于整个管理全过程，从新员工引进、社会化融合到激励使用及整合管理，应借助故事、录音录像、企业杂志、专栏板报、仪式、器物标志等多种途径和手段向员工宣传组织文化理念。当然，文化建设实际是融合“人气”——基于物质基础和日常生产经营过程的人文精神——的一个升华，不能浮于抽象的口号或语录，不能流于走过场、搞形式，而是要扎扎实实地打基础、搞建设，应该有具体的、可操作的步骤和方法，把文化建设贯穿于企业生产经营全过程。

一般说来，一个组织实践并达成文化建设应有的目标和境界需要经过诊断提炼、典型强化和制度固化这样三个基本环节。首先，从组织发展的实践经验教训中，总结提炼出作为经营宗旨和哲学的核心理念。关心人、尊重人、爱护人，或者以“人”为主线进行建设，其中心和关键是善于捕捉组织价值观的闪光点并予以倡导、弘扬，以使整个组织员工在价值观上有一个根本性转轨，以带动整个组织文化变革。然后，通过典型事例使理念实体化、具体化、生动化，并通过典型事例加以推广和强化。最后，设计和利用可操作的、制度化的程序或机制，把整个企业员工的“人心”和精神最终在战略管理层次上真正有机地整合在一起。

组织文化建设追求的最高境界就是，所有个体成员都能够自觉地将自己融于组织去思考问题，将自己的命运和行为与组织的使命和目标紧紧联系在一起，教派般地信仰、崇尚、遵守和维护组织的核心价值观和经营宗旨，发自内心地热爱组织的事业，视自己为组织不可分割的一分子，必要的话可以为组织目标的实现而“忘我”地奉献自己所有的一切。如果一个组织的成员都能具有这种奉献精神，那么还有什么奇迹不可以创造？这样的组织肯定会“无往而不胜”并“从胜利走向胜利”！

## 参阅文献


[1] 樊纲．求解命运的方程：一个青年经济学家关于人生的说法．北京：北京出版社，1993

[2] 樊纲．经济文论．北京：生活·读书·新知三联书店，1995

[3] 盛洪．经济学精神．成都：四川文艺出版社，1996

[4] 韩松落．要怪就怪这是圆舞．新京报2008-5-8（13）

[5] 石滋宜．竞争力．北京：北京大学出版社，2005

[6] 肯尼斯·默雷尔等．有效授权．北京：企业管理出版社，2001

[7] 李朝曙．公司权力．北京：中国档案出版社，2005

# 15

# 成功管理　先跨文化

在全球经济一体化中，世界各大公司都注重开发能满足最大市场、最多顾客的产品及服务，而基于不同文化及价值观的战略研究是成功的关键所在。

吉尔特·霍夫斯坦德

## 📖 "全球化"大趋势

> 全球化是市场秩序扩展和人类社会发展的必然趋势。这是跨文化管理面临的时代大背景。

"全球化"（globalization）自20世纪80年代提出以来已成为一个涵盖面极广的现代性术语，什么经济全球化、企业全球化、市场全球化、资本全球化以及科学技术合作与信息网络的全球化等不胜枚举，现已成为日常老百姓使用频率极高的词语，也已成为世界各国政治家、经济学家和企业家的口头禅。

其实，从另一个角度，可能更容易理解问题的本质意义。我们说，生命本质上是一种"耗散结构"或"开放系统"，人以"群分"而形成"社会"，人类社会发展就是一种不断开放、向外扩展的高级生命运动秩序。人类在社会分工基础上，由市场交换机制耦合在一起，社会交往范围由里向外不断延伸放大，形成一种多层次耗散开放的动态历史过程。所以，如果没有技术局限，人们交往范围和规模是可以不断扩展下去的，所谓"全球化"，其实只是这种扩展秩序在特定历史阶段和技术条件下的一种特殊情形而已。

"全球化"是一个多元复合概念。它不仅是关于人类社会经济发展最新进展状况的一种客观描述，更是一种"世界观"，即人们关于外部世界时代性变化的主观感受和判断。由于通信技术革命扩大了人的"感觉"范围以及社会交往活动范围，人们如同长了"千里眼"、"顺风耳"和"飞毛腿"，具有了前所未有的"全球意识"，对于人类共同面临的许多全球问题与其切身的感受、情感和利益之间的联系有了从未有过的直接或近距离的感应，突然感到"地球变小了"，成了"地球村"！

关于全球化历史发展进程的描述，《纽约时报》专栏作家托马斯·弗里德曼的著作很有代表性和影响力。他于1999年出版的名为"了解全球化：凌志汽车与橄榄树"的畅销书中提出了新科技、全球化与传统文化的关系问题，认为全球化趋势是不可阻挡的，这在当时西方学界曾引发了一场关于全球化问题的大争论。后来又推出《世界是平的：21世纪简史》一书并再度引起轰动。他在这本书中进一步将全球化泛化地加以解说，并按照"大历史"发展时间顺序"粗线条"地将其划分为三个阶段。

"全球化1.0"时代，始于1492年哥伦布发现"新大陆"而持续到1800年前后，主要是国家间融合和全球化，其进程主要由劳动力推动，这期间世界从由"大"变"中"。

“全球化2.0”时代，从1800年一直到2000年，主要是公司之间的融合，其主要推动力是各种硬件的发明和革新——从蒸汽船、铁路到电话和计算机的普及，其间曾因大萧条和两次世界大战而被迫中断，这期间世界由“中”变“小”。

21世纪开始“全球化3.0”时代，独立自主的个人成为主角，肤色或东西方的文化差异不再是合作或竞争的障碍，软件的不断创新和网络的普及让世界各地的人们可以通过因特网轻松实现自己的社会分工，因此新一波全球化正在抹平一切疆界，世界变“平”了，从“小”缩至“微小”。

其实，真正的“全球化”问题的起源是弗里德曼所说的第三个阶段，即所谓“全球化3.0”，其源头应该追溯到20世纪80年代，伴随着跨国公司并购重组浪潮席卷开来，在跨入21世纪后已呈“汹涌澎湃”之势。总之，全球化是市场经济不断扩展的必然结果，是无法阻挡的世界潮流。其基本特征和趋势就是：国际贸易、国际投资和国际金融自由化进程加快；区域经济和区域市场逐渐趋向一体化；企业生产经营体系借助互联网等现代通信技术快速走向虚拟化，跨国公司间的竞争越来越“短兵相接”且日趋白热化，企业并购重组浪潮也呈“风起云涌”之势。

这里需要特别指出的是，全球化不仅意味着货币资本在全球范围内的大规模流动重组，而且表现为人力资本的全球化流动和配置。未来真正拥有全球经济霸权的是知识产权和专业化的人力资本产权，真正有力量的是掌握知识产权或高水平人力资本的所谓“符号分析人员”。他们的从业范围和业务性质是“全球化”的，即跨越多元文化，在不同国家、企业或其他组织中通过“网络”介体进行合作与交流，在全球范围内调动一切可以调动的经济资源，从事各种全球化、跨文化的经营和管理工作。

企业经营全球化是近在眼前的挑战。目前，一流的有竞争力的大型跨国公司，诸如摩托罗拉、可口可乐、微软、西门子、惠普等等，无不在努力跨越多元文化的篱笆，在全球范围内的不同国家、企业或其他组织中，通过“网络”介体进行合作与交流，调动全世界一切可以调动的经济资源，从事虚拟化的全球化经营活动。面对全球化的市场竞争挑战，企业要取得长期战略优势，必须有全球性和跨文化的战略视界，形成一种富有弹性、具有学习和创新能力的新型网络化组织模式，特别是建立一种特殊的战略性激励机制，以整合来自世界“五湖四海”的人力资源或专业化人力资本，使信息、知识和资源得以“跨文化”传递和共享，使产品及服务等得以“跨文化”运用和创造。这就是所谓的“跨文化管理”（managing across cultures）问题。

## 文化生态多样性

文化多样性是人类文明历史演进的内在要求和必然结果。

我们说过，“文化”在广义上讲，就是一群人的生存状态和生活方式。一群人在特定的历史和地理环境下繁衍生息，长此以往、代代相传，便形成了特定的风俗习惯及生存生活方式，这就是所谓的“民族文化”。进一步，不同层次的细分群体也会各有其独特的“亚文化”，如城市文化、乡村文化、社区文化、组织文化等等。

文化具有多样性、多层次和多元化的表征。关于文化，你可以从一个人和人群的音容笑貌、言谈举止、饮食习惯等外在行为观察到，也可以从他们的空间概念、时间意识、价值观念、宗教信仰、思维方式及做事态度等内在维度上去感知。这里给大家转述两个故事来形象地说明各民族文化的差异性，其中一个是关于“笑”的（文化的外在表征），一个是关于“价值准则”的（文化的内在表征）。

**关于听说笑话的文化差异性**

一般认为，英国人严肃拘谨且认真，德国人死板无情趣，美国人脑袋灵活也不懒，犹太人见多识广聪明世故。所以，你如果给他们讲个笑话，他们的反应大不相同。

你讲笑话给英国人听，他会笑三次：第一次是出于礼貌；第二次是听你解释后他笑了，那也是出于礼貌；第三次是他晚上睡到大半夜醒来，突然大笑，这时他才真懂了笑话的寓意。

你讲笑话给德国人听，他会笑两次：第一次是出于礼貌；第二次是听你解释后他笑了，那也是出于礼貌。他不会笑第三次，因为他永远不想弄懂笑话的意思。

你讲笑话给美国人听，他会笑一次：你一讲他就笑了，因为他会立即明白你笑话的意思。

可是，如果你讲笑话给犹太人听，他根本不笑。他会说：“老掉牙的笑话，再说，你也讲错了！”

**关于行为准则的文化差异性**

各民族都有自己的做事准则。一般认为，英国人严肃认真，做事按部就班；美国人讲究法律规则，做事特别看重合法理由；法国人比较浪漫，做事看重情感因素。

有这样一个小故事：分别来自英国、美国、法国的三个人在海上旅行时遇到海盗。海盗抓到他们后说："我要结束你们的性命，但我突然心生慈悲，决定在送你们西去之前，分别各还你们一个心愿。"

于是，海盗先问英国人："你有什么愿望？"英国人镇定地回答："我希望死前立份遗嘱，将后事作个交代。"

然后，海盗又问法国人有什么愿望，法国人回答说："我希望死前再会一面我的女友"。

最后海盗问美国人："你呢？"

美国人回答说："我只要求你朝我屁股踢一脚。"

海盗大笑说："你小子好玩嘞。好，好，你这个愿望最好实现。我这就满足你！"说着抬起腿就踹了美国人一脚。美国人立刻拔出身上的手枪，啪啪两枪将海盗干掉。那英国人和法国人感到奇怪，问："你既然身上早已藏有武器，为什么不早下手？"

"早下手？我不能下手！因为他不踢我，我将他干掉没有合法性啊！"美国人理直气壮地答道。

人人有人生，家家有本经。各个国家都有一部荣辱兴衰史，哪个民族也都有自己特殊的沧桑记忆。不同国家和民族的人们在复杂而特殊的自然历史环境因素的耦合作用下，沿着自己特殊的文化路径一路走来，长期的自然选择、历史演化最后累积遗存在他们的音容笑貌、言谈举止和风俗习惯上，从而使他们在空间概念、时间意识、价值观念、宗教信仰、思维方式和做事态度等多方面"历史地"表现出文化差异性，这是再自然不过的事情。

大千世界，无奇不有，世界是个万花筒。多样性是大自然的本质特征，是造物主为了维护自然系统安全、增强世界运作稳定性而特别设计的一种"冗余"机制。人是造物主的杰作，文化是人类历史自然演进的产物，文化多样化也是人类文明为应对不确定性风险而形成的一种"冗余"机制，多样的文化形态和类型是人类文明演进的自然历史特征、生命力体现和内在要求。俗语说"一方水土，养一方人"，说的其实就是人在这种自然历史过程中形成的文化多样性。

总之，如同生物界自然选择过程中的物种多样性一样，文化多样化和多元化是人类社会历史发展过程中自然选择的必然结果。在这个意义上看，所谓"组织文化"只是文化多样化和多元化在微观层面上的"小生境"，其本身也同样具有无限多样化和多元化的表现形态。

## 西方学者跨文化研究述要

> 关于世界各民族文化及其在组织层面的差异性，可以进行多维度的观察、描述和实证研究。

脱开东西方文化比较模式，在更宽泛的视野上进行比较研究，其中较著名的有："克拉克洪–施特罗特贝克"（Kluckhohn-Strodtbeck）框架、"霍夫斯坦德文化维度模式"（Hofstede's Model of Cultural Dimensions）、特龙佩纳斯（Trompenaars）多维度文化比较研究，等等。

1961年，美国人类学家克拉克洪（F. Kluckhohn）和施特罗特贝克（F.L. Strodtbeck）提出，文化特性可以通过观察人类面对共同问题时所采取的不同解决方式来进行分类研究，其基本问题有如下五个基本方面。

**自然态度维**：对待自然时所采取的态度是什么？

（顺从，征服，还是协调？）

**人性假设维**：人们对人性的基本信念是怎样的？

（人性善，人性恶，还是中性或混合的？）

**人际状态维**：人际关系是如何处置的？

（个人主义，集体主义还是层级或官僚主义？）

**行动取向维**：人们在实际活动中采取什么样的行为取向？

（注重干工作，生活享受，还是注意逻辑理性？）

**时空观念维**：人们在时间和空间上注意追求什么？

（注重传统和尊重历史，注意眼前短期利益，还是强调长期可持续发展？公开亲近，注重隐私，还是混合取向？）

例如，中国文化的特点表现在：注重人与自然和谐相处，天人合一；相信人之初，性本善；崇尚实用主义生活方式；比较沿袭传统。而美国文化的特点表现在：注重利用科技征服自然；注意性本恶假设建立法律制度；人际关系基本上属于个人主义的；强调行动、成就和工作；在乎现在，讲求短期绩效。

关于组织跨文化差异的研究，最具有影响力的是荷兰文化学家吉特·霍夫斯坦德（Geert Hofstede）。1980年，霍氏撰写了著名的《文化的结局》一书。在这部影响深远的著作中，他对40个国家和地区IBM公司中的不同文化层次的职员，以20种语言进行了116 000份问卷调查，根据员工对有关关键问题回答的平均水平，从文化四维度给出了这些国家和地区相应的文化指数值，这就是提所谓的“文化四维度论”。这四个文化维度如下。

**权力差距**（power distance）：反映社会成员在掌握权力方面的程度差异以及认可程度，例如，是集权控制型的还是民主分权型的？

**不确定性规避**（uncertainty avoidance）：反映风险偏好意识的强弱，表现为控制机构数量的偏好程度。

**个人主义或集体主义**（individualistic /collectivist）反映人际关系倾向是个人主义至上还是集体主义至上。

**阳刚或阴柔性**（masculine/feminine）文化性格或核心价值观是崇尚权威、自信、占有和追逐物质利益，还是注重生活质量、情感幸福、人伦关系。

霍夫斯坦德把“文化”定义为一定环境中人群共同拥有的心理程序，认为这四个文化维度对组织影响的侧重点有所不同，对组织领导方式影响最大的文化因素是“权力差距”和“个人主义或集体主义”；对组织结构影响最大的文化因素是“权力差距”与“不确定性规避”；而对组织凝聚效果影响最大的文化因素是“个人主义或集体主义”、“不确定性规避”与“阳刚或阴柔”。

20世纪80年代后期，霍夫斯坦德又继续对60多个国家和地区的文化特征进行了调查研究，并于1991年著就《文化与组织》一书，其中又提出了一个新维度，即长远或短期导向（着眼于现在还是放眼于未来）。霍氏根据员工对有关关键问题回答的平均水平，对40个国家和地区的文化四维度给出了相应的指数值（得分），这样就两两对应形成了一系列平面分布状态图，其中之一如图15–1所示。

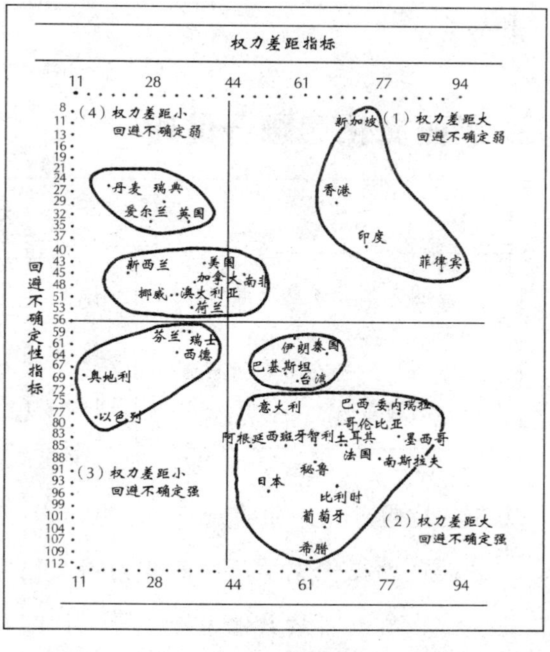


图15–1　霍夫斯坦德文化维度实证分布图之一

1993年，丹麦经济学家和咨询家特龙佩纳斯（F. Trompenaars）根据对47个国家、约15 000名员工进行的问卷调查的结果，进一步从与他人的关系、与时间的关系以及与环境的关系三个方面、七个维度，归纳了不同的文化类型差异。这七个维度如下。

- 普遍主义与特殊主义（是有统一规范的还是关系随机导向）；
- 个人主义与集体主义（是自我中心还是群体至上）；
- 感情内敛性与外露性（感情表达是强调理性效率还是自然率真）；
- 个人特殊性与广泛扩散性（人际关系是强调隐私还是公开）；
- 成就与归属（是以成败论英雄还是以身份论贵贱）；
- 顺序性与同步性（过去，现在和未来/计划还是散漫）；
- 内向型与外向型（认为自然、环境或局势是可控的还是不可控的）。

组织文化只是这样多元化民族大文化体系中的一个小支流，由于受各国民族文化特性大背景的框定、影响和驱动，组织文化也表现出明显的差异性。例如，就企业文化来看，美国企业文化就表现出追求卓越的创新精神、注重绩效评估和导向以及强调个人自我实现的特点；德国企业文化则有强烈的德意志民族人文主义和理性主义色彩；日本企业文化充满大和民族兼容并蓄的特色，渗透着强烈的武士道精神；而中国企业文化则有中华民族所承载的传统东方文化的烙印。因此，只有明白了大的民族文化背景，才能更好地理解组织文化系统深层的底蕴、结构和功能。

## 东西文化，融合贯通

> 跨文化差异最显著地体现在东西方文化上，它们不是谁压倒谁的问题，而是相互融合贯通的问题。

对于中西文化的差异性，特别是相对于西方文化来说中国文化的民族特性，中国当代一些著名文化学者，如胡适（1891—1962）、梁漱溟（1893—1988）、冯友兰（1895—1990）和季羡林（1911—2009）等，从早年（20世纪初叶）开始就有大量多方位的比较、讨论和探究。

胡适因提倡文学革命而成为新文化运动的领袖之一。胡适深受赫胥黎与杜威的影响，自称赫胥黎教他怎样怀疑，杜威教他怎样思想。因此，胡适毕生宣扬自由主义，是中国自由主义的先驱；提倡怀疑主义，并以《新青年》月刊为阵地，宣传民主、科学。他毕生倡言“大胆地假设，小心地求证”、“言必有证”的治学方法，以及“认真地作事，严肃地作人”的处世之道。胡适学识渊博，在文学、哲学、史学、考据学、教育学、伦理学等诸多领域均有不小的建树，共有36个博士头衔。

胡适

胡适不盲目崇拜孔子和儒学，他认为“孔教不能适应时势需要”，“现在大多数明白事理的人已打破了孔教的迷梦”；辛亥革命后的中国社会进步，“不是孔夫子之赐，是大家努力革命的结果，是大家接受一个新世界的新文明的结果。只有向前走是有希望的，开倒车是不会成功的。”胡适对儒家强调的“三纲五常”持批判态度，说，“三纲五论”的话，古人认为是真理，因为这种话在古时宗法社会很有用处。但现在时势变了，国体变了，古时的天经地义现在变成废话了。胡适最为著名的观点之一，就是“多研究些问题，少谈些‘主义’”。他就此而发表的精辟论述对于我们今天研究跨文化问题，仍然具有重要的指引意义。

胡适最为著名的观点之一，就是“多研究些问题，少谈些‘主义’”。之所以持此主张，胡适说理由有三：第一，空谈好听的“主义”，是极容易的事，是阿猫阿狗都能做的事，是鹦鹉和留声机器都能做的事；第二，空谈外来进口的“主义”，是没有什么用处的；第三，偏向纸上的“主义”是很危险的，这种口头禅很容易被无耻政客利用来做种种害人的事。

凡“主义”都是应时势而起的。某种社会，到了某时代，受了某种影响，呈现某种不满意的现状。于是有一些有心人就这种现象想出某种救济的法子，这是“主义”的缘起。主义初起时大都是一种救时的具体主张，后来在传播过程中为图简便使用一两个字来代表，结果主张成了抽象的主义，而“主义”的弱点和危险就在这里。因为世间没有一个抽象名词能把某人某派的具体主张都包括在里面，你的或我的主张，中间也许隔开七八个世纪或两三万里路，都可用这一个抽象名词来骗人。

现在中国应该赶紧解决的问题，真多得很。为什么谈主义的人那么多，为什么研究问题的人那么少呢？这都由于一个懒字。懒的定义是避难就易。研究问题是极困难的事，高谈主义是极容易的事。高谈主义，不研究问题的人，只是畏难求易，只是懒。

凡是有价值的思想，都是从这个那个具体的问题下手的。先研究了问题的种种方面的种种事实，看看究竟病在何处，这是思想的第一步工夫。然后根据于一生经验学问，提出种种解决的方法，提出种种医病的丹方，这是思想的第二步工夫。然后用一生的经验学问，加上想象的能力，推想每一种假定的解决法，该有什么样的结果，推想这种效果是否真能解决眼前这个困难问题。推想的结果，拣定一种假定的解决，认为我的主张，这是思想的第三步工夫。凡是有价值的主张，都是先经过这三步工夫来的。

梁漱溟

梁漱溟毕生不断追寻两个问题：一是人生问题，即人为什么活着；二是中国问题，即中国向何处去。他著有《东西文化及其哲学》（1921）、《中国文化要义》（1949）和《乡村建设理论》（1937）等著作。他糅合中西文化精要，以“意欲”为根本，将整个宇宙看成是人类生活意欲不断得到满足的过程，并赋予中国传统哲学中“生生”概念以本体论和近代生物进化论的意义，认为“宇宙实成于生活之上，托乎生活而存者也”，“生活就是没尽的意欲和那不断的满足与不满足罢了”。

在东西文化观上，他把人类文化划分为西洋、印度和中国三种类型，称“中国文化是以意欲自为调和而持中国其根本精神的”，有别于“向前看”的西方文化和“向后看”的印度文化。中国文化以孔子为代表，以儒家学说为根本，以伦理为本位，它是人类文化的理想归宿，比西洋文化要来得“高妙”，认定“世界未来的文化就是中国文化复兴”，认为只有以儒家思想为基本价值取向的生活才能使人们尝到“人生的真味”。他断定中国是一个“职业分途”、“伦理本位”的社会，缺乏“阶级的分野”，因此反对阶级斗争学说，主张通过恢复“法制礼俗”来巩固社会秩序，并“以农业引导工业的民族复兴”。

冯友兰

冯友兰先中学后西学，由东至西、从美到俄，立足中国哲学，贯通西学诸派。早年在美留学期间，他在1922年《国际伦理学杂志》上发表的“中国为什么没有科学”一文中明确指出：中国之所以没有近代科学，并非是中国人愚笨，“非不能也，是不为也”。这是因为，中国传统注重人是什么，即人的品性和修养，而不注重人有什么，即知识和权力，中国哲学向内追求，以达人性的完满为目的；而西方哲学则向外探寻，以认识自然、征服外在世界为最终目的。正是中西哲学的不同理想和追求造成了中西文化的差异，并导致中国无近代科学的落后情况。

1923年，冯友兰在其博士论文《人生理想之比较研究》（天人损益论）中将世界哲学分为三类，即“损道”、“益道”和“中道”，其分歧源于对“天然”与“人为”的不同看法。他认为，人类所经验之事物无非“天然”和“人为”两类，“自生自灭，无待于人，是天然的事物。人为的事物，其存在必倚于人，与天然的恰相反对”。有的哲学家有见于天然之美好，而力反人为境界，是为“损道派”，如中国古代主张“绝圣弃智”、“绝仁弃义”、“绝巧弃利”的老庄；有的哲学家有见于人为境界之美好，而提倡改造天然境界，是为“益道派”，如主张改造、征服自然的西方哲学和“人力胜天行”的中国墨家学派；而有的哲学家则持调和折中的态度，主张兼收天然和人为的益处，是为“中道派”，该派以主张“天人合一”的儒家哲家为代表。对此三派，冯主张采取宽容的态度，让其各行其道，并行不悖，但对儒家思想的偏爱又使他明显地偏向于中道派的儒家哲学。后来，他在此基础上于1948年用英文编写了《中国哲学简史》，“小景之中，形神自足，非全史在胸，曷克臻此”，“虽是蜻蜓点水，仍不失哲人洞见”。

季羡林毕生致力于中外文化交流史学术研究。他认为，文化应该是“天下为公”的，不管肤色，不择远近，传播扩散。他说：“文化交流是人类进步的主要动力之一。人类必须互相学习，取长补短，才能不断前进，而人类进步的最终目标必然是某一种形式的大同之域。”

季羡林

季羡林认为，文化虽然千差万殊，各有各的特点，但特点相同、相似或相近的文化又能组成一个体系。按照季先生的看法，全人类文化可以划分为两大文化体系：一是东方文化体系，包括中国、印度和阿拉伯伊斯兰文化；二是西方文化体系，即自古希腊、罗马一直沿袭到今天的欧美文化。东西方文化最根本的差异是思维方式不同，东方主综合，西方主分析。

关于东西文化的比较研究，1980年美籍日裔学者威廉·大内（W.G. Ouchi）发表名著《Z理论：美国企业界怎样迎接日本的挑战》，这是他长年分别对美国、日本各12家大型企业进行跨文化比较研究的成果。大内所说的“Z模式”是相对于典型的A（America）模式、J（Japan）模式而言的，是IBM等少数几家美国企业自然发展起来的并具有许多日本企业特点的企业管理模式。大内从以下七个方面对美日企业的跨文化特点进行了比较，具体内容如表15-1。

表15-1　美日企业跨文化特点比较

| 比较标志 | A模式 | J模式 | Z模式 |
|---|---|---|---|
| 1. 劳资制度 | 短期契约雇佣关系 | 长期契约誓约关系 | 长期雇佣加短期策略 |
| 2. 决策体制 | 个人决策制 | 上下结合U型决策制 | 民主互动，集体决策 |
| 3. 责任机制 | 个人负责 | 集体负责 | 共同目标，自觉负责 |
| 4. 控制方式 | 明确、形式化的 | 微妙、含蓄内在的 | 团队运作，自我控制 |
| 5. 评价方式 | 能力主义 | 年功序列 | 长期合作，策略评价 |
| 6. 职业路径 | 高度专业化 | 一专多能工作轮换制 | 扩大路径，计划轮换 |
| 7. 员工关系 | 个体局部关系 | 群体缘约关系 | 整体开放沟通关系 |

Z理论的核心论点是通过建立信任、微妙性和亲密性的文化，使每个组织成员的努力凝聚起来，以获得最高的团队协同效应。大内认为，这就是美国企业所欠缺而日本企业所优胜的，如果能够建立一种有坚实信任基础、微妙性内在激励机制和亲密性人际关系并具有明确组织目标导向的Z管理模式，那么美国企业就能够应对日本企业的挑战。

总体而言，东西方文化的差异性可以概略地归纳如下：

- 思维方式：东方主综合，西方主分析；
- 社会价值：东方是天下主义，西方属于社会达尔文主义；
- 自然观点：东方是天人合一，西方是人定胜天；
- 治理结构：东方长人治，西方重法治；
- 权利层级：东方重官本位集权专制，西方重民主分权制衡；
- 人性假定：东方性本善，西方性本恶；
- 人际关系：东方重群体人伦，西方尚个人自由；
- 技艺特点：东方倾向以艺术推动技术，西方倾向以技术带动艺术；
- 情商指标：东方人内敛含蓄，西方人热情奔放；
- 风险意识：东方人图小康而安，西方人谋大富冒险。

如此等等，不一而举。总之，东西方文化各有优长，也都有局限，不能盲目排外也无须崇洋媚外，而应该开放交流、取长补短、相互融合。无论怎样都不宜走极端，诸如“中学为体，西学为用”、“西洋科技好，中国道德高”这样一些看似辩证通融实在强调对立的看法，值得反思。我以为，总的原则就是我们常说的“改革开放”——大观开放搞活、大胆改革创新。

近年来，“改革开放”成为中国人的口头禅。仔细想来，这两个词语联在一起，是很有些道理的。要"改革"就必须"开放"，只有开放了我们才能知道自己的局限和不足，才能引发改革的动力。否则，孤陋寡闻、闭关锁国就会夜郎自大，自以为自己的东西具有"无比优越性"（因为没有"比"所以觉得"优越"），而别人都是生活在"水深火热之中"，不知道"外面的世界真奇妙、外面的世界多精彩"，自然也就故步自封，没有改革进取的要求和动力了。因此，改革开放对于个人积极进取、组织变革、经济发展和社会进步确实是至关重要的。

## 跨国公司的跨文化问题

> 跨文化问题主要有：宗教信仰冲突，民族情感矛盾，文化性格错位，信息交流障碍。

在跨国公司中，就不仅仅是美国文化、德国文化、日本文化或中国文化，而是跨越并整合美国文化、德国文化、日本文化或中国文化形成全球性的"跨文化"问题了。这种全球性组织的员工们，可以说是真正来自于"五湖四海"，这些来自不同国度、不同文化背景下的人们，为了某个共同事业目标而"走到一起来了"，要相互"共事"就要理解、容忍和善待彼此多样多元的文化。由于文化的差异性和复杂性，一系列特殊的跨文化矛盾、冲突和挑战性问题就在所难免。

在跨国公司的管理中，关键的跨文化问题是如何在尊重员工文化背景、价值观和信仰的前提下"求同存异"，在差异性的基础上形成企业共同认可的核心价值观和文化信念。如果找不到平衡点，或者以企业（或领导者自己）的价值观或信仰去框定、限制甚至压制员工的个性或信仰，或者反过来只有差异性而无法形成共同愿景和企业核心价值观，那么，就无从有效实现特定的跨文化整合管理目标。

其次，在跨文化交流中，一个难以克服的障碍就是民族主义情绪和种族歧视意识形态。在与其他民族和文化群体交往时，往往觉得自己的文化先进优越，自己的民族与生俱来高人一等，对外族和外国人有轻蔑轻视甚至明显的歧视倾向，常常以自己的文化为标准去评价框定异族文化。这种民族文化中心主义倾向如果占据组织的主流文化地位，就会导致公司在一系列民族冲突和情感矛盾中分崩离析、土崩瓦解。

其三，在分工合作关系的整合方面，跨国公司管理要能够针对特定目标，运用各自文化之"长"补其所"短"，最大限度地发挥功能整合效应。如果不了解各民族文化特点，在人力资源配置上不能避其所短用其所长，而是错位配置甚至颠倒配置，其结果就很可能将跨国公司变成“地狱”。

此外，从语言和非语言的跨文化信息交流方面看，各民族文化的“语境”要求高低不同，这往往会造成沟通障碍。高语境文化的信息交流方式往往高度依赖于交流的特殊情景，同样的信息在不同时间、地点、场合和人际中具有差异很大的寓意或表现形态；而低语境文化往往采取明晰性的、明确编码的语言文字信息来传递，其信息意义一般不会因为情景不同而有太大差异。例如中国、日本、阿拉伯等东方文化大都属于高语境文化，而美国、加拿大和欧洲文化则基本属于低语境文化。这样，在东西文化交流中，如果不了解和注意这种文化差异性，则很可能造成交流障碍或误会。

与此相关的一个信息交流问题是，在跨国公司中，不同的员工身上都有自己的民族文化印记，我们看人的时候往往“先验”地把他看做是中国人、美国人、英国人或日本人，然后以此作为“文化箩筐”去框定认识这个具体的人，而忽视了这个人的具体特征或一般的人性，从而造成偏见。霍夫斯坦德指出：

> 文化可以比喻成一片森林，而个体可以比作一棵树。一片森林不仅仅是所有树的集合，它是各种各样的树、灌木等植物，以及昆虫、动物或微生物的共生现象。如果我们只是单单描绘森林中最典型的树，那我们就会误解这片森林的本质内容。同样，按照典型个体的特征来描绘，一种文化也不可能被描绘得很满意。

总之，跨国公司的跨文化问题非常复杂，归纳起来主要表现为宗教信仰冲突、民族情感矛盾和分工角色搭配的文化错位，以及信息交流的非对称性和心理定势等几个方面。

## 跨文化管理要略

> 跨国公司卓越管理要有“三略”：全球化战略；本土化方略；跨文化策略。

在经济全球化发展，国际社会平等化互动开放，以及文化多元化融合交流的当今时代，组织中的跨文化整合管理问题变得越来越重要、越来越具有事关全局成败的决定性意义。跨文化整合管理的基本指导思想应该是“反对文化霸权主义，提倡文化多元主义”。在此思想指导下，先多元互动，存异求同，开放融合，最后逐步达到有机整合的最佳境界。

在跨文化背景下进行组织整合管理，既要反对文化霸权主义，也要抛弃文化虚无主义，要用高度平和开放的心态和眼界去审视、比较和分析不同文化模式，相互尊重、平等对待不同文化背景形成的个体行为和做事方式。追求卓越的跨文化企业，要有“全球化战略”、“本土化方略”和“跨文化策略”，并将这“三略”有机结合，形成指引组织长期生存和发展的“刺猬理念”和制胜谋略。

首先，追求卓越的跨文化企业要有“全球化战略”。所谓“全球化战略”，就是组织在战略眼界上一定要“睁大眼睛看世界”，顺应世界一体化交流融合的大趋势，使自己融入国际社会，成为特定行业或市场的“世界公民”，以“整体为局部、局部为整体，共同携手工作以解决世界任何地方的任何问题”为基本信条，这样才能有容纳百川、兼容并蓄的发展底气和潜力。

同时，追求卓越的跨文化企业还要有入乡随俗的“本土化方略”。在跨文化交往中，无论是在我们看来多么“奇特”无比的文化环境中，只要真正树立了“文化多元主义”理念，我们就会以宽容、欣赏和尊敬的心态去对待异族文化，入乡随俗、积极沟通，这样，就不会有什么文化是我们所不能融合和整合的。这就是为什么一些国际著名的大公司能在世界范围内无往而不胜的根本原因。

当然，在具体开发和管理过程中也要有可操作性的“跨文化策略”。跨文化整合是一个循序渐进的过程，要从吸收和保留开始，经由长期的磨合和协同，最后才能达到有机融合的佳境。在这个过程中，需要采取如下一些策略性的操作步骤来逐步实现文化整合目标。

——从一定的维度系统上，综合分析组织中存在的不同文化范式特性，以及其对组织整体文化模式的影响作用，调查不同文化背景下员工所持有的意识形态和思想状况，找出不同文化范式的差异性和共同点。

——寻找跨文化整合的契机或支撑点，例如，从追求真、善、美等基本人性特点出发，找出人们面临共同问题时的共同心理情感需要，以此作为跨文化整合开发的精神支撑；或从朋友亲属等个体交往关系和组织运作机制中找出大家认可的东西，以此作为跨文化整合开发的社会生活基础或工作合作机缘，如此等等。

——根据组织核心理念和经营特点决定采取什么样的方式进行跨文化整合开发，哪些是可以相互吸收的，哪些是需要各自保留的，哪些是值得彼此借鉴学习的，对于存在差异性的方面应该如何沟通和兼容，在实际工作中需要建立什么样的工作方式和协调机制来化解矛盾和冲突，诸如此类，都需要做出操作性的计划和安排。

此外，在跨文化整合管理过程中，还要注意从各个文化层面上综合考虑整合策略。在精神理念上，要善于总结和提炼“全人类的文明成果”，注意处理文化继承与创新的关系，在求同的基础上策略地处理差异性的问题；在行为关系上，要建立有效的跨文化共同网络和机制，重视不同文化群体中“意见领袖”的作用，避免以先入为主的概念化文化模式简单机械地套用到具体的人际交往活动中，有针对性地处理跨文化问题；在器物层面上，要树立“管理无小事”的思想，从细处入手，注意发挥物质文化的传播载体作用，使跨文化整合管理的工作在潜移默化中走入不断完善的正反馈循环，以期最后达至佳境。

## 参阅文献


[1] 张世鹏．什么是全球化．国际政治，2000（1）

[2] 托马斯·弗里德曼．世界是平的：21世纪简史．长沙：湖南科技出版社，2006

[3] 梁漱溟．中国文化要义．上海：学林出版社，1987

[4] 冯友兰．中国哲学简史．北京：北京大学出版社，1985

[5] 季羡林．论东方文化与西方文化．见：陆嘉玉，姚秉彦．企业文化在中国．北京：光明日报出版社，1998

[6] 李零．丧家狗：我读《论语》(修订版)．太原：山西出版集团，山西人民出版社，2007

[7] 威廉·大内．Z理论：美国企业界怎样迎接日本的挑战．北京：中国社会科学出版社，1984

[8] 吉尔特·霍夫斯坦德．跨越合作的障碍：多元文化与管理．北京：中国科学出版社，1996

[9] 吉尔特·霍夫斯坦德．文化之重：价值、行为、体制和组织的跨国比较（第2版）．上海：上海外语教育出版社，2008

[10] 特丰斯·龙彭纳斯、查理斯·汉普登-特纳．在文化波涛中冲浪：理解工商管理中的多样性。北京：华夏出版社，2003

[11] 安妮·玛丽·弗朗西斯科，巴里·艾伦·戈尔德．国际组织行为学．北京：中国人民大学出版社，2003

[12] 菲利普·哈里斯，罗伯特·莫兰．跨文化管理教程．北京：新华出版社，2002

[13] 艾里斯·瓦尔特，琳达·比默．北京：机械工业出版社，2006

[14] 陈晓萍．跨文化管理．北京：清华大学出版社，2005

[15] 胡宏峻．跨文化管理：财智人力资源读本．上海：上海交通大学出版社，2004

[16] 和田加津．我的经营之道．北京：中国发展出版社，1992

# 代跋

# 学做人之道　问处事之理

所谓“学问”，人们常指人文社会科学之知识，在我们的孔圣人那里，其实就是指“待人处事（世）”之道（理）。只要把最基本的“待人处事”之道弄明白了，无论什么东文西化、宗派主义或理论学说，其实都是“万变不离其宗”。也就是说，所有“学问”，都无外乎是对最基本的“道”给出一个“理”，也就是某个“自以为是”的不同说法，如此而已。

“人事”自有“学问”在，真“学问”就在“人事”中，在老百姓的日常生活中。千学问，万学问，其实说的就是有关“人（情）事（理）”的那点基本道理，而且因为“妇孺皆知”而成日常习语，比如，直接与“人事”有关的，就有：“事在人为”，“谋事在人，成事在天”，“世上无难事，只怕有心人”，“留得青山（人）在，不怕没柴烧（事干）”，如此等等，不胜枚举。那么，为什么本来都是妇孺皆知的“生活道理”，还要专家们上升到“学术”层面，并故弄玄虚地“制造”出种种理论或学说来，装模作样地讲解给大家听？我想这其中的缘由，追究起来无外有二：其一是老百姓自己无意“利令智昏”，其二学术专家有意“故弄玄虚”，更可能是二者“相得益彰”所致。

其实，人们日常“待人处事”，本来个个都不“傻”，而且还都很“聪明”，只因天天忙于“事务”，陷于杂七杂八的“物是人非”之中而不能自拔，没有空闲、时间和条件“坐而论道”，以稍微“超脱”些点儿的眼光、情调或姿态，对自己身边事儿，包括自己的所作所为，以及不幸遭遇到的麻烦、矛盾和问题，在最基本的“人情事理”层面，作从容的感悟、反思、观察和分析，以便给出“合情合理”、“通情达理”的说辞。再加上，高度专业化了的社会分工网络从外在潜移默化地区隔、压迫和约束，使人们在日常工作中往往陷于“只见树木不见森林”的迷惘之中，一来二去“忘记”了生活的本义、工作的真义和最基本的“待人处事”之道义，结果反倒不知道自己夜来日去所忙碌的事务原本究竟是为了什么。这样一种现实情况，“客观”上就给那些学术专家们留下了特定的生存空间，“无意”中给了这帮人谋到了特定的职业饭碗，使他们得以“有机可乘”，利用大多数人所没有或稀缺的“专业知识”资源，在“细分市场”上有针对性地“制造”出各种各样的理论学说，然后进一步通过各种“二级市场”传播流通渠道，源源不断地“贩卖”给广大民众去进行“文化消费”。

当然，学术市场也是有层次的。有“大师”级的，他们真正是“佛家才说家常话”，他们能够通过自己高超的学术技艺将蒙在所谓“专家”头上的神秘面纱扒拉下来，把“真知灼见”赤裸裸地、语重心长地、通俗易懂地讲给老百姓听，使他们听后确有“恍然大悟”之感，获得“返璞归真”的精神体验。而“小师”者们，则往往出于某种功利目的或商业利益考虑，喜欢炒作概念、玩弄学术，装模作样假深沉，最后搞得学术市场“乌烟瘴气”，真成了所谓“巫师庸医卜卦者，秘方真传漫天飞”那样一派混乱局面。此外，在学术市场上也有不大不小“中师”级的。他们往往都自我感觉良好，以“专家”身份自居，感到只有以大家似懂非懂、最好是听不懂的语言讲一些故弄玄虚的学说或理论，才能保住自己的学术职业领地。

实际上，正如没有“大众文艺”通俗娱乐就没有所谓“高雅艺术”繁荣昌盛的群众基础，同样，没有老百姓的日常人生实践就不可能有学者们象牙塔中的“经典学说”，没有各类社会组织群落中的“人情事理”也不会有什么少数人的“专业理论”。真可谓：大事小事人间事事事“人事”，家事国事天下事人人“管事”；大人小人事事见人，学者问者人人有事。——所以，谁也都不必太“自以为是”！人文社会科学本质上是关于“人情事理”的普适性学问，而关于“人的问题”具有特殊复杂性，特别是“人人都参与其中感受其理”的特殊实践性，因此，那种过分强调人文社会科学向经典“自然科学”范式靠拢，从而排斥人民大众于职业门外、以一小撮人奋斗的“科学事业”自居的做法，在很大程度上是一种“反动”或“退化”。从个人好恶出发，我骨子里反感那种“自以为是”的精英意识或专家做派，而信奉和崇尚“人人都可明道说理处事”的群众观点。

总之，真正有生命力的学问，应该扎根于本土、回归人本，“走群众路线”，“从群众中来，到群众中去”，将本属于大众的“人（情）事（理）”还给大众自己，将“人事”中被大众所忘记、被专家所蒙蔽了的“学问”还原普及于大众，套用苦难而伟大的林肯之语录来说，就是“人人的学问，应人人而学问，为人人而学问”。这也就是我们每个“学者”都不该也不能忘却的“人事”之道。

（原载《湖南社会科学》2008年第3期）

# 作者著述要目

☆《薪酬管理：原理·方法·实践》（清华大学出版社，北京交通大学出版社，2009年版）

☆《人力资本论》（北京师范大学出版社，2009年版）

☆《绩效管理：原理·方法·实践》（机械工业出版社，2009年版）

☆《组织行为学通论》（清华大学出版社，北京交通大学出版社，2008年版）

☆《公共人力资源开发与管理》（经济科学出版社，2007年版）

☆《人本制胜》（企业管理出版社，2007年版）

☆《职业生涯管理：原理·方法·实践》（北京师范大学出版社，2007年版）

☆《人力资源管理学》（北京师范大学出版社，2007年版）

☆《人本发展经济学》（经济科学出版社，2006年版）

☆《战略性投资：现代组织学习型人力资源开发全鉴》（经济科学出版社，2005年版）

☆《追求永远：中国企业家谋求长程发展行为案例研究》（经济科学出版社，2004年版）

☆《人本方略：现代公共人力资源开发与管理通论》（经济科学出版社，2003年版）

☆《战略性激励：现代企业人力资源管理精要》（经济科学出版社，2002年第1版，2005年第2版）

☆《广告学教程》（人民邮电出版社，2002年第1版，2004年第2版，2010年第3版）

☆《人力资源管理案例教程》（主编，人民邮电出版社，2002年版）

☆《人力资本运营》（企业管理出版社，2001年版）

☆《人力资本与经济发展》（北京师范大学出版社，2000年版）

☆《市场经济中的国家计划》（济南出版社，1997年版）

☆《宏观经济分析》（主编，中国经济出版社，1994年版）

# 《人力资源管理通要》
## 编读互动信息卡

亲爱的读者：

感谢您购买本书。请您详细填写本卡并邮寄或传真给我们（复印有效），以便我们能够为您提供更多的最新图书信息。您还可在向我们邮购图书时获得免付图书邮寄费的优惠。

**您获得本书的途径**

○书店（ 省/区 市 县 书店）
○商场（ 省/区 市 县 商场）
○网站（网址是 ）
○邮购（我是向 邮购的）
○其他（请注明方式： ）

**哪些因素促使您购买本书（可多选）**

○本书摆放在书店显著位置 ○封面推荐 ○书名
○作者及出版社 ○封面设计及版式 ○媒体书评
○前言 ○内容 ○价格
○其他（ ）

**您最近三个月购买的其他经济管理类图书有**

1.《 》 2.《 》
3.《 》 4.《 》

**请附阁下资料，便于我们向您提供图书信息**

姓名 出生年月 文化程度
单位 职　务 联系电话
地址
邮编 电子邮箱

地　　址：北京市崇文区龙潭路甲3号翔龙大厦218室
北京普华文化发展有限公司
邮　　编：100061
传　　真：（010）67120121
咨询热线：（010）67129879　67133495-201
网　　址：http://www.ptpress.com.cn
邮购电话：（010）67129872-818
编辑信箱：puhuabook810@126.com